高等职业教育教学改革融合创新型教材·旅游类

会展旅游

（第六版）

徐东北　沈金辉　主 编

东北财经大学出版社
Dongbei University of Finance & Economics Press

大连

图书在版编目（CIP）数据

会展旅游 / 徐东北，沈金辉主编 . —6 版 . —大连：东北财经
大学出版社，2025.8 . —（高等职业教育教学改革融合创新型教
材·旅游类）. —ISBN 978-7-5654-5759-3

Ⅰ . F590.75

中国国家版本馆 CIP 数据核字第 20250BP704 号

会展旅游

HUIZHAN LÜYOU

东北财经大学出版社出版

（大连市黑石礁尖山街 217 号　邮政编码　116025）

网　　址：http://www.dufep.cn

读者信箱：dufep@dufe.edu.cn

大连市东晟印刷有限公司印刷　　　东北财经大学出版社发行

幅面尺寸：185mm×260mm　　　字数：334千字　　　印张：15.75

2025 年 8 月第 6 版　　　　　　　2025 年 8 月第 1 次印刷

责任编辑：魏　巍　　　　　　　　责任校对：郭海雷

封面设计：原　皓　　　　　　　　版式设计：原　皓

书号：ISBN 978-7-5654-5759-3　　　定价：42.00元

6TH EDITION

第六版

前言

PREFACE

在全球化与数字化深度交融的时代背景下，会展旅游以其强大的产业联动性、经济带动性和文化传播力，成为现代服务业的重要增长极和城市形象展示的名片。从国际大型展会到地方性特色节庆，会展旅游不仅是人流、物流、信息流集聚的平台，更是推动区域经济发展、促进文化交流的重要引擎。在此背景下，本书启动了第五次修订工作。

本次修订以习近平新时代中国特色社会主义思想为指导，全面贯彻落实党的二十大精神，积极服务国家战略，对接产业发展及高素质技能人才需求，深化产教融合，以"理论+实践+创新"为核心架构，系统梳理会展旅游的基础理论、运营模式与发展策略，力求打造出一本兼具时代特色、契合行业发展需求的新形态教材。

具体来说，本次修订着重从以下几个方面展开：

（1）完善体例和栏目。在保持原教材"项目—任务"基本结构不变的前提下，在每个项目的开篇设置"项目导言""项目目标""知识导图""项目导入"等内容，在每个项目的结尾设置"项目练习""项目实践""价值引领""项目评价"等内容，在每个任务中穿插"行业视窗""行业案例""会展问答""任务拓展"等栏目。这样既便于教师开展多样化的教学活动，也能帮助学生更好地掌握和运用所学的理论知识，进而提升自身的理论素养和实践技能。

（2）更新案例和数据。将一些能够反映会展旅游行业新技术、新业态和新规范的理论内容与实践案例补充到教材中，如智慧会展旅游、绿色会展旅游等，及时展现经济社会发展新成就、科技发展新成果，使教材内容紧跟时代发展需求，与行业企业深度融合，进而激发学生更深层次的思考和感悟，培养学生运用所学理论知识发现问题、分析问题和解决问题的能力。

（3）有机融入德育内容。党的二十大报告提出："全面贯彻党的教育方针，落实立德树人根本任务，培养德智体美劳全面发展的社会主义建设者和接班人。"本次修订将价值观培养融入专业理论学习与实践技能培养的全过程，通过"育德润心""价值引领"栏目，深入挖掘典型案例中蕴含的工匠精神、创新精神、家国情怀等思政元素，引导学生坚定理想信念，树立正确的国家观、历史观、民族观、文化观，从而培养德才兼备的高素质会展旅游人才。

（4）打造配套数字资源。为了更好地适应数字化时代的教育需求，改进教学模式与学习方式，本次修订对教材配套数字资源进行了全面更新，包括"知识拓展""育德润心""解析指引""在线测评"等内容，学生通过扫描二维码即可学习和了解理论前沿、行业资讯，检测学习效果，从而提高学生学习的自主性和知识应用的灵活性。

此外，在"项目导入""行业案例""行业视窗"等栏目素材的使用上，编者有以下几点建议：一是深入了解素材所反映出的经济社会、行业产业的现状和趋势；二是深度思考素材所呈现出的理论知识、实践活动的内容和结构；三是深刻领悟素材所折射出的原理逻辑、规律启示的本质和内涵；四是通过了解、思考、领悟素材所承载的信息价值，将其内化成自己的知识素养，进而培养和提升自己未来工作的职业胜任力。

本书由通化师范学院徐东北教授、宁波城市职业技术学院沈金辉副教授担任主编，吉林省韩氏草柳编博物馆馆长韩威壮担任参编。编写分工如下：沈金辉编写项目一至项目六，徐东北编写项目七至项目十二，韩威壮提供了部分企业真实案例。全书由徐东北统纂定稿。

本书可以作为应用型本科和高等职业教育旅游大类专业相关课程的教材和参考用书。

本书在修订过程中，参考和引用了近年来有关会展旅游的报道和研究成果，在此谨向这些文献和数据的作者及发布者表示由衷的感谢。

由于编者水平有限，书中难免存在疏漏与不足，恳请广大读者和专家学者批评指正，以便我们不断完善。

会展旅游的蓬勃发展，离不开专业人才的支撑与推动。希望本书成为读者探索会展旅游领域的引航灯，助力培养更多适应行业发展需求的高素质人才，为中国会展旅游产业的繁荣贡献力量！

编　者
2025 年 6 月

Contents

目 录

项目一
认识会展旅游
/ 1

任务1　会展与会展旅游 / 4
任务2　会展旅游的发展现状 / 11
任务3　我国会展旅游的发展趋势及面临的挑战 / 16

项目二
会展旅游的发展条件及产业链打造
/ 23

任务1　会展旅游的发展条件 / 26
任务2　会展旅游产业链及其打造 / 31

项目三
会议旅游
/ 39

任务1　认识会议旅游 / 42
任务2　会议旅游的运作条件分析 / 48
任务3　会议旅游的操作流程 / 51

项目四
展览旅游
/ 59

任务1　认识展览旅游 / 61
任务2　展览旅游的参与主体 / 63
任务3　展览旅游的发展条件 / 64
任务4　展览旅游的运作模式 / 66

项目五
节事旅游
/ 73

任务1　认识节事旅游 / 77
任务2　节事旅游形成的条件分析 / 81
任务3　我国节事旅游的规律分析 / 84

项目六
奖励旅游
/ 91

任务1　认识奖励旅游 / 93
任务2　奖励旅游的基础分析 / 97
任务3　奖励旅游的运作模式 / 100

项目七
会展旅游策划
/ 109

任务1　会展旅游策划的原则导向 / 112
任务2　会展旅游策划的流程 / 113
任务3　会展旅游策划书的编写 / 117

目录

项目八
会展旅游市场营销
/ **127**

任务1 会展旅游市场分析和需求
预测 / 130
任务2 会展旅游市场营销方式 / 133

项目九
会展旅游综合服务管理
/ **149**

任务1 会展旅游的餐饮住宿管理 / 152
任务2 会展旅游的交通管理 / 160
任务3 会展旅游的游购娱管理 / 166
任务4 会展旅游的导游工作程序和
服务管理 / 169

项目十
会展旅游危机管理与
信息管理
/ **179**

任务1 会展旅游危机管理 / 183
任务2 会展旅游信息管理 / 192

项目十一
会展旅游中介管理
/ **201**

任务1 会展旅游中介及其服务 / 203
任务2 会展旅游合同 / 206

项目十二
会展旅游评估
/ **221**

任务1 会展旅游满意度调查 / 224
任务2 会展旅游评估的其他方面及
评估报告的撰写 / 231

主要参考文献
/ **239**

Contents

数字资源目录

项目	数字资源		页码
项目一 认识 会展旅游	知识拓展 1-1	国际会展组织聚焦中国市场新机遇	12
	知识拓展 1-2	"赛会之城"活力澎湃　杭州培育会展经济新质生产力	17
	育德润心 1-1	2024中国文化旅游产业博览会三大关键词	8
	育德润心 1-2	会展业将迎来新机遇，展现新活力	10
	育德润心 1-3	践行绿色会展，成都这么做！	19
	解析指引 1-1	项目导入	3
	解析指引 1-2	会展问答	13
	在线测评 1-1	判断题	19
项目二 会展旅游的 发展条件及 产业链打造	知识拓展 2-1	城市会展旅游发展条件评估	31
	知识拓展 2-2	会展产业链与旅游产业链的区别	33
	育德润心 2-1	打造会展产业链品牌的策略	35
	解析指引 2-1	项目导入	26
	解析指引 2-2	会展问答	31
	解析指引 2-3	会展问答	35
	在线测评 2-1	判断题	37
项目三 会议旅游	知识拓展 3-1	中国会议城市国际影响力的提升途径	43
	知识拓展 3-2	会议旅游活动创新评估方法	54
	育德润心 3-1	会展专家和业者谈2025年会议业趋势和新增长点	53
	解析指引 3-1	项目导入	42
	解析指引 3-2	会展问答	46
	解析指引 3-3	会展问答	48
	在线测评 3-1	判断题	54

项目	数字资源	页码
项目四 展览旅游	知识拓展 4-1　展览旅游企业打造独特产品的方法	65
	知识拓展 4-2　展览旅游的运作模式	66
	育德润心 4-1　2025年展览行业的发展趋势	63
	育德润心 4-2　释放会展经济"强磁力"	69
	解析指引 4-1　项目导入	61
	解析指引 4-2　会展问答	62
	解析指引 4-3　会展问答	68
	在线测评 4-1　判断题	70
项目五 节事旅游	知识拓展 5-1　中国旅游日	79
	知识拓展 5-2　中国农民丰收节	81
	育德润心 5-1　2025年"5·19中国旅游日"主会场活动举行	77
	育德润心 5-2　做好"土特产"文章　赋能乡村振兴	81
	解析指引 5-1　项目导入	76
	解析指引 5-2　会展问答	79
	在线测评 5-1　判断题	87
项目六 奖励旅游	知识拓展 6-1　体验性奖励旅游活动设计流程	95
	知识拓展 6-2　奖励旅游的发展趋势	101
	育德润心 6-1　打造新质生产力，共探会奖旅游发展新未来	98
	解析指引 6-1　项目导入	93
	解析指引 6-2　会展问答	97
	在线测评 6-1　判断题	106
项目七 会展旅游 策划	知识拓展 7-1　宝藏线路带你解锁会展+文旅的魅力	112
	知识拓展 7-2　设计特色会展旅游产品的思路	117
	育德润心 7-1　"会展+"效应赋能文旅经济发展	115
	解析指引 7-1　项目导入	112
	解析指引 7-2　会展问答	113
	解析指引 7-3　会展问答	119
	在线测评 7-1　判断题	124

项目	数字资源		页码
项目八 会展旅游 市场营销	知识拓展 8-1	会展旅游市场的发展趋势	132
	知识拓展 8-2	会展旅游市场营销策略的制定	136
	育德润心 8-1	辽宁文旅亮相 2025 西安丝绸之路国际旅游博览会	142
	解析指引 8-1	项目导入	130
	解析指引 8-2	会展问答	131
	解析指引 8-3	会展问答	133
	解析指引 8-4	会展问答	140
	在线测评 8-1	判断题	146
项目九 会展旅游 综合服务 管理	知识拓展 9-1	不同规模会展旅游活动中的餐饮工作安排	153
	知识拓展 9-2	会展旅游交通管理全流程检查表	162
	育德润心 9-1	美食展现文化自信　北京冬奥会餐饮服务保障惊喜连连	155
	育德润心 9-2	"会展+"再发力！琶洲南大型综合消费新地标正拔地而起	169
	解析指引 9-1	项目导入	152
	解析指引 9-2	会展问答	154
	解析指引 9-3	会展问答	155
	解析指引 9-4	会展问答	161
	解析指引 9-5	会展问答	168
	解析指引 9-6	会展问答	172
	在线测评 9-1	判断题	176
项目十 会展旅游 危机管理与 信息管理	知识拓展 10-1	会展旅游危机管理应急预案制定指南	187
	知识拓展 10-2	数据要素在智慧会展中的创新应用	193
	育德润心 10-1	上海发布若干措施增强会展经济带动效应	193
	解析指引 10-1	项目导入	183
	解析指引 10-2	会展问答	187
	解析指引 10-3	会展问答	192
	在线测评 10-1	判断题	196

项目	数字资源		页码
项目十一 会展旅游 中介管理	知识拓展 11-1	中旅会展助力第六届海南岛国际电影节圆满举办	204
	育德润心 11-1	中国牵头的会展旅游国际标准获批立项	208
	解析指引 11-1	项目导入	203
	解析指引 11-2	会展问答	209
	在线测评 11-1	判断题	217
项目十二 会展旅游 评估	知识拓展 12-1	会展旅游满意度调查全流程指南	224
	知识拓展 12-2	2024蘑菇岛滇漫国风音乐嘉年华评估报告	235
	育德润心 12-1	2025中国会展旅游：需求日益多样化和高端化	231
	解析指引 12-1	项目导入	224
	解析指引 12-2	会展问答	225
	解析指引 12-3	会展问答	229
	解析指引 12-4	会展问答	231
	在线测评 12-1	判断题	236

认识会展旅游

项目一

项目导言

■ 会展旅游作为会展经济与旅游业耦合发展并寻求突破的产物，进一步扩充了旅游经济活动的内涵，成为一种新的旅游活动载体和媒介。在数字化转型、智能化发展、文旅融合等趋势的推动下，会展旅游将迎来新的发展机遇和挑战。

项目目标

■ 知识目标：了解会展与会展旅游的内涵及关系；掌握会展旅游的发展历史、特点和构成要素；明确会展旅游的发展现状，以及我国会展旅游发展的趋势及面临的挑战。

■ 技能目标：能够运用会展旅游的相关理论知识分析实际问题；能够撰写会展旅游分析报告等。

■ 素养目标：引导学生厚植爱国主义情怀，树立坚定的理想信念，树立正确的国家观、历史观、民族观、文化观。

知识导图

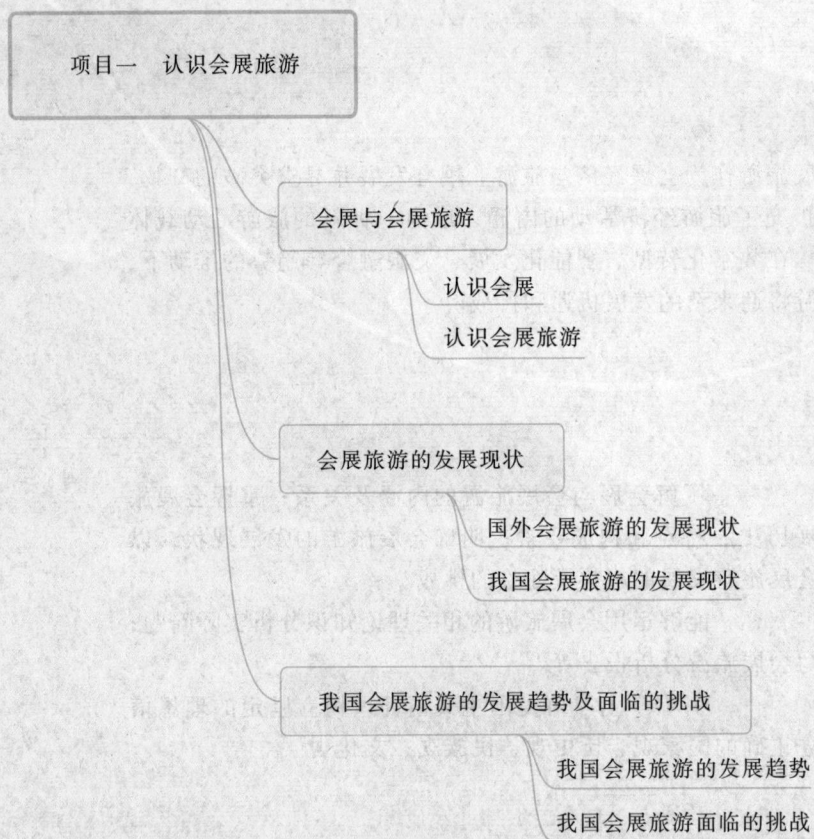

项目一 认识会展旅游

会展与会展旅游

认识会展

认识会展旅游

会展旅游的发展现状

国外会展旅游的发展现状

我国会展旅游的发展现状

我国会展旅游的发展趋势及面临的挑战

我国会展旅游的发展趋势

我国会展旅游面临的挑战

项目导入

厦门"C位出彩"打造文旅消费新空间

展会概况：2025年5月16日，第二十届海峡旅游博览会和2025第十届中国（厦门）国际休闲旅游博览会在厦门国际会展中心盛大开幕。本届展会为期3天，展出面积达50 000平方米，以海峡旅游博览会20周年、国际休闲旅游博览会10周年"双展同庆"为契机，以"两个坚守、两个深入"为办展宗旨，以"文旅+"多元业态创新为引擎，全面展示文旅产业新成果。

展会活动：展会精心规划特色展区，创新融入智慧旅游、非物质文化遗产、亲子互动等"旅游+"元素，实现了旅游惠民与产业赋能的双向奔赴；举办2025中国（厦门）休闲旅游大会，邀请文旅界专家大咖共同探讨旅游业繁荣发展的新思路与新路径；开展知名旅行商旅游产品采购大会、旅游产品买家卖家"一对一"交流会、知名旅行商福建文旅资源踩线等活动，加深各地旅行商之间的沟通与交流；举办2025闽西南游客节、第十届厦门老年旅游节、首届旅博会小记者节等活动，深入释放文旅消费新动能，打造"展+会+节"多维场景。

参展情况：甘肃省作为主宾省，多角度展示了自身丰富独特的文旅资源和"交响丝路 如意甘肃"的旅游品牌形象；昌都市作为主宾市，全方位展示了"藏东明珠"的独特文化和旅游资源，呈现了昌都的魅力风采。厦门作为东道主"C位出彩"，开展了以"面朝大海 四季花开"为主题的厦门文旅推介会，深入推介厦门的"滨海浪漫行""休闲生态游""烟火文艺范""潮玩新体验"等生活场景，并携手厦门航空以及贵阳、桂林等8个重点城市在展会期间联动开展"外国人240小时过境免签联程旅游协作"系列活动。此外，日本、泰国、马来西亚、卡塔尔、马尔代夫、新加坡等国家也精彩亮相，通过特色表演彰显展会的"国际范"。

展会影响：海峡旅游博览会已发展成为海峡两岸和海内外旅游界交流合作的舞台，国际休闲旅游博览会已从区域性展会跃升为具有全球影响力的文旅盛会。自2017年起，两展连续七届同期同馆举办，已成为海峡两岸和境内外旅游业者深度参与且有较大影响力的品牌展会。本届展会为厦门建设"世界一流旅游休闲城市"注入了强劲动能，搭建了开放共享、互利共赢的国际化平台。

资料来源 越山．第二十届海峡旅博会开幕 厦门"C位出彩"打造文旅消费新空间［EB/OL］．［2025-05-25］．https://life.china.com/2025-05/16/content_441124.html．

请根据以上材料，思考以下问题：

第二十届海峡旅游博览会和2025第十届中国（厦门）国际休闲旅游博览会在"文旅+"多元业态创新方面有哪些举措？未来会展旅游可以从哪些全新视角进一步创新"文旅+"模式？

解析指引1-1

项目导入

任务 1　会展与会展旅游

一、认识会展

"会展"从字面上理解是指会议和展览活动。会展活动发展到一定规模并形成产业，其含义已远远超过字面意义。会展业在经济全球化的进程中，以其对经济和社会的杰出贡献获得了众多美称，受到了各国政府的重视。如今，会展业已成为国民经济的新亮点，越来越多的城市和地区正在努力发展会展业，越来越多的企业和个人正在以极大的热情投入会展业中。

（一）会展业的兴起

迈克尔·科尔特曼（Michael Coltman）在其所著的《旅行和旅游概况》一书中指出，欧洲文艺复兴时期，人们在通往罗马的旅途上，喜爱的停留之处就是陈列着各种出版物的法兰克福书展。除书市外，还有一个很大的商品博览会，在那里，人们可以收集有关生产和商务的各种信息。他在书中还指出，法兰克福书展是吸引旅游者最早的展示会之一，并且至今仍是国际上每年举办一次的重大活动。

随着社会的发展和科技的进步，会展业作为一种经济存在形式，也在不断调整和变化。在过去的几十年间，会展业的理念在全球迅速扩展。随着经济全球化和世界经济一体化的趋势不断增强，会展业早已走上了市场化的发展道路，发展势头日益迅猛。由于会展业在世界经济和旅游业发展中的地位日趋重要，因此会展业获得了"触摸世界的窗口""城市的面包和奶酪""旅游业皇冠上的宝石"等美誉，并被越来越多的国家所重视。当今，会展业正在以不可替代的作用及崭新的形象，迅速成长为第三产业中一个举足轻重的行业。

现代会展业已经从传统的商品交易平台演变为融合科技创新、产业协同和国际合作的多维载体。例如，山东省高端化工产业发展促进会主办的 2025 新项目发布、采购洽商暨新技术新产品新材料展览会吸引了全国 600 余家石化企业、装备企业参与，覆盖区域的地区生产总值占全国的 43%，堪称中国石化产业"最强大脑"的智慧碰撞。中国国际贸易促进委员会编写的《中国博览会和展览会 2025》中指出，2025 年全国计划举办近 1 500 场经贸类展会，覆盖制造业技术升级、新能源开发等传统领域及商业航天、低空经济等新兴产业，凸显了中国会展业对全球产业链的整合能力。

（二）会展业与旅游业的关系

目前，学术界在会展业和旅游业存在紧密联系这一点上的看法是完全一致的，但在认识会展业和旅游业的区别的问题上仍存在很大分歧，具体来说表现为：其一，将会展业归属到旅游业中，将其视为专项旅游形式的一种，参加会展活动的人员包括亲属等随行人员都被纳入游客的统计范围内，认为参加会展活动也是进行都市旅游活动的一种表现；其二，将会展业与旅游业视为主要目的、操作流程、服务内容、经营产品等多个方面各不相同的两个产业群体。其实，并非所有参加会展活动的人都属于旅游者。例如，对一些规模不大的地方性展览会来说，观众或专业客户以本地或周边地区的人为主。此外，面向公众的消费性质的展览会、展销会也多具有地方性质，这类展会的参与者只有极少部分是旅游者。由此可知，第一种观点显然是缺乏说服力的，本书也较为赞同第二种观点。

值得一提的是，尽管会展业与旅游业是两个几乎完全不同的产业群体，但它们之间存在一种主从关系，即旅游业服务于会展业。从事会展业通常是旅游业实施多元化战略的路径选择，会展业则将旅游业提供的各种服务和资源作为开展活动的辅助要素，两者互为补充。会展业与旅游业的融合是全球会展业发展的必然趋势，会展旅游作为旅游经济的重要组成部分，是会展业和旅游业相互介入式的经济活动的必然结果，是综合会展业和旅游业两大产业优势形成的新兴产业。

当前，会展业与旅游业的协同已超越简单的服务供给关系，形成了"双向赋能"的生态。一方面，会展举办地旅游吸引力升级。例如，北京2022年冬奥会的举办让冬奥遗产成为文旅新地标，吸引了众多游客和冰雪爱好者，同时带动了周边餐饮、住宿的消费。另一方面，会展驱动旅游产品创新。例如，第十一届四川国际旅游交易博览会发布了10条低空旅游航线，乐山大佛—峨眉山航线实现首飞，为游客提供了"佛脚触三江，金顶揽九天"的独特视角。

二、认识会展旅游

目前，我国的会展旅游已经取得了长足的发展，但仍然需要通过大量的研究工作来构建会展旅游的发展模式，同时需要建立理论框架来支撑会展旅游的健康发展。

（一）会展旅游的内涵

1.国内学者对会展旅游的认识

国内学者就如何定义"会展旅游"纷纷发表自己的看法，其中具有代表性的观点有：

山东大学许峰教授认为，会展与旅游作为两个相互独立的体系，不能简单等同。会展旅游的研究应集中在会议与展览两个层面；会展旅游关心的是如何为与会展相关的人员提供服务，从会展本身拓展到住宿、餐饮、娱乐等方面，进而争取在游览、购物、旅行等方面创造需求。

云南国土资源职业学院张建雄教授主张把会展看成一种新的媒介和载体、一种特殊的旅游资源；把会展旅游看成产业边际化、交叉化的产物，而不是节庆旅游或商务旅行和观光旅游的简单叠加。

北京联合大学刘德谦教授认为，会展旅游就是MICE（会展及奖励旅游）。其中，M即会议（meeting），I即奖励旅游（incentive），C即大会（convention），E即展览（exhibition）。

但是，国内也有许多学者主张将会展旅游的概念泛化，如将节庆旅游、体育旅游也纳入会展旅游的范围之内。

2.国外学者对会展旅游的认识

国外学者对会展旅游的研究已经形成了一个"事件及事件旅游热"，即将包括节庆、会展、体育、休闲在内的各类事件全部纳入事件业的范畴。其中，唐纳德·盖茨的观点是最具有代表性的，他把事件分为八个大类，包括文化庆典、文艺娱乐事件、商贸及会展、体育赛事、教育科学事件、休闲事件、政治或政府事件、私人事件，并且将展览会、展销会、博览会、会议等商贸及会展事件作为会展业最主要的组成部分。

3.本书的观点

要想科学界定会展旅游的概念，必须总结和修正目前学术界盛行的一种观点，即旅游业中涉及会展活动的所有行为都属于会展旅游。这种观点单纯地从会展旅游的字面来释义，将会展活动和旅游业进行简单叠加，没有对它们之间的复杂关系进行深入分析。

本书认为，会展旅游只是旅游业介入会展业后产生的一种多元化经营业务，会展旅游包含于会展活动之中。

需要强调的是，"会展"这个特殊集合名词是会类和展类的总称，但并不只等于会议和展览。我们所称的"会展旅游"，实际上以会议旅游和展览旅游为主要组成部分，同时应考虑节事旅游和涉及会展的奖励旅游。

会展旅游是以会议、展览会、交易会、博览会、各大节事活动等的举办为前提和诱因而延伸到旅游业的一种产物，它的具体实施和操作方应该是会展组织者或承办方指定的旅游企业，会展组织者或承办方从这些延伸性的服务中抽身出来也是现代社会分工高度专业化的产物，这有利于提高主体产品的服务质量。

综上所述，本书从旅游经济学的角度，对会展旅游的概念做了如下界定：

从旅游需求来看，会展旅游是特定群体在前往会类或展类的举办地参加会类或展类活动的过程中（包括会展前、会展中以及会展后期的直接延伸），因旅游需求而产生的包括参观考察、休闲游览等活动的一种综合性的旅游形式。

从旅游供给来看，会展旅游是在会展组织者或承办方的倡议下，由指定的旅游企业针对各类别会展的举办而设计推出的一种专项旅游产品。

（二）会展旅游的特点

1.组团规模大

会展本身具有行业性、新颖性、集中性等特点，这势必会吸引众多的参展团、参观团和旅行社组织的观光团队。

2.消费水平高

会展的规格通常较高，参加人员以有强劲消费能力的、高文化素质的商务客人为主，因此他们的消费水平通常高于普通旅游者。

3.停留时间长

对一般旅游团队或旅游者来说，若在旅游过程中恰逢举办会展，受会展带来的热烈气氛的影响，他们的旅游兴趣将大增，停留时间也将更长。

4.利润丰厚

举办会展不仅可以为城市带来场租、办展费、施工费、运输费等直接收入，还能带来交通、通信、游览、住宿、餐饮、贸易等相关方面的收入，利润相当丰厚。同时，由于会展旅游不受气候和季节的影响，因此还能够增加旅游景点在淡季的营业收入。

> **行业案例1-1**

2025瑞安汽配展首创"会展+文旅"双IP经济新范式

为深化"办好一个会，提升一座城"的办展理念，2025中国（瑞安）国际汽摩配展览会于3月26日至28日举办，展会以"全球汽配产业对接平台"为核心，首次构建"展会+文旅"双IP经济新范式。

活动期间，参展商及观众凭有效证件可以解锁四大文旅权益：

•全域景区畅游：九珠潭、中国木活字印刷文化村展示馆、花岩国家森林公园、圣井山四大景区免票开放，总价值超百元。

•品质住宿特惠：时代开元名都、国际大酒店等13家酒店推出专属折扣，标间价格低至300元/晚起。

•特色餐饮礼遇：青蓝荟餐厅等商家提供最高五折优惠，限量赠送生蚝等本地美食。

•文化体验增值：中国木活字印刷文化村展示馆开放体验、圣井山千年杜鹃花海导览等特色活动。

此次"展会+文旅"IP的推出，能够更好展示"汽配之都·山水瑞安"城市品牌，扩大"会展经济圈"辐射酒店、交通、文创等关联产业的虹吸效应，推动"会展+"全链条升级。

资料来源 佚名.深化"办好一个会，提升一座城"的办展理念，2025瑞安汽配展将首创"会展+文旅"双IP经济新范式［EB/OL］.［2025-03-27］. https://www.ccpitzj.gov.cn/art/2025/3/27/art_1229557693_48161.html.

思考：结合材料分析，2025中国（瑞安）国际汽摩配展览会构建的"展会+文旅"双IP经济新范式对当地经济发展有哪些长远影响。

点睛：一方面，可以吸引大量参展商与游客，带动餐饮、住宿、交通等行业消费的增长；另一方面，可以提升城市的品牌知名度，吸引更多产业投资与人才流入，推动"会展+"全链条升级，促进经济可持续发展。

（三）会展旅游的构成要素

1.会展旅游的主体

会展旅游的主体即会展活动的旅游者，具体来说主要包括三类：一是政府、企业、科研机构、民间团体等组织派遣到一定目的地参加会展的人员；二是参与产品展示、经贸洽谈等商务活动的专业人员；三是因会展类活动的进行而在特定时间被吸引来到活动地的参观者。其中，前两类构成了会展旅游主体的核心。

需要指出的是，在实际旅游活动中，三类会展旅游主体在某些情况下是独立存在的，在某些情况下又是"三位一体"的。例如，世界博览会是由一个国家的政府主办、多个国家或组织参加的，以展现人类社会、经济、文化和科技成就，展望人类社会发展前景，以及寻求解决面临的重大问题的方法等为主要内容的国际性展示会。展会期间，各国与会人员既要参与博览会的展览活动以展出自己的先进成果，又要参与博览会举办的交流会议，同时还是其他国家展品的参观者。

2.会展旅游的客体

会展旅游的客体即会展活动的旅游资源。从理论上讲，旅游资源是自然界和人类社会存在的能够刺激旅游者产生旅游动机的各种事物的总称。对会展旅游来说，旅游资源的构成主要包括以下两类：一是以产业为基础构建起来的各种吸引物，包括有形的会议和展览场所及其相关设施、会议展览等活动本身，以及为产业活动提供的各项服务；二是目的地提供的其他自然和人文旅游景观。具体来讲：

（1）场馆。规模较大、级别较高的场馆以其优秀的设计、独特的风格对旅游者产生了巨大的吸引力，成为人们游览观光的目标之一。场馆的设施设备是会议展览消费的主要对象之一，场馆的规模对展会的规模起着决定作用。例如，北京冬奥会和冬残奥会为中国乃至世界留下了宝贵的奥运遗产。"冰丝带"（国家速滑馆）、"雪游龙"（国家雪车雪橇中心赛道）、"雪飞燕"（国家高山滑雪中心）、"冰之帆"（国家体育馆）等一批高质量奥运场馆就包括其中，它们不仅是城市地标建筑，提升了城市风貌，而且促进了我国冬季运动的普及，丰富了百姓生活。奥运场馆还是新技术、新产品应用推广的试验场：国家速滑馆采用的二氧化碳跨临界直冷制冰技术让冰面均匀丝滑，有助于选手赛出好成绩；各场馆使用的消杀机器人等节约了人工成本，降低了安全风险，为举办大型体育赛事积累了经验；遍布场馆的5G（第五代移动通信技术）、大数据、云计算、云转播等新技术，让冬奥赛事更好地传播到世界各地。可见，随着科学技术的发展，国际大型会议展览活动对场馆设施设备的要求越来越高，场馆能否适应这一发展要求，直接关系到会展旅游目的地整体竞争力的高低。

（2）形式多样的会展类活动。有些人认为，会展旅游资源只包括"与旅游相关的会展"，但是笔者认为，会展旅游资源不仅包括以宣传旅游资源、展示旅游产品等为主题的活动，而且包括那些与旅游无关，但其主题能够对人们产生巨大的吸引力、激发人们出游动机的各种会展类活动。最具有说服力的例子是"近代旅游业之父"托马斯·库克在1841年7月组织的包车旅行。当时，托马斯·库克组织团队出行的目的不是观光度假，而是参加禁酒大会。禁酒大会本身与"旅游"毫不相干，但是这次旅行活动却被学术界认定为旅游活动的标志性事件。

（3）旅游服务。会展旅游在服务内容方面包括两部分：一是会展公司或场馆为保障会展活动顺利进行而提供的各项服务，如场馆的建设、展台的搭建、会场的安排布置、会场秩序的维持、人员的安全等；二是会展旅游各介体在会展活动之前、之中和之后为旅游者提供的"食、住、行、游、购、娱"等服务。

（4）目的地其他自然和人文景观。目的地其他自然和人文景观之所以能够成为会展旅游资源的组成部分，主要是因为旅游者在会展举办地停留期间会对会展活动以外的其他景点进行游览。会展活动尤其是大型会展活动，常选择在名胜较多、交通发达的城市举办，因此该地的自然和人文景观也成了会展旅游的吸引物。

3.会展旅游的介体

会展旅游的介体主要是指为会展旅游者提供各种服务的会展业相关产业和部门，以及旅行社、酒店、交通等旅游产业部门。其中，从事组织、宣传和招徕参展商、观众的企业，即 PCO（专业会议组织者）、DMC（目的地接待者）、展览公司等称为会展旅游的主体媒介，只有在这些企业的经营下，随着会展活动的成功举办，会展旅游才能得以实现。

（四）会展旅游的效应

会展旅游对一个国家或地区经济社会的发展具有很强的推动作用，主要表现在以下几个方面：

1.经济效益好，关联带动性强

据测算，一名会展旅游者在一个城市的消费额是一名普通游客的3倍，逗留时间是一名普通游客的2倍，会展旅游业的平均利润率达20%~25%，是旅游业中利润最丰厚的领域之一。例如，2023年，成都共举办1 058场重大会展活动，参与人数12 157.7万人次，展出总面积1 296.4万平方米，会展业总收入1 480.8亿元，其中直接收入150.5亿元，拉动收入1 330.3亿元。会展活动通常有较长的预告期，小规模会展活动的预告期一般为3~6个月，大规模会展活动的预告期可达1年甚至数年。例如，北京2022年冬奥会和冬残奥会从申办、筹办到举办历时8年多。信息预告期越长，获得信息的人越多，准备时间就越充分，会展带来的经济效益就越好，关联带动作用就越强。由于会展旅游能够产生巨大的经济效益并且具有较强的关联带动作用，因此世界各国对国际会展举办权的竞争十分激烈。

2.有利于提高国家或城市的知名度

会展旅游对提升一个国家或城市的国际知名度与美誉度具有显著作用。通过举办高规格的会展活动，举办地能够在短时间内成为世界的焦点。例如，2024年上海成功举办了第七届中国国际进口博览会，吸引了152个国家、地区和国际组织参展，意向成交额达800.1亿美元。这一盛会不仅是经贸交流的平台，而且使得上海国际化大都市的形象深入人心，进一步彰显了中国高水平开放的吸引力和世界各国投资者对中国发展的信心。再如，博鳌亚洲论坛自2001年成立以来，已成为亚洲及其他大洲相关国家政府、工商界和学术界领袖就亚洲以及全球重要事务进行对话的高层次平台。每年论坛举办期间，全球政商学界精英齐聚博鳌，让这个原本名不见经传的小镇闻名世界。借助论坛的影响力，博鳌大力发展旅游业，打造了一系列高端旅游项目和设施，如今已成为海南旅游的一张亮丽名片。据统计，2023年博鳌接待游客数量同比增长30%，旅游收入增长40%，博鳌亚洲论坛的辐射效应持续显现。

3.促进城市设施的全面改善

国际性会展旅游对举办城市的要求比较高，举办城市必须具备现代化的会展设施、便捷的交通，以及不同档次的接待服务设施、购物娱乐场所等。这一要求推动了城市设施的全面改善，为城市旅游业的发展奠定了良好的基础。

4.促进城市文明程度的提高

作为一种带有明显集合性的知识活动，会展旅游能够集中、直观地体现出人们的创造性劳动成果，这些创造性劳动成果一经现代通信手段与媒介的传播和宣扬，能在社会上产生广泛的影响，使新知识、新观念、新技术传播开来，进而开拓人们的视野，促进人们思想观念的转变。

行业视窗 1-1

会展业聚焦 ESG，探路可持续现代服务业

会展业作为现代服务业的重要组成部分，承载着促进经贸交流与合作的重任。2024年9月13日，第三届国际会展经济发展论坛在北京举办。论坛以"会展ESG——可持续发展的探索与实践"为主题，围绕会展业未来发展趋势、ESG（环境、社会和治理）与会展项目及场馆运营、绿色低碳和数字化创新等前瞻性话题，探讨全球会展行业的前沿趋势、发展理念、热点动态，促进全球会展行业合作共赢、协同发展。

"会展业在推动绿色、低碳、可持续发展方面扮演着不可或缺的角色。"商务部原副部长房爱卿表示，今后，会展业必须围绕ESG三大核心要素，加强引导、鼓励创新、加大会展ESG国际交流，提升我国会展业的国际竞争力。

"会展业作为促进服务贸易的有效载体，是对外开放的助推器和经济贸易发展的风向标。"中国会展经济研究会会长曲维玺表示，会展业要实现可持续发展，必须进一步深化改革开放以激发市场增长潜力，力求更高水平"走出去"以拓展国际展览业务，不断加快行业创新以推动会展数字化转型。

曲维玺提出，中国会展经济研究会将继续当好政府助手、行业推手、企业帮手，组织更有效的行业交流活动，整合产业链上下游资源，引导行业抱团"走出去"，把更高质量的项目"引进来"，推动中国会展业的可持续发展和企业竞争力的不断提升。

"气候变化是全球发展面临的严峻问题，会展业应充分认识净零排放对会展活动

的意义和价值。"国际展览业协会（UFI）名誉主席、全国会展业标准化技术委员会主任陈先进认为，中国会展业应加快成为全球净零转型的推动者、参与者和领导者，提升国际竞争力。

第三届国际会展经济发展论坛期间，京津冀三地会展业协会还就三地会展业联动发展进行签约，三地高新技术企业协会签署了联合主办2025京津冀（国际）高新技术产业博览会框架协议。

资料来源　兰馨. 会展业聚焦ESG，探路可持续现代服务业［N］. 中国贸易报，2024-09-19（5）.

▶ **任务拓展1-1**

请关注5个与会展有关的微信公众号，并形成每天浏览阅读会展相关资讯或文章的习惯。

任务2　会展旅游的发展现状

一、国外会展旅游的发展现状

（一）市场规模持续扩张

近年来，全球会展旅游行业呈现显著增长态势。会展旅游作为会展业与旅游业深度融合的产物，其市场规模的扩张得益于全球经济的逐步复苏以及国际交流合作的日益频繁。企业对展示产品与技术、拓展市场的需求不断增长，促使各类会展活动数量增加，进而带动会展旅游市场规模持续扩大。其中，伦敦世界旅游交易会（WTM）是全球规模最大、专业水准最高的旅游业盛会之一，自1980年创立以来，年均吸引超4.3万人次观众参与。

行业视窗1-2 ◀

WTM开幕！"你好！中国"再度重磅亮相

伦敦时间2024年11月5日，以"旅游为世界赋能"为主题的2024年伦敦世界旅游交易会（WTM）在伦敦皇家维多利亚码头埃克塞尔展馆开幕。

该交易会每年围绕世界图书、资讯科技及广播、商务旅行、文化旅游、经济住宿、培训和就业、旅行技术、趋势与活动、青年旅行社等领域举行展览展示活动，并就相关内容举办丰富的配套活动进行深度研讨，吸引了来自亚洲、美洲、欧洲、非洲、中东等地区的多个全球旅游目的地国家、旅游机构和组织参加。

此次交易会中国再度以"你好！中国"的国家旅游形象进行对外展示，中国展区以"中国旅游高质量发展"为主题，总面积为210平方米，中国驻伦敦旅游办事处组织北京、上海、重庆、云南、陕西、广西、河南、新疆等地的文化和旅游主管部门及数十家中国优秀旅游企业共同参与。精彩的旅游推介及非物质文化遗产展示等集中演绎了中国丰厚的历史资源与文化魅力，四川变脸、VR元宇宙体验、中国美食推介、茶道、古筝、中国酒品鉴等活动吸引了大量访客前来体验和互动。

资料来源 佚名. WTM开幕！"你好！中国"再度重磅亮相［EB/OL］.［2024-11-07］. https：//www.thepaper.cn/newsDetail_forward_29273336.

（二）区域分布多元化

传统会展强国凭借自身强大的经济实力、成熟的会展基础设施、完善的配套服务体系以及丰富的办展经验，在全球会展旅游市场中仍占据主导地位。欧洲拥有众多国际知名的会展城市，如德国的汉诺威、法兰克福，意大利的米兰等，每年举办大量具有全球影响力的展会，吸引着来自世界各地的参展商与专业观众。

新兴市场近年来在全球会展旅游市场中快速崛起，成为推动行业发展的新动力。例如，非洲世界旅游展览会（WTM Africa）聚焦非洲旅游市场，凭借其独特的地域优势和对非洲旅游资源的深度挖掘，吸引了全球众多旅游买家，为非洲旅游产业的发展搭建了重要的国际交流平台。又如，在巴西圣保罗举行的拉丁美洲世界旅游交易会（WTM Latin America）不仅展示了拉美地区丰富的旅游资源，而且促进了当地旅游业与国际市场的对接。

在亚洲地区，韩国首尔连锁加盟展览会（IFS）专注于连锁经营领域，聚集了众多知名品牌与潜在加盟商，为连锁经营行业的发展提供了交流与合作的机会。

（三）科技与绿色转型深化

在人工智能、区块链和5G-Advanced（5G演进）网络的推动下，全球会展旅游业正在以惊人的速度完成自我迭代，全息投影取代传统展板，AI助手为观众定制观展路线……这场由技术驱动的变革为参展商与游客带来了全新的体验。

在绿色转型方面，欧洲展会如马斯特里赫特博览会（TEFAF，又称欧洲艺术与古董博览会）积极响应环保号召，强制要求使用可回收材料，从展会场馆搭建、展品展示到活动组织的各个环节，都注重减少对环境的影响，推动了会展旅游行业向碳中和目标迈进。这种绿色办展理念逐渐在全球范围内得到推广，越来越多的展会开始关注可持续发展，通过采用环保材料、优化能源利用、减少废弃物排放等举措，促进会展旅游行业的绿色发展。

知识拓展 1-1

国际会展组织聚焦中国市场新机遇

（四）展会服务专业化

国际展会注重在细分领域深耕细作，以满足不同客户群体的专业需求。例如，米兰国际现当代艺术博览会（MIART）聚焦当代艺术与限量设计，凭借其对艺术领域的精准定位与专业运作，吸引了众多顶级画廊参与，成为当代艺术领域的重要展示与交流平台。迪拜阿拉伯国际旅游业展览会（ATM Dubai）针对中东地区独特的旅游市场需求，提供专业的旅游产品与服务解决方案，展示了最新的旅游技术与创新成果，为中东地区旅游业的发展提供了专业支持。

二、我国会展旅游的发展现状

（一）增长态势强劲

近年来，我国会展旅游市场呈现出强劲的增长态势。中国国际贸易促进委员会发布的《中国展览经济发展报告2024》指出，2024年我国境内共举办经贸类展会3 844场，总展览面积为1.55亿平方米，其中展会数量与2023年基本持平，展会面积同比增长10.1%。

中国会展旅游市场在全球市场中也表现亮眼，增速远高于全球平均水平，如今已成为全球第二大市场。随着中国经济的稳健发展、对外开放程度的加深以及国内基础设施的不断完善，越来越多的国际会展活动选择在中国举办。同时，共建"一带一路"倡议的深入推进，加强了中国与共建国家的经济合作与文化交流，为中国会展旅游市场的国际化发展提供了有力支撑。

（二）区域协同发展

我国会展旅游在区域发展上呈现出协同共进的格局。东部地区凭借其发达的经济基础、完善的交通网络、丰富的人才资源以及成熟的市场环境，在会展旅游领域占据主导地位。

例如，上海作为国际化大都市，举办的展会及活动数量逐年攀升，2025上海旅游产业博览会规模宏大，覆盖酒店、餐饮、新能源、文旅等15个产业大类，总展出面积达70万平方米，吸引了来自全球140多个国家和地区的约45万观众到场参观，是展示国内外旅游产业发展成果、促进产业交流与合作的重要平台。北京则依托其政治、文化中心的优势，举办了众多具有国际影响力的高端会议与展览，如世界机器人大会等，为城市会展旅游的发展注入了动力。广州具有深厚的商业底蕴和开放的市场环境，中国进出口商品交易会（广交会）作为中国历史最长、层次最高、规模最大、商品种类最全、到会采购商数量最多且分布国别地区最广、成交效果最好的综合性国际贸易盛会，直接带动了当地酒店、物流、餐饮等旅游相关产业的繁荣发展。

同时，中西部地区会展旅游也在迅速崛起。成都充分利用"会展+熊猫IP"模式，将当地独特的文化资源与会展旅游有机结合，通过举办各类与熊猫文化、旅游产业相关的会展活动，不仅提升了成都在国内外旅游市场的知名度，而且带动了当地旅游及相关产业的繁荣发展。西安凭借其悠久的历史文化底蕴和不断完善的基础设施，成功吸引国际展会永久落户，如丝绸之路国际博览会暨中国东西部合作与投资贸易洽谈会等。这些展会为西安带来了大量的人流、物流、信息流和资金流，推动了区域经济的升级转型，促进了当地会展旅游产业的发展壮大。

■ 会展问答1-1

上海、北京、广州等大城市具备哪些发展会展旅游的优势？

解析指引1-2

会展问答

（三）科技赋能创新

在科技飞速发展的时代背景下，我国会展旅游行业积极拥抱科技，不断创新行业发展模式。在技术应用层面，VR/AR（虚拟现实/增强现实）互动、AI（人工智能）机器人服务等先进技术已逐渐成为展会的标配。以2025上海旅游产业博览会为例，MetasvS上海虚拟体育公开赛及TPS沉浸式特展让游客身临其境地感受到了旅游产品与服务的魅力；同时，展会引入"沪小游"智能导览系统，根据游客的兴趣偏好、浏览历史等信息，为游客精准推荐展会亮点，规划个性化游览路线，并实时提供展馆内的展位分布、活动日程等信息，有效提高了服务效率，丰富了游客体验。

在业务模式方面，线上展览数量不断增加。观众可以通过电脑或移动设备，身临其境地浏览展馆、参观展品、参与互动活动，与参展商进行实时沟通交流。线上展览突破了时间和空间的限制，为会展旅游行业的发展开辟了新的路径。

（四）国际化进程加速

近年来，我国会展旅游的国际化进程明显加快。在国际认证方面，截至2024年底，我国（境内）已有265个展会项目通过UFI认证，比上年增长超过20%。这一数据反映出我国会展行业在国际化、专业化方面取得了重要进展。例如，四川国际旅游交易博览会于2022年获得UFI认证，这标志着该展会已经进入国际品牌展会行列，也为四川旅游产业的国际化发展注入了活力。

在国际合作方面，越来越多的国际组织积极参与我国举办的展会。例如，国际船艇行业协会理事会（ICOMIA）参与了2025中国（上海）第二十八届国际船艇及其技术设备展览会暨2025上海国际游艇展（CIBS 2025），ICOMIA凭借其在全球船艇行业的专业影响力和丰富资源，为展会带来了国际前沿的船艇技术、设计理念和市场动态，促进了我国船艇行业与国际市场的对接与交流，推动了全球资源在中国会展平台上的高效对接，提升了我国会展旅游业在国际市场中的地位。

（五）绿色转型深化

随着全球对环境保护和可持续发展的关注度不断提高，我国会展旅游行业在绿色转型方面也取得了积极进展。《国务院关于加快建立健全绿色低碳循环发展经济体系的指导意见》指出："推进会展业绿色发展，指导制定行业相关绿色标准，推动办展设施循环使用。"广州市商务局印发《广州市关于加快会展业发展的若干措施》，在国内首创出台碳中和奖补，加快展会绿色化转型，通过政府引导和有效补偿机制，激发企业加入绿色办展行列，以点带面形成行业逐绿潮流，促进城市经济建设和生态文明建设有机融合。

从行业整体来看，越来越多的会展企业正积极响应绿色办展号召。第136届广交会在100%绿色布展的基础上，探索创建零碳广交会，首次实现碳中和目标；第二届中国国际供应链促进博览会编制了"绿色搭建、绿色运营、绿色餐饮、绿色物流、绿色推广"联动方案，并入选《中国绿色展览发展报告（2024）》优秀案例。这种绿色转型不仅符合全球可持续发展的趋势，也为我国会展旅游行业的长期健康发展奠定了坚实基础。

（六）全链条服务升级

我国会展旅游产业链不断完善，实现了全链条服务升级。会展中介服务从传统的单一场馆租赁业务，逐渐向策划、数字化营销、碳中和认证等一体化服务转型。以中青博联整合营销顾问股份有限公司为例，公司依托自身在会展行业的丰富经验和专业团队，为客户提供"会展+文旅"全流程解决方案。在项目策划阶段，深入了解客户需求，结合市场趋势和当地特色，编制个性化的会展策划方案；在数字化营销方面，利用大数据、社交媒体等手段，对展会进行精准推广，提高展会的知名度和影响力；在碳中和认证方面，协助客户编制绿色办展方案，从展位搭建、能源使用到废弃物处理等环节，实现绿色环保目标，助力客户获得碳中和认证，提升客户的社会形象和可持续发展能力。

（七）"政府主导+市场化"双轨驱动

我国会展旅游行业发展呈现出"政府主导+市场化"的双轨驱动模式。政府在行业发展中发挥着重要的引导和支持作用，通过出台一系列政策措施推动行业发展。例如，设立专项资金，对符合条件的会展项目给予资金扶持，帮助企业降低办展成本，提升展会品质；实施税收优惠政策，对会展企业的相关税费进行减免或优惠，减轻企业负担，激发企业活力。

同时，一些大型企业凭借自身的资金优势、品牌影响力和市场运营能力，通过并购国际会展公司等方式积极布局高端市场，整合双方资源，引入国际先进的会展管理经验和服务理念，为客户提供更加优质、多元化的会展旅游服务，不仅提升了自身在国际市场的竞争力，而且推动了我国会展旅游行业的高质量发展。

▶ 行业案例1-2

中国会展业"走出去"更为积极

2024年12月3日，全国产展融合发展暨河北省会展产业推广与合作发展大会在张家口举办，大会以"新质引领，创新融合"为主题，聚焦会展业智慧发展的新趋势，旨在推动会展业在新发展格局下实现高质量发展。

中国会展经济研究会首席研究员、对外经济贸易大学教授储祥银在会上表示，会展企业通过数据获取市场信息资源，提供适销对路的产品，赢得市场份额，树立品牌形象。这表明，数据已成为会展企业获取竞争优势的关键要素。

中国会展经济研究会副会长兼秘书长姜淮在会上表示，会展业已从生产性服务业提升为现代服务业的战略先导产业，对加强国际贸易合作、促进产品进出口具有越来越重要的作用。统计数据显示，2023年，中国自主举办的190场展览中，有109场位于共建"一带一路"国家，占比高达57%。金砖国家中的俄罗斯、巴西、印度尼西亚和南非也成为中国境外办展的重要目的地。同时，在RCEP（《区域全面经济伙伴关系协定》）国家举办的展览也达到71场，占比达37.37%。这些数据充分展示了中国展览业在全球范围内的广泛布局和深远影响。

米奥兰特国际会展董事长潘建军在会上提到，中国展览"走出去"面临新趋势和新变化。他指出，2023年，中国展览境外自主办展的举办地已增至17个国家，较2020年之前大幅增加。此外，在华外资公司在中国展览"走出去"的过程中表现更为积极。

更重要的是，中国展览业正逐步从单纯的"出去找订单"向产品力、供应链、技术和渠道"四位一体"转变。潘建军认为，随着全球供应链的重塑和中国制造"走出去"的步伐加快，中国展览"走出去"的数量将越来越多，迎来新的发展机遇。这标志着中国展览业正迈入一个全新的发展阶段，中国品牌时代已经到来。

在这个过程中，会展业作为现代服务业的战略先导产业，将发挥越来越重要的作用。通过数字化转型和智能化升级，会展业将不断优化现有业务价值链和管理价值链，提升用户体验，构建企业新的竞争优势。同时，中国展览业也将继续加强与国际市场的合作与交流，推动中国品牌在全球范围内的传播和推广，为中国品牌的崛起贡献更多力量。

资料来源　兰馨. 中国会展业"走出去"更为积极［N］. 中国贸易报，2024-12-12（5）.

思考：中国会展业"走出去"面临哪些挑战？应如何解决？

点睛：中国会展业"走出去"面临的挑战主要有市场规则差异、文化差异、资源整合难度大等。中国会展企业在出海前要做好充分的市场调研和风险评估，积极应对与目的地本土企业合作的挑战。

▶ **任务拓展1-2**

以小组为单位，收集整理本地会展旅游业发展现状的资料，撰写调研报告，并在全班进行分享。

任务3　我国会展旅游的发展趋势及面临的挑战

一、我国会展旅游的发展趋势

（一）科技驱动创新

未来，科技将持续在会展旅游领域发挥关键作用。元宇宙技术将为参展商和观众打造更加逼真、沉浸式的展览体验，观众可以在虚拟展馆中自由穿梭，与虚拟展品进行互动，仿佛置身于真实的展会现场。AI技术将在精准匹配采购商需求方面发挥重要作用，通过对大量市场数据的分析和挖掘，AI系统能够根据参展商的产品特点和采购商的需求偏好，实现精准匹配，从而大大提升交易效率，促进会展旅游行业的高效发展。

此外，机器人将在展会中得到更广泛的应用。这些机器人可以承担导览、咨询、配送等多种工作，从而为参展商和观众提供便捷、高效的服务。同时，智慧旅游平台也将成为展会的标配，通过整合展会信息、旅游资源、交通住宿等数据，为参展商和观众提供一站式服务，优化展会的运营管理和用户体验。

（二）绿色可持续发展

在全球积极应对气候变化、大力倡导绿色发展的当下，展览业正快步迈向低碳可持续的新征程，绿色理念已成为凝聚全行业共识的核心力量。政府政策导向、大型会展活动的策划执行、会展场馆的规划设计与运营、服务商的产品和服务等都更加强调绿色可持续发展。例如，新能源设备将在展会中得到更广泛的应用，为展会场馆提供清洁、稳定的能源供应；从展位搭建材料到展会宣传资料，都将采用环保可回收材料，以减少资源浪费和环境污染。

（三）品牌化与国际化

在全球经济一体化与文旅产业深度融合的背景下，我国会展旅游业将继续发挥自身特色优势，向品牌化、国际化方向迈进。一方面，品牌化将成为会展旅游竞争的核心壁垒，会展旅游热点城市将通过塑造独特IP、提升服务品质、强化产业联动，形成差异化竞争优势。例如，成都、西安等城市将进一步深化"文化+产业"模式，打造具有国际影响力的会展旅游品牌，带动城市形象升级。

另一方面，国际化进程持续深化，会展旅游企业将打破地域限制，通过海外办展、国际合作、标准输出等方式拓展全球市场。例如，越来越多的中国会展企业计划拓展海外会展市场，重点布局共建"一带一路"地区。这些地区市场潜力巨大，与我国在经济、文化等方面具有较强的互补性。中国会展企业通过在这些地区举办或参与展会，能够更好地拓展海外市场，提升品牌国际影响力，推动我国会展旅游行业的国际化发展。

（四）政策优化与标准化建设

政策优化将为我国会展旅游行业的发展创造更加良好的环境。未来，政府将进一步简化审批流程，以减少企业的时间成本和行政负担，提高办展效率。

在标准制定方面，我国将加快制定会展旅游相关标准，明确行业技术规范和绿色发展要求，引导行业健康发展。同时，强化知识产权保护与数据安全，保护参展商和观众的合法权益，从而为会展旅游行业的创新发展提供坚实的保障。

行业视窗 1-3

由中国牵头制定的在线旅游机构和展览与活动领域 ISO 国际标准发布

2025年4月，由中国牵头制定的《旅游及相关服务 在线旅游机构（OTA）在线住宿预订平台服务指南》（ISO 9468：2025）和《展览与活动 第1部分：术语》（ISO 25639-1：2025）两项旅游国际标准，由国际标准化组织（ISO）正式发布。这是继

知识拓展1-2

"赛会之城"活力澎湃 杭州培育会展经济新质生产力

2024 年底国际标准化组织发布首个由中国牵头的国际标准——《旅游及相关服务 旅游信息咨询服务 要求与建议》（ISO 14785：2024）之后，又推出的两项重要成果。

《旅游及相关服务 在线旅游机构（OTA）在线住宿预订平台服务指南》（ISO 9468：2025）是全球首个在线旅游国际标准，它为全球在线住宿预订平台提供了统一的服务指南，适用于在线住宿预订平台、各类住宿服务提供商和用户。这项标准的实施可以为各国在线住宿预订平台提供参考依据，有效解决预订过程中的服务不规范、价格不透明等问题。

在国内，通过规范在线住宿预订平台及其服务，提升中国旅游服务的品质和透明度，有助于打造"中国服务"金字招牌，在"入境免签"政策背景下吸引更多入境游客，让入境游客愿来、敢来、放心来，从而为其畅游中国提供便利。在国外，各国在线住宿预订服务规范的统一，能够减少中外旅游"信息差"，帮助中国游客境外"安心游"。

《展览与活动 第 1 部分：术语》是我国在展览与活动领域牵头制定的首个 ISO 国际标准，标志着我国在展览与活动国际标准化领域从跟跑者转变为领跑者。从内容上看，该标准立足于行业发展方向和需求，界定和规范了 94 个展览与活动相关术语和定义，为全球提供了一套统一的概念体系，促进了共同理解。从技术特点来看，结合展览与活动数字化发展趋势，增加线上、混合式展览与活动等相关术语，体现了创新发展；通过拓展标准范围，实现了展览与活动并重，体现了协调发展；尽可能全面涵盖参与主体，考虑知识产权和活动遗产，强化活动管理、服务和评价，体现了可持续发展。

资料来源　韦衍行. 由中国牵头制定的在线旅游机构和展览与活动领域 ISO 国际标准发布 [EB/OL].［2025-04-24］. http：//m.people.cn/n4/2025/0424/c32-21616475.html.

二、我国会展旅游面临的挑战

（一）全球供应链转移

部分产业的全球供应链从我国向周边国家转移，使得一些与产业相关的会展旅游活动的吸引力下降，相关配套旅游服务需求也随之减少。

（二）数字化转型压力

互联网、大数据、云计算等技术快速发展，会展旅游业数字化转型成为必然趋势。但部分会展旅游企业在数字化建设方面可能面临资金、技术、人才等方面的压力，难以快速实现线上线下融合。

（三）消费者需求多元化

现代消费者对会展旅游的需求日益多元化和个性化，不仅关注会展本身的内容，还对配套的旅游服务、文化体验、社交互动等有更高的要求。传统的会展旅游模式可能难以满足这些需求，会展旅游企业需要在产品设计和服务创新方面加大力度。

（四）专业人才短缺

经济社会的快速发展对会展旅游专业人才的素质和能力提出了更高要求，需要既懂会展业务又懂旅游服务，还能掌握数字技术和国际规则的复合型人才。目前，我国这方面的专业人才相对匮乏，从而制约了会展旅游行业的高质量发展。

（五）市场竞争加剧

国内会展旅游市场规模不断扩大，吸引了越来越多的企业和城市参与竞争。同时，国际会展旅游企业也在持续进入中国市场，使得市场竞争日益激烈。在资源有限的情况下，部分会展旅游项目可能面临生存和发展的压力。

育德润心 1-3

践行绿色会展，成都这么做！

▶ **任务拓展 1-3**

了解我国和各省、自治区、直辖市制定"十五五"旅游业、会展业发展规划的情况，全面了解我国会展旅游业的发展趋势。

项目练习

一、判断题

1.从旅游供给来看，会展旅游是特定群体在前往会类或展类的举办地参加会类或展类活动的过程中，因旅游供给而产生的包括参观考察、休闲游览等活动的一种综合性的旅游形式。　　　　　　　　　　　　　　　　　　　　　（　）

2.从旅游需求来看，会展旅游是在会展组织者或承办方的倡议下，由指定的旅游企业针对各类别会展的举办而设计推出的一种专项旅游产品。　　　　　（　）

3.会展旅游的主体即会展活动的旅游者。　　　　　　　　　　　　　（　）

4.会展旅游的客体即会展活动的旅游资源。　　　　　　　　　　　　（　）

在线测评 1-1

5.会展旅游的介体主要是指为会展旅游者提供各种服务的会展业相关产业和部门，以及旅行社、酒店、交通等旅游产业部门。　　　　　　　　　　　（　）

判断题

二、简答题

1.会展与会展旅游的关系如何？

2.什么是会展旅游？会展旅游发展的条件是什么？

3.会展旅游的特点和构成要素有哪些？

4.如何认识和看待我国会展旅游的发展？

项目实践

场景：以身边举办的一次会展旅游活动为例，假设你就是该会展旅游活动的受益者，请根据实际情况，识别和探讨会展旅游对当地经济发展的影响。

操作：

（1）根据本项目所学知识，结合实际情况，采用多种可行的方式认识会展旅游。

（2）向老师和全班同学介绍本地某个具体的会展旅游项目。

（3）正确分析会展旅游给经济发展带来的正面效应和负面效应。

（4）教师点评。

价值引领

点燃红色引擎，擦亮"会展之滨"

会展业不仅是城市经济发展的"助推器"，更是提升城市品质、塑造城市品牌的重要抓手。

为推动西海岸新区会展业高质量发展，青岛海洋高新区创新工作思路，通过联合各级各类党组织，依托青岛世界博览城，积极开展党组织联建活动，合力打造"党旗映会展"党建服务品牌，聚力攻坚，提升"会展之滨"知名度、美誉度。

2024年，海洋高新区做实"党旗映会展"品牌，高效服务保障世界交通运输大会、全国制药机械博览会等重大展会活动30余场次，展现了党员干部队伍在高质量发展新征程上"打头阵、当先锋"的崭新面貌。

打造"党旗映会展"党建品牌，强化组织建设向心力

青岛世界博览城作为西海岸新区"会展之滨"城市名片的最佳载体，在推动打造最美会展海岸带、建设国际会展名区的过程中，"龙头"作用愈发彰显。

海洋高新区作为该项目属地建设服务单位，始终注重党建引领，团结聚合中铁置业集团山东有限公司、西海岸新区会展业发展促进中心等16家单位党组织，签署党建联建共建协议，以"党旗映会展"党建品牌为平台，组织各单位党员常态化开展各类党建活动，引导党员干部从自身学习成长、西海岸新区新变化等"小切口"入手，不断增强党员干部的认同感和向心力。

"党旗映会展"党建品牌自创建以来，海洋高新区已开展联合主题党日、党员志愿服务、"每月一讲"小论坛等兼具区域特色与行业特色的党建活动近20场次，进一步丰富了党建工作的形式与内容，增强了党建工作的实效性和吸引力，党员群众听党话、感党恩、跟党走的政治自觉进一步强化，主动为新区及会展业高质量发展建言献策的热情显著提升。

建立党建联建创新发展基地，激发党员队伍凝聚力

海洋高新区创新党的政治理论宣讲学习新路径，会同驻区央企中铁置业集团山东有限公司，在青岛世界博览城打造党建联建创新发展基地。该基地利用博览城公共空间，建设总面积超1 000平方米的场景式、沉浸式党建文化长廊，并结合会展经济、会展文化等内容，建成独具会展特色的主题党日教育活动阵地，充分推动党建工作与会展业发展深度融合。

党建联建创新发展基地充分结合会展业人员流动性大、行业接触面广、推介传播力强的特点，搭建党建联建平台，多次举办廉洁教育、主题党日等活动，持续激发党员队伍凝聚力。除此之外，海洋高新区还组织党员干部为海洋合作发展论坛、国际农机展等重大展会与论坛提供常态化志愿服务，累计组织党员200余人

次，服务各类展览、会议等重大活动30余场次，为新区会展业创新发展提供坚强助力。

强化党建引领融合提升理念，增强高质量发展驱动力

海洋高新区充分发挥"党旗映会展"品牌的红色纽带作用，进一步整合区直部门、属地街道、企业协会等各级党组织力量，坚持以"大党建"格局凝聚"大发展"合力，进一步创新建立"1+16+N"党建服务新模式，即围绕1个红色党建品牌，集聚16家企事业单位党组织力量，服务保障N场重大展会活动，并做好"以展招商"等工作，扎实推动会展业与双招双引、民生保障、文化旅游等工作融合提升，更好助力新区会展服务业高质量发展。

会展业的持续发展也对青岛世界博览城周边环境配套提出了更高的要求。2024年7月，海洋高新区规划建设部党支部与中铁置业集团山东有限公司西海岸项目党支部在开展党建联建活动过程中，了解到青草河沿岸一直是周边社区居民早晚健身、娱乐的主要场所，也是参加展会活动的人员休闲放松的好去处。但是由于缺乏有效的日常维护，青草河沿岸的环境难以满足周边群众日益增长的休闲、娱乐和健身需求。海洋高新区迅速发挥党建联建平台资源整合、优势互补的功能，与中铁西海岸投资发展有限公司研究编制河道整体提升方案，投入资金300多万元，对滨海大道至三沙路段约1公里长的河道进行整体改造提升，如修缮木栈道、铺装人行步道、设置休闲娱乐区、对两岸河堤进行绿化提升等，按期完成青草河各项治理工程，高标准打造河畅、水清、景美的环境，为西海岸新区会展业高质量发展营造了良好的生态环境。

资料来源　谭宁. 点燃红色引擎，擦亮"会展之滨"[N]. 青岛西海岸报，2025-03-28（2）.

思政元素：党建引领　红色赋能　党员模范

价值分析：一是党建引领创新发展。党建引领是推动产业高质量发展的核心动力。青岛海洋高新区通过打造"党旗映会展"党建品牌，联合多方党组织力量，为会展业发展注入强大动力，体现了党组织在凝聚各方力量、推动经济发展中的关键引领作用，凸显了坚持党的领导对于经济社会发展的重大意义。

二是红色引擎赋能产业升级。以"党旗映会展"党建品牌为依托，青岛世界博览城充分发挥资源整合与产业整合优势，推动会展与文旅、招商、民生等深度融合，构建全方位交流合作机制，为会展业转型升级提供了强大动力，说明红色引擎在赋能产业升级、促进区域经济协同发展方面发挥着不可替代的作用。

三是党员模范作用凸显责任担当。党员在会展服务保障工作中冲锋在前，积极参与志愿服务工作，为会展业发展贡献智慧和力量，展现了党员的先锋模范作用，凸显了新时代党员干部的使命与担当。

项目评价

本项目学习效果评价见表1-1。

表1-1　　　　　　　　　　　　　　学习效果评价表

评价维度	评价指标	学生自评 （30%）	教师评价 （70%）	得分 小计
学前准备 （25分）	自觉拓展：主动查阅行业前沿资料（10分）			
	深度理解：结合案例进行理论分析，并尝试进行实践应用（10分）			
	创新思维：尝试跨学科提出创新性关联问题，并有一定的思考（5分）			
学中实践 （40分）	主动探究：在小组讨论中提出创新解决方案，并得到成员们的采纳或认可（10分）			
	解决问题：运用理论分析实际案例，提出建设性方案或建议（10分）			
	表达创新：在课堂汇报中灵活运用新媒体技术（10分）			
	团队协作：在集体项目合作中承担某个角色，创新性完成某项任务（10分）			
学后转化 （35分）	理论迁移：在课程论文或其他任务中构建具有一定科学性的分析模型或提出具有一定新意的观点（5分）			
	实践应用：参与会展旅游产业相关实践活动或实战任务（10分）			
	德育素养：在理论学习和实践训练过程中树立正确的国家观、历史观、民族观、文化观（10分）			
	创新成果：提交会展旅游产业相关议题的解决方案、优化提案或策划方案等（10分）			
综合评价得分				

项目二 会展旅游的发展条件及产业链打造

项目导言

■ 产业链与人才链、创新链的深度融合是新时代我国会展经济高质量发展的客观要求和必然趋势。因此，需要围绕产业链布局创新链，围绕创新链布局人才链，以促进创新链和产业链双向互嵌、协同升级，进而推动会展旅游经济高质量融合发展。

项目目标

■ **知识目标**：了解会展旅游发展的政治和法律条件、经济条件、科学技术条件、区位和自然条件等；熟知会展旅游产业链的特征；理解会展旅游产业链打造的途径。

■ **技能目标**：能够运用会展旅游发展条件和会展旅游产业链的相关知识分析实际问题，打造会展旅游产业链。

■ **素养目标**：引导学生厚植家国情怀，坚定"四个自信"，培养爱岗敬业、知行合一的职业素养。

知识导图

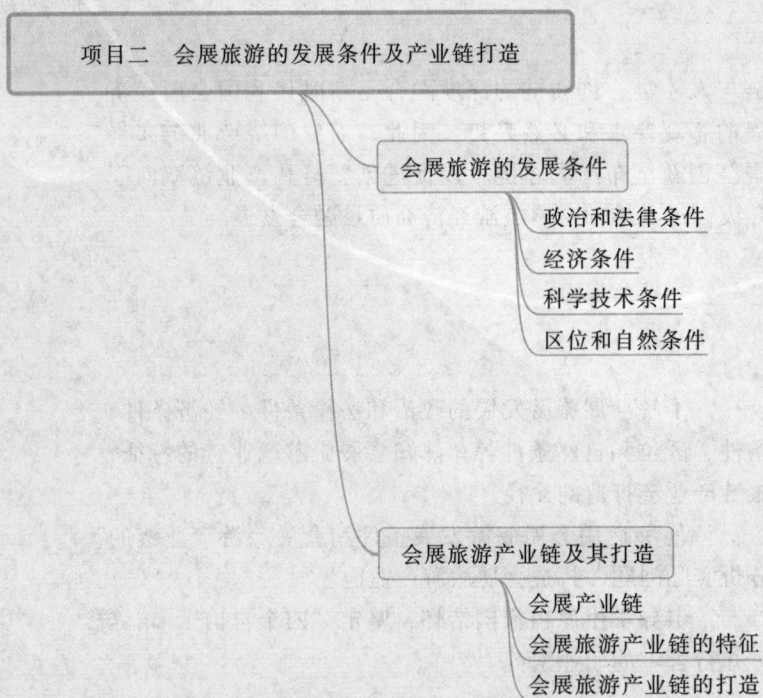

项目二　会展旅游的发展条件及产业链打造

会展旅游的发展条件
政治和法律条件
经济条件
科学技术条件
区位和自然条件

会展旅游产业链及其打造
会展产业链
会展旅游产业链的特征
会展旅游产业链的打造

项目导入　　　展会点亮一座城　会展经济显活力

作为我国最早发展会展业的城市之一，厦门不断优化会展环境，完善会展设施，加大扶持力度，保障服务到位，多次荣获"中国最具竞争力会展城市""中国最具创新力会展城市""中国最佳会议目的地城市"等荣誉称号。

融入城市发展基因　凸显品牌

1955年11月，厦门出口商品展览会开幕；1956年12月，厦门市举办工业出口商品展览会；1957年10月，厦门市出口商品展览会开幕；1961年7月，闽南经济区物资交流会在厦门举行……

追寻历史的足迹，在中华人民共和国成立之初，会展业就已逐步融入厦门发展的基因，不断推动着"大厦之门"越开越大。随着改革开放的春风，厦门会展业起步迅速。

1984年10月，厦门第一座国际展览场馆——富山国际展览城破土动工，次年5月全部竣工，全过程仅用了157天，创造了中国展览史上建馆速度之最，被誉为厦门经济特区建设史上罕见的高速度，即"富山速度"。1985年6月，厦门市第一个现代展览会——厦门国际展览会在富山国际展览城举办，吸引了8个国家和地区的56家公司参展，开启了厦门国际会展业的新纪元。

2000年8月，厦门国际会议展览中心竣工，成为厦门东部第一个地标性建筑，每一届的国际投资盛会——中国国际投资贸易洽谈会都在这里举办。为适应会展业规模不断提升的需求，助力厦门国际会展名城建设，2023年11月，厦门国际博览中心建成，总用地面积84.67万平方米，场馆采用"数智化"建设，能够提供更好的参展体验。

如今的厦门，展馆硬件设施全面提升，已形成思明区环岛路、翔安区东部体育会展新城、湖里区五缘湾等会展集聚区，全市展览面积突破50万平方米，拥有2个大型会议中心和130多家会议型饭店，客房总数近18万间、床位总数超27万张，为厦门建设"国际会展名城"不断提供新助力。

在筑巢引凤的同时，厦门市会展业全面开展营商环境提升行动，创制性地推出了《厦门经济特区会展业促进条例》，在全国范围内征求会展公司、行业机构有关优化营商环境的意见，积极构建良好的公共服务体系，完善支持会展业发展的政策体系，加强会展活动综合保障机制，筑牢会展产业人才支撑，良好的营商环境吸引了更多的合作伙伴。

展会激活一座城　更加开放

1987年9月6日，闽南三角区外商投资贸易洽谈会在厦门富山展览城举办，随后逐步升级为中国投资贸易洽谈会，2005年经国务院批准，更名为中国国际投资贸易洽谈会。"志合者，不以山海为远。"如今，每届中国国际投资贸易洽谈会都吸引了100多个国家和地区的客商相聚鹭岛，畅谈"投资中国"机遇，商讨"中国投资"潜力。中国国际投资贸易洽谈会已成为世界各国搭建投资合作的平台，更是中国吸引外资的权威平台。

近年来，厦门通过举办一系列国际性的会展活动，不仅提升了城市的国际知名度，而且推动了与全球会展业的交流与合作。中国国际投资贸易洽谈会、中国厦门国际石材展、中国厦门国际佛事用品展览会、海峡两岸（厦门）文化产业博览交易会等展会，吸引了大量国内外参展商和观众。

此外，厦门市会议展览局还组团赴法国、德国考察欧洲主要会展城市，与国际知名会展企业如智奥、汉诺威、慕尼黑、高美艾博等进行对接洽谈。主动出击、寻求国际合作的姿态，展现了厦门会展业走向国际化的决心和实力。

会展经济多元化　走向市场

满园春色才是春。厦门国际会展名城的建设，离不开主体会展企业的积极参与和贡献。

2001年，第一届中国厦门国际石材展览会成功举办；同年，厦门会展集团等会展专业企业成立。

目前，厦门市会展企业呈现出良好的发展态势。例如，建发会展、国贸会展、佰翔会展、金泓信展览、凤凰创意会展等，通过不断创新和拓展业务，逐渐成为国内乃至国际知名的会展企业。这些企业在策划、组织、运营等方面积累了丰富的经验，为厦门会展业的发展提供了强有力的支撑。

同时，厦门的产业基础坚实，已形成电子信息、机械装备、商贸物流、金融服务四大支柱产业集群，生物医药、新材料、新能源、文旅创意四大战略性新兴产业，以及半导体、未来网络、前沿战略材料、氢能与储能、基因与生物技术、深海空天开发六大未来产业构建的"4+4+6"现代化产业体系，为会展业的发展提供了丰富的展览内容和资源。

为更好地发挥会展业在城市发展中的催化剂、兴奋剂和黏合剂作用，厦门市通过"会展+"模式，持续推动会展业与商务、旅游、文化、科技、教育等产业的深度融合，打造更加多元化的会展产品和服务，从而满足不同客户的需求，激发行业新活力，进一步提升城市的国际影响力和竞争力。

资料来源　吴广宁，涂宜观.展会点亮一座城　会展经济显活力［N］.国际商报，2024-10-10（4）.

请根据以上材料，思考以下问题：

厦门会展业的核心竞争力体现在哪些方面？请从发展历程、硬件设施、政策支持、产业融合及国际合作等维度进行阐述。

解析指引2-1

项目导入

任务1　会展旅游的发展条件

一、政治和法律条件

政治形势的稳定程度对会展旅游产业的发展具有直接影响。例如，部分中东国家因地区冲突和政治不稳定，会展旅游业遭受重创。尽管部分展会仍在坚持举办，但诸多企业鉴于地缘政治风险，纷纷对赴该地区参展持谨慎态度。因此，不稳定的政治形势会极大地削弱一个国家或地区在会展旅游市场中的吸引力。

同时，会展举办地的法律法规和各项制度与会展旅游活动相适应，也是会展旅游业蓬勃发展的必要保障。从国际经验来看，会展旅游发达地区在制定经济发展战略和城市发展规划时，都会积极考虑会展旅游的发展需要。例如，德国的汉诺威、法兰克福、慕尼黑、杜塞尔多夫等城市，都将会展业作为支柱产业精心培育。政府不仅在经济发展战略和城市规划中为会展业预留充足空间，而且出台了一系列极具吸引力的鼓励措施和优惠政策，以降低企业运营成本，吸引全球客商。在法规制度方面，对会展活动的举办流程、安全标准、知识产权保护等进行详细规范，确保会展活动在有序、合法的轨道上运行。

在国内，随着政策的持续利好，我国的会展旅游活动呈现出蓬勃发展的态势。中国会展经济研究会发布的《2024年度中国展览数据统计报告1.0》显示，2024年我国共举办线下展览8 916场，境外自主办展数量增幅达13.68%。国家战略与地方政策形成合力，如《关于释放旅游消费潜力推动旅游业高质量发展的若干措施》明确提出丰富"音乐+旅游""演出+旅游""展览+旅游""赛事+旅游"等业态，各地政府亦纷纷出台专项扶持政策，从资金补贴、场地优惠到通关便利等多维度为会展旅游企业减负赋能。

综上所述，稳定的政治形势、完善的法律法规制度，是会展旅游发展不可或缺的关键要素。只有在政治稳定、法律健全的环境中，会展旅游产业才能实现可持续、高质量的发展。

二、经济条件

经济条件包括宏观经济条件（如国民收入、国民经济发展水平等）和微观经济条件（如资本、劳动力、人才、土地、顾客偏好等）。会展旅游活动的开展要以一定的经济实力为依托。经济实力主要是指当地经济的发达程度和产业体系的完备程度，它决定了会展旅游活动资金的筹措情况和会展旅游产品的供给水平。

无论举办何种会展活动，都需要投入大量的资金。例如，现代奥林匹克运动会没能在工业革命以前产生，一个主要的原因是经济支持不足。1984年以前，奥林匹克运动会的经济投入主要依靠政府拨款和社会捐赠等非商业化形式，最初它甚至与贸易博览会同时举行，成为贸易博览会的组成部分，以获得必要的经济支持。从20世纪70年代开始，随着奥林匹克运动会规模的不断扩大，非商业性筹资已难以满足其巨额开支的需要，因此从1984年洛杉矶奥运会开始，经济投入主要采用商业化形式。以商业经营为主、社会捐赠为辅的筹资方式使得奥林匹克运动会获得了大量的资金支持，经济独立性大大提高，从而走出了发展的困境。不仅奥林匹克运动会如此，其他会展活动如果没有足够的资金支持，也将寸步难行。所以，会展活动举办地一般都是经济高度发达的国家或城市，会展旅游活动更是如此。

　　会展旅游活动的发展还要求经济体系具有较高的对外开放性。任何封闭的经济体系都会制约生产要素的流动；对外开放程度高、商贸发达的国家或地区，往往会展活动频繁，会展旅游活跃。

　　此外，经济的稳定性和市场的广阔性也是发展会展旅游需要考虑的问题。前者主要是指货币汇率和物价水平的稳定性；后者则意味着巨大的发展潜力。近年来，亚洲会展经济的发展速度很快，其规模仅次于欧美，主要原因在于其市场广阔，接近商品的供给地和销售地，能够有效降低会展活动中交易各方的成本。据亚洲展览会议协会联盟（AFECA）统计，2024年亚洲举办的各类会展活动数量较上一年增长12%，展览面积增长15%。其中，中国作为亚洲最大的经济体，凭借庞大的国内市场和不断提升的对外开放水平，会展经济发展尤为突出。

三、科学技术条件

　　科学技术是科学与技术的有机结合体。科学是关于自然、社会和思维的系统化知识体系，技术是人类改造世界的方法与手段的总和。科学技术以科学理论为基础，以技术创新为核心，涵盖生产技术、管理技术等应用层面，通过渗透到生产力的实体要素（劳动者、劳动对象、劳动资料）中，推动知识形态向现实生产力转化。这一转化过程依赖于研发创新、生产实践与管理协同的有机统一，最终形成推动社会发展的物质力量。

　　在现代会展活动中，科学技术发挥着重要的支撑作用。特别是5G技术的普及，有力支持了AR、VR、MR（混合现实）等技术在会展领域的应用，为参展商和观众打造出了沉浸式体验。同时，人工智能技术也广泛应用于会展活动的参展商匹配、观众画像、数据分析、营销推广、安保管理等各个环节，有效提升了会展活动的效率、精准度与安全性。例如，在2024年成都世界园艺博览会上，先进的植物培育技术、园艺景观设计理念得以集中展示，为全球园艺领域的交流合作搭建了优质平台。又如，国家会展中心（天津）充分运用太阳能光伏发电板、地源热泵等低碳、节能、环保技术，同时依托物联网、大数据、建筑信息模型等数字技术，率先在国内实现"展馆智慧化+业务数字化+体验智能化"的全面融合，成为智慧展馆的标杆。由此可见，科学技术条件对会展旅游活动有着深刻的影响，科技的进步不仅为会展活动提供了丰富的展示手段与互动方式，而且拓展了会展旅游的内涵与外延，吸引着更多游客参与其中。

行业视窗 2-1　◀

探馆成都世园会　零距离感受科技魅力

　　4月26日，2024年成都世界园艺博览会（简称世园会）正式开幕。除了各种奇花异草、奇观异景外，主会场还有不少"黑科技"。

农场"铁盒"、元宇宙花园　未来园艺展区科技感满满

　　走进位于未来园艺展区的耕读畅想园，一个长约12米、宽约2米的"铁盒"映入眼帘，打开"铁盒"，里面藏着一棵棵蔬菜，这是由成都农业科技职业学院耕读畅想

园带来的农业物联网智能集装箱。

"农业物联网智能集装箱是高度集成的微型移动植物工厂，它在传统农业技术的基础上集成了物联网、自动化等前沿技术，为农业生产的智能化、精细化提供强大的技术支持。"农业物联网种植盒子工程师李超鹏介绍，通过对区域内的温度、湿度、光照、二氧化碳等因素的控制，可以为蔬菜提供适宜的生长条件，从而培育出更高品质的蔬菜。

此外，成都农业科技职业学院还在展区设置了元宇宙沉浸花园、新自然主义花境等单元，利用声、光、电数字技术，将自然景观与艺术装置相结合，让游客陶醉于自然景观的同时，还能与元宇宙的未来世界进行互动。

3D打印桌椅、多肉"长"在屋顶 上海展园带来科技与"申"意

在上海园，约5.5米的覆土建筑特别引人注意，整个建筑体"种"在岩石和土层里，值得注意的是在它的屋顶上还种植着220种多肉植物。

为了营造植物生长的理想环境，上海园专业技术人员在原有混凝土屋顶的基础上进行了细致的改造。"我们在底部架设了50毫米厚的透水板，确保水分顺畅渗透，并在每个隔舱四周密布100毫米直径的排水盲管，有效防止积水，再加上350毫米厚的EPS轻质粉碎泡沫板，为植物提供稳定的生长基础；接着覆盖二层粗麻布和二层土工布，以增强土壤的保水性和透气性；最后，在表面铺设了150毫米厚的多肉植物专用营养土，为沙生植物和多肉植物提供了充足的养分。"上海建工园林集团绿建公司项目负责人龚明介绍，完成这些精心准备后，项目部进行了植物的种植工作，并在植物上层覆盖了一层50毫米厚的麦饭石，有效增添了自然的韵味。

上海园的整栋建筑既是一个公园驿站，也是一个市民园艺中心，具有公益科普、品种展示、市民互动等功能，为游客营造了温馨的氛围——一棵颇具技术难度的3D打印"连理枝"，象征着上海与成都的"心连心""兄弟情"；临水摆放的两组3D打印全透明座椅，造型独特、舒适时尚。

此外，整个上海园还运用了"可视化、智能化、远程化"的三维可视监控系统。通过环境监测系统、视频安防系统、植物生长环境监测系统、人流监控系统以及能耗监测系统，可以直观掌握上海园的人居游园环境质量、各个主要景点位的人流情况和动态、植物生长环境的相关技术参数等信息。

捕蚊机"登场"、无人机起飞 新技术、新设备科技感十足

除了一个个独具匠心的展园，世园会主会场在配套设施上也充满科技感。

进入夏季后，园区内蚊虫叮咬问题是游客们的担忧之一。绿碳未来（四川）科技有限公司研发的"成都造"呼吸式捕蚊机可以大显身手。

"我们的呼吸式捕蚊机通过采用一款新型材料，模仿人体呼吸，捕获自然空气中的二氧化碳，并将二氧化碳的浓度提升到与人体呼出的二氧化碳浓度相近的体量，吸引蚊子到捕蚊口，通过空气对流装置将蚊子吸引到集蚊盒内风干。"绿碳未来（四川）科技有限公司总经理严文明介绍，产品只需要接通电源即可24小时不间断工作，一台机器一天耗电量不到1度，在封闭空间可以覆盖1000平方米的面积，在开放空

间可以覆盖500平方米的面积。

在锦云楼的壹丁咖啡展位，游客可以品尝到全程由机器人制作的咖啡。"游客用手机在小程序上一键选择自己喜欢的口味并下单后，机器人的两只'手臂'就会灵巧地运转，不到1分钟，一杯热腾腾的咖啡就可以送到手中。"展位负责人介绍。

此外，京东物流投放的智能配送车，将用于世园会商家餐饮物资等的配送；同时，主会场还将打造6条航线、12个站点，提供无人机配送服务。这些新技术的登场，都会给游客带来科技感十足的体验。

资料来源　佚名. 探馆成都世园会 零距离感受科技魅力［EB/OL］.［2024-02-25］. http://www.sc.news.cn/20240425/aca54fffd1284af79db4766748122002/c.html.

四、区位和自然条件

（一）社会文化条件

稳定的社会秩序和开放、包容的文化传统是发展会展旅游不可缺少的条件。只有社会开放和文化包容，才能使反映不同文化传统和民族风格的活动顺利开展。特别是大型国际会展旅游活动，十分重视会展举办地的社会开放程度、居民友好程度，以及对举办会展的支持程度。

（二）地理位置和交通条件

地理位置和交通条件即该地区的可进入性。发展会展旅游必须具有优越的地理位置和便利的交通条件。德国是世界级的会展业大国，这与其地处欧洲中心、交通便利密切相关。亚洲的新加坡虽然地域狭小，但因其具有发达的交通、通信等基础设施，因此其会展旅游发展水平也居亚洲前列。从全球承办国际会展最多的十大城市来看，它们几乎都在地理位置和交通条件方面拥有得天独厚的优势。我国香港、上海、北京等城市会展旅游发达的一个重要原因也是地理位置优越和交通便利。

（三）气候条件

良好的气候条件也是开展会展旅游活动需要考虑的重要因素之一。那些风和日丽、四季如春的地区或城市通常更容易受到会展主办者的青睐，会展旅游的开展也更为便利。

（四）生态环境条件

会展旅游的开展对会展举办地的生态环境有较高的要求。大多数会展旅游活动都在城市举办，因此对城市的空气质量、绿化水平和清洁卫生程度等进行考察是十分必要的。良好的生态环境能够提高会展举办地的吸引力，在开展会展旅游时为地区加分，甚至可以弥补经济条件的不足，海南博鳌就是一个例证。反之，恶劣的生态环境会使会展旅游参加者望而却步。

（五）旅游资源条件

举办地的旅游资源是重要的会展旅游吸引因素。许多会展参与者都希望借机开展观光游览和娱乐休闲活动，因此城市旅游资源的丰度和文化内涵的深度已成为会展主办者选择举办地时需要考虑的重要条件之一。在会展活动与休闲度假密切结合的今天，我们甚至可以说，很多时候，会展的举办就是冲着举办地的名胜古迹、美丽风光和良好的城市环境而来的。

（六）设施条件

1.城市设施

会展旅游对城市设施有极大的依赖性。没有完善的城市设施，一些大型会展活动，如博览会、交易会是不可能成功举办的。只有提升城市公众休闲、城市娱乐、康体、文化、商贸、购物、交通、通信、邮电、排污等功能，才能吸引会展旅游者和旅游投资者。

2.会展设施

现代化的会展设施是开展会展旅游的物质基础和先决条件。会展设施是指为举办会展活动而专门修建的服务设施，主要是以会展中心为代表的各类会展场馆。会展设施一般要求功能完备，如具有同声翻译系统、图文传输系统、网络系统、多媒体演示系统等。许多会展旅游目的地的成功都得益于其良好的会展设施，如纽约、巴黎、东京、法兰克福、慕尼黑等都有 10 万或 20 万平方米以上的大型现代化展馆。目前，我国会展场馆建设加速，硬件设施升级。中国会展经济研究会发布的《2024 年度中国展览数据统计报告 1.0》显示，2024 年，我国正在使用的展览馆数量达 376 座，同比增长 2.73%。

知识拓展 2-1

城市会展旅游
发展条件评估

3.旅游接待设施

旅游接待设施主要是指为包括会展旅游者在内的各类旅游者使用的服务设施，如酒店等。由于会展活动具有规模大、参与者消费水平高等特点，因此旅游接待设施必须满足数量充足、质量优良的要求。

解析指引 2-2

会展问答

■ 会展问答 2-1

结合课外资料，分析云南丽江是否具有举办大型会展旅游活动的条件。

▶ 任务拓展 2-1

以小组为单位，分析本地是否具备发展会展旅游的条件。

任务 2　会展旅游产业链及其打造

一、会展产业链

（一）产业链

产业链是在市场竞争中自发形成的企业之间的一种关系，即针对某一个产业，围绕生产要素的流动方向，分析行业之间上、中、下游的供应关系，确定投入产出的价值比。这种关系具体表现为：在某一产业链中，某一产业节点根据自身的生产能力和市场需求，以最小的成本购进生产材料，以最高的效率生产出最终产品或中间产品，以最大的利润卖出产品。这一过程围绕价格的波动和价值的流动而将不同的企业连接起来，从而形成了要素流、资金流、人才流、信息流交织在一起的产业链。产业链中要素构成的多少、控制权的大小、链条的长短、链条的粗细决定了企业之间的相互关系、产业结构的发展方向以及产业对其他行业的依存程度和影响力。

（二）会展产业链的内涵及构成

随着经济全球化和世界经济一体化的趋势不断增强，国内外会展市场的竞争日趋激烈。与其他产业相比，会展业具有较强的行业依赖性和带动性，这就决定了会展业的发展路径只能是强化自身实力，发展相关产业，打造产业链条。目前，为了满足丰富多变的市场需求，与会展相关的各行业在追求自身利益最大化的过程中已逐步加强了联系，形成了较为完整的会展产业链。此链条的组成越完整，链条上的各环节就越均衡，其整体效能发挥的作用就越大，会展活动的带动作用也就越明显。

我们借鉴产业链的基本理论和会展业的基本特性将会展产业链定义为：围绕某一主题，借助场馆等设施，以所在区域的产业基础为依托，以人流、物流、资金流和信息流相互交融的价值链为内核，将会展业的主体方（招展商、代理商、场馆、参展商、参观者）和相关方（装修、广告、餐饮、运输、通信、旅游等）结合起来形成的一个推动经济发展的产业关系。会展产业链在整体效能的发挥过程中将主体方和相关方整合在一起，并从上游、中游和下游三个环节将会展的相关资源组合在一起：

1. 上游环节

上游环节是指会展项目的开发者和会展品牌的拥有者。具体来说，上游环节包括会展活动的创意、整体策划、行业调查、市场分析、项目可行性研究、参展商及专业观众的确定、合作单位的遴选、会展名称的确定、立项报批、商标注册、会展品牌所有权的确定等工作。这些工作是开展会展活动的首要条件，也是会展产业链形成的初始阶段。

2. 中游环节

中游环节是指会展项目的具体运作、组织和实施者。中游环节包括提供场地、提供相关设施设备与服务、组织接待、现场管理、展务协调、组织各种配套活动等工作。中游环节是会展产业链运行的实施阶段。在这一环节，实施者应按照主办方的要求，将会展活动方案落到实处，具体执行会展设计的要求。在现实中，有一些目的地管理公司因经验丰富且实力较强，也拥有个别会展活动的主办权，从而将会展产业链的上游环节整合到了本企业的运作范围内。

3. 下游环节

下游环节是指会展活动的支持部门，包括直接或间接为会展组织者、目的地管理公司、参展商和观众提供服务的部门，如展台装修、展品运输、物品租赁、同声传译、贸易中介、保险、保安、海关、消防、防疫、商务旅游、公关礼宾、媒体广告、印务票务、信息数据、法律咨询等机构。这些支持部门为会展业提供了技术、人才、资金和信息的支持。从产业链的运行来看，下游环节属于会展活动的实施阶段；从会展业的角度来看，下游环节处于从属地位，并且其任务的完成并不意味着产业链的终结，因为要使会展活动得以持续进行和发展，还必须对每一次会展活动进行评估，发现问题、总结经验，从而使会展产业链在运作过程中完善起来。

会展产业链的上游、中游、下游三个环节和对会展活动结果的评估，构成了会展业的主要活动内容，展示了会展活动从启动阶段的策划、宣传，实施阶段的计划、组织、协调，到控制阶段的评估与反馈的主要流程。在会展产业链中，专业会展组织者是会展产业链的核心；场馆是举办会展活动的平台；产业链内的会展企业及相关支持企业围绕场馆在一定区域内集聚分布，既方便了参展商和观众的出行，降低了信息搜寻与传递成本，又增强了企业的外溢效应，推动了会展经济的不断发展壮大。

知识拓展 2-2

会展产业链与旅游产业链的区别

二、会展旅游产业链的特征

会展旅游产业链既保留了会展业与旅游业各自的产业特征，又体现出了新的特点，具体表现为：

（一）地理分布的集聚性

会展旅游参加者具有空间的移动性，他们需要往来于居住地（或工作地）与目的地之间，具体的会展旅游活动需要在目的地开展，因此其具有集聚性。围绕会展活动而形成的会展旅游将地理上互相接近、业务上密切联系的旅游企业和会展企业整合在一起，借助当地的整体形象强化各自的竞争优势，并以此相互支持，从而获得产业链的协同效应。会展旅游产业链的影响力，源于一定地理范围内一群相互联系、相互补充的企业。这些企业围绕产业链中的旗舰企业，共同开发市场，共享人力资源、基础设施和信息资源等。这种地域集聚性能够通过高效的合作渠道和快速持续的信息流动，实现会展业与旅游业的互利互惠。

会展旅游产业链是一个地域性的产业结合体，它要求会展业和旅游业的相关部门联合行动，共同调整、制定发展策略，以促进会展旅游的发展，但这种地域的集聚性又是通过专业化分工实现的，其结果是形成了合理的地理分布与空间协调格局。在全球经济一体化的今天，地理分布的集聚性实际上是经济全球化的本地化体现。一些可移动的会展旅游产业要素在全球范围内流动，推动了会展旅游产业链的延伸；另一些不可移动或移动难度较大的要素则在当地留存，为会展旅游产业链的延伸奠定了基础。

（二）产业之间的关联性

会展旅游产业链内专业分工的高度化和要素地理分布的集聚性使得会展业和旅游业之间形成了相互交错、互为补充的产业关系。这种关系不是会展业与旅游业的简单相加，而是一个相互衔接的协作系统。专业化使单个企业能够专精于提供某项服务，从而对市场变化和需求更为了解。专业分工程度很高的企业集中在一起，能够提供系统、完善、高质、低价的产品和服务，具有规模经济和范围经济的效应，其间的管理费用、宣传费用、经营成本要比单个会展企业或旅游企业的花费低得多，并且能够形成一定的地域或国际会展旅游品牌。

会展旅游产业链内部专业化和协作性的统筹安排，不仅可以减少不必要的支出，为会展旅游参加者带来方便，而且能够扩大生产要素的优化组合范围，实现优势互补，从而在会展旅游产业链内部形成自我强化的良性循环机制，吸引更多的相关企业与机构加入这一产业链条中来。新增的企业与机构会进一步强化这种关联性。随着国内市场与国际市场联系的日益紧密，会展旅游产业链不仅会延伸至国际市场，形成完整的全球产业链；产业间的关联性也会辐射至其他行业，进而带动整体经济的增长。

（三）旗舰企业的主导性

在会展旅游产业链中，除了会展场馆和住宿设施需要投入大量的资金外，其他以提供服务为主的企业多为中小型企业，具体表现为规模较小、市场竞争力较弱、资源储备不足、融资渠道少、市场开拓难等特征，因此它们很难承担起推动产业发展的重任。这就需要一家或几家会展业、旅游业的大型企业或集团公司作为旗舰企业，整合散乱的资源，带动会展旅游产业的发展。在产业发展过程中，若干会展企业和旅游企业相互竞争与合作，个别企业在竞争中发展壮大，同时凭借其在市场上的形象、品牌、规模、影响力将相关企业集聚在其周围，从而获得相关企业的支持与合作。这类企业就是产业链中的旗舰企业和核心力量，对其他企业的经营方针、发展策略起着主导作用，并对会展旅游产业链的形成与运转起着举足轻重的作用。旗舰企业的行为表现和市场举动是产业发展的风向标。

在整个会展旅游产业链中，旗舰企业经济实力雄厚、对外辐射面广、行业带动能力强，具有开拓市场、整合资源、深化服务、扩大销售空间、增加产品附加值等综合功能，这直接决定了会展旅游产业化经营的水平和会展旅游产业链的市场表现。在会展旅游产业链中，旗舰企业通过自身的实力和影响力往往可以带动大量中小企业的发展壮大，进而促进产业链的健康发展。

三、会展旅游产业链的打造

会展旅游产业链由会展企业和旅游企业相互协作形成，只有企业实现了成长与发展，才能推动产业链的迭代升级，才能发挥会展旅游产业链的整体合力。因此，会展旅游产业链的打造应该从企业的经营与管理入手。

会展旅游产业链的打造主要有两条途径：一是将原来属于会展部门的许多职能、相关服务从会展业中分离出来，成为相对独立的执行企业和服务企业，再通过价值流动将它们有机结合起来，从而形成会展旅游产业链；二是将会展企业和旅游企业通过契约形式直接建立起联系，从而形成会展旅游产业链。

（一）塑造企业的核心竞争力

在经济全球化、市场化和信息化成为潮流的今天，市场竞争日趋激烈，会展旅游活动的主办者、承办者、支持者、参加者以及利益相关者之间的联系越来越紧密。为了确保能创造价值的产业链有效形成，会展企业与旅游企业必须加强对产业链各环节的塑造：一方面，提升自身的竞争优势，将本企业的核心能力和技术专长与其他优质竞争资源精准结合；另一方面，通过串联实现市场、产权、企业、管理、品牌、知识等多维度整合，将稀缺资源、优秀企业、知名品牌、有效管理等要素聚合起来。

（二）建立战略联盟

打造会展旅游产业链的目的，是将会展参与者所需的服务在适宜的时间，以适宜的形式、满意的质量和适宜的状态整合至会展举办地，并通过协作实现总成本最小化、客户服务最优化、环节运作顺畅化、参与者满意度最大化、资源配置最优化、产业链整体效能最大化。基于此，会展旅游产业链的打造需要以核心企业为中心，对从主办者、承办者、场地提供商、会展参与者、客户到相关支持企业、合作伙伴、当地政府等环节的价值进行管理、优化与提升，从而实现企业联盟、业务协同、信息共享、集中管理，以彰显产业链协同与多赢的商业优势。因此，建立战略联盟是打造会展旅游产业链的必要条件。

■ **会展问答 2-2**

在会展旅游产业链中，建立战略联盟的实质是什么？

（三）培育知名品牌

会展旅游产业链的形成过程，是会展业和旅游业各类竞争要素重新组合的过程，这一过程同样涉及会展品牌与旅游品牌的整合及相互促进。会展品牌具有行业性，不同行业有不同的会展主题和活动，而旅游品牌在会展活动中起着辅助及支撑作用。因此，在打造会展旅游产业链的过程中，还要培育知名品牌，首先是打造会展品牌，其次是借助旅游品牌，最后是形成会展旅游品牌，以一个整体进行对外宣传，从而吸引参展商与专业观众。

解析指引 2-3

会展问答

育德润心 2-1

打造会展产业
链品牌的策略

▶ **行业案例 2-1**

先进制造链成焦点　第二届链博会展"新"颜

2024 年 11 月 26 日至 30 日，第二届中国国际供应链促进博览会（简称第二届链博会）在北京中国国际展览中心举办，主题为"链接世界　共创未来"。与首届链博会不同的是，在清洁能源链、智能汽车链、数字科技链、健康生活链、绿色农业链和供应链服务展区的基础上，第二届链博会首次增设先进制造链展区，聚焦新质生产力，聚焦科技赋能、智能发展、前瞻布局。一系列前沿技术同频共振，一系列产业智能发展成果交融共享，一批龙头企业交流互促、合作共赢。

从前端研发设计、新材料运用、关键零部件加工到智能制造，先进制造链展区参展企业涵盖了链条上中下游各类。从品牌类别看，既有包头钢铁、中车集团等"老牌"制造企业，也有西门子、霍尼韦尔等国外品牌，更有希迪智驾、翔钧动力等后起"新秀"。在展区内，不仅可以看到轨道交通领域最新的技术和产品、全球领先的机床和工业母机，还可以了解数字化程度很高的智慧工厂建设，商业航天、新能源、电子信息技术的综合应用，生物制造等未来产业前沿的多样探索等。

先进制造链展区的设立，旨在打造具有全球影响力的创新策源地和应用示范高地。"向新发力、创新而为，需要以链为媒"，参展商向记者表示，通过展链条、展生态、展场景，链博会向大家传递了积极信号，"通过这个平台，我们可以更好地融入全球产业链供应链体系。我们深刻体会到，上中下游企业应着眼长期合作、共同发展，而非短期交易"。正如中国国际贸易促进委员会副会长张少刚所说，展商之间是"手拉手"找伙伴，而不是"掰手腕"抢客户。

据悉，第二届链博会共有620家企业和机构参展，较首届链博会增长20%，涉及69个国家、地区和国际组织。境外参展商也由首届链博会的26%增加到32%，其中欧美参展商占境外参展商的比重达到50%。各项数字均创新高，充分说明国际社会对产业链供应链合作的迫切期待，对中国发展的充足信心，对携手构建开放型经济、实现共同繁荣的坚定共识。

资料来源　魏潇潇. 先进制造链成焦点　第二届链博会展"新"颜［N］. 中国信息报，2024-11-29（1）.

思考：第二届链博会增设先进制造链展区对推动全球产业链供应链合作有哪些重要意义？

点睛：先进制造链展区的增设，既是对全球产业链核心环节的"精准补位"，也是通过"展示—对接—共识"推动全球产业链供应链"从分散到协同、从低端到高端、从封闭到开放"的重要举措，最终助力构建更具韧性、效率与包容性的全球产业链供应链体系。

▶ **任务拓展2-2**

请结合本地会展产业的发展情况，提出几点打造会展产业链的建议。

项目练习

一、判断题

1. 政治形势的稳定程度对会展旅游产业的发展具有直接影响。（　　）

2. 会展旅游活动的开展要以一定的经济实力为依托，经济实力决定了会展旅游活动资金的筹措情况和会展旅游产品的供给水平。（　　）

3. 会展产业链的组成越完整，链条上的各环节就越均衡，其整体效能发挥的作用就越大，会展活动的带动作用也就越明显。（　　）

4. 打造会展旅游产业链的目的，是将会展参与者所需的服务在适宜的时间，以适

宜的形式、满意的质量和适宜的状态整合至会展举办地。　　　　　　　（　　）

5.会展旅游产业链的形成过程，是会展业和旅游业各类竞争要素重新组合的过程，这一过程同样涉及会展品牌与旅游品牌的整合及相互促进。　　　　（　　）

在线测评2-1

判断题

二、简答题

1.发展会展旅游的条件包括哪些？

2.会展旅游产业链的特征是什么？

3.如何打造会展旅游产业链？

项目实践

场景：以现实中的会展旅游企业为例，假设你是该企业的高层管理人员，请你根据实际情况，从企业核心竞争力的角度分析如何打造既有利于会展业也有利于旅游业发展的会展旅游产业链。

操作：

（1）根据本项目所学知识，结合具体实际，确定相关策略。

（2）制订出比较详细的实施计划，包括时间进度、方式等。

（3）向老师和全班同学展示该计划，并接受他们的提问。

（4）教师点评。

价值引领

展现魅力　激发活力

香港素有"亚洲盛事之都"和"国际会展之都"的美誉。2024年，香港特别行政区政府把推动"盛事经济"作为带动旅客访港、提振本地消费的重要举措，并专门成立了"盛事拓展专组"，提供全方位的支持与协调保障。2024年，香港有超过240项盛事活动，共吸引旅客逾200万人次，带来约75亿港元的消费额及45亿港元的经济增加值，提升了香港的国际影响力。

香港中西文化荟萃，着力打造中外文化艺术交流中心，这种文化基因与国际化、多元化的环境，为各类盛事活动提供了成长土壤。同时，在"一国两制"框架下，香港背靠祖国、联通世界，这为举办各类盛事提供了动力。如"一带一路"高峰论坛、粤港澳大湾区文化艺术节、中华文化节系列活动等，既促进了交流合作，又展示了中国的发展成果。

资料来源　程龙.展现魅力　激发活力［EB/OL］.［2025-05-27］.http://qh.people.com.cn/BIG5/n2/2025/0525/c181467-41238780.html.

思政元素：坚定"四个自信"　爱国情怀

价值分析：香港作为"亚洲盛事之都"和"国际会展之都"，其发展得益于"一国两制"的制度优势、多元包容的文化特质以及政府的积极作为。"一带一路"高峰论坛、粤港澳大湾区文化艺术节等活动，既彰显了文化自信，又加强了中外交流，还带动了本地经济民生的改善，充分展现了香港的独特魅力与活力。这激励我们要更加坚定中国特色社会主义道路自信、理论自信、制度自信、文化自信。

项目评价

本项目学习效果评价见表2-1。

表2-1　　　　　　　　　　学习效果评价表

评价维度	评价指标	学生自评（30%）	教师评价（70%）	得分小计
学前准备（25分）	自觉拓展：主动查阅行业前沿资料（10分）			
	深度理解：结合案例进行理论分析，并尝试进行实践应用（10分）			
	创新思维：尝试跨学科提出创新性关联问题，并有一定的思考（5分）			
学中实践（40分）	主动探究：在小组讨论中提出创新解决方案，并得到成员们的采纳或认可（10分）			
	解决问题：运用理论分析实际案例，提出建设性方案或建议（10分）			
	表达创新：在课堂汇报中灵活运用新媒体技术（10分）			
	团队协作：在集体项目合作中承担某个角色，创新性完成某项任务（10分）			
学后转化（35分）	理论迁移：在课程论文或其他任务中构建具有一定科学性的分析模型或提出具有一定新意的观点（5分）			
	实践应用：参与会展旅游产业相关实践活动或实战任务（10分）			
	德育素养：在理论学习和实践训练过程中树立正确的国家观、历史观、民族观、文化观（10分）			
	创新成果：提交会展旅游产业相关议题的解决方案、优化提案或策划方案等（10分）			
综合评价得分				

会议旅游

项目导言

■ 会议旅游被业界普遍看好，但其需要在规范化经营、服务能力提升、品牌打造、专业化运作、新技术引进等方面为行业的转型升级注入实质内容。

项目目标

■ 知识目标：了解会议旅游的概念；熟知会议旅游的类型与特点；熟知会议旅游的运作条件；掌握会议旅游的操作流程。

■ 技能目标：能够结合会议旅游的运作条件，分析某一地区是否适合举办会议旅游活动；能够按照会议旅游的操作流程，从政府或者企业的角度，策划会议旅游实施方案。

■ 素养目标：引导学生树立创新意识、质量意识和服务意识，提高社会责任感，积极践行社会主义核心价值观。

知识导图

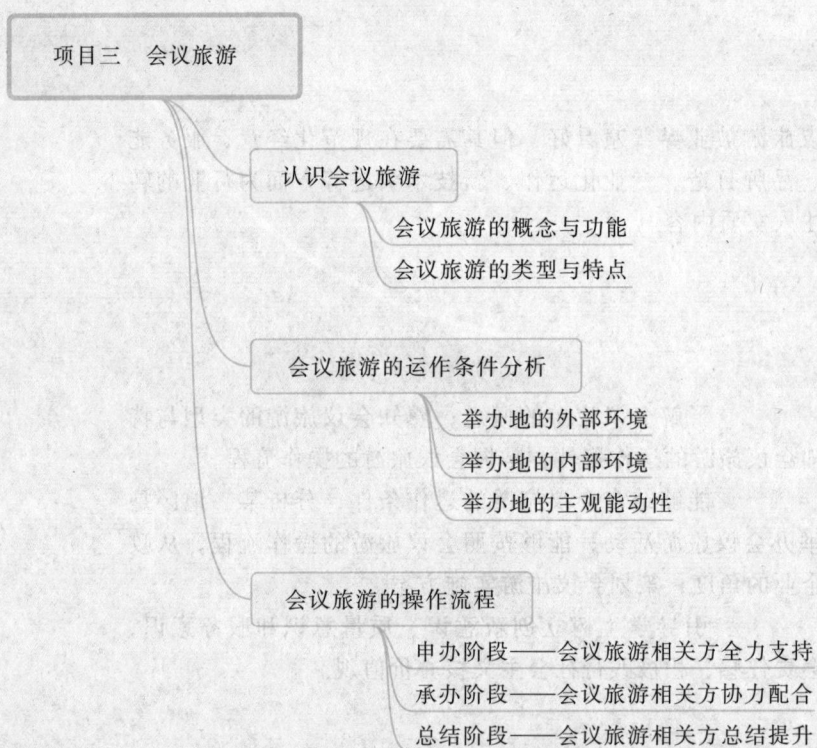

项目三 会议旅游

认识会议旅游
会议旅游的概念与功能
会议旅游的类型与特点

会议旅游的运作条件分析
举办地的外部环境
举办地的内部环境
举办地的主观能动性

会议旅游的操作流程
申办阶段——会议旅游相关方全力支持
承办阶段——会议旅游相关方协力配合
总结阶段——会议旅游相关方总结提升

项目导入

第十二届中国国际会议产业周在成都举办

2023年3月31日至4月2日，第十二届中国国际会议产业周在成都市新津区中国天府农业博览园举办。本届国际会议产业周以"产会相'蓉'，共振共兴"为主题，首次以地方产业特色为方向，开启了办会新模式，开创了推动产业高质量发展的新格局。

从2023成都·RCEP区域产业合作交流大会到2023成都国际环保博览会，再到第十二届中国国际会议产业周，展会的密集举办产生了巨大的溢出效应。

聚焦重点产业链　10个重点项目现场签约

会展业在稳定经济发展、促进产业升级、带动经贸投资等方面起到了重要作用。本届国际会议产业周创新办会模式，针对地方产业特色设立农业与文旅两大板块，一方面关注现代农业产业发展，另一方面关注文旅产业建设。

趁本届国际会议产业周举办之机，中国国际预制菜产业博览会、科幻大会新津会场·元宇宙与数字经济互动体验生态峰会、2023中国农产品供应链服务贸易展览会暨中国国际农产品供应链发展论坛、中国农业食品科技大会、国民音乐教育大会暨国际音乐生活展等10个重点展会项目随即在蓉"落地生根"。

会展业既要为产业发展带来机会，也要依托优势产业将自身持续做大做强。本届国际会议产业周重点聚焦都市农业、现代种业、旅游业、会展产业等重点产业链，搭建了优质的赋能平台，企业能借此机会全面对接、充分交流，将会期资源转化为会后商机。

会展是行业企业同台竞技、交流促进、跨界融合的舞台，更是观察经济和产业发展的一扇窗口。本届国际会议产业周特别设置了会议产业洽谈（CIM）空间，邀请到成都23个区（市）县组织辖区产业部门、功能（园）区等现场设置展台，组委会根据提前收集到的对接洽谈表进行整理及归纳，把具有相关意向的买家请到对应的展台，进行"一对一"洽谈，进一步促成更多志同道合的企业将发展目光投向成都，与成都拓展合作领域，提升合作层次，共享城市机遇。

发布会展合作机会清单　释放成都投资机遇125条

本届国际会议产业周上发布的《中国会议行业发展报告》颇受关注。相关人士预测，未来会议业市场将呈现三大趋势：一是会议市场复苏，中国受关注；二是虚拟会议入席，争夺必要资源；三是技术深度变革，提升市场活力。

乘着城市迅猛发展的春风，成都会展业一路高歌猛进。成都正持续不断利用重大会议、论坛、活动等平台"借嘴说话、借筒传声"，提升城市影响力，吸引优质的产业发展要素集聚。

为把握会展产业发展先机，成都依托重大展会活动，为会展场馆、产业功能区、会展企业等搭建信息共享、共赢发展的全球供需交流交易平台，面向全球释放项目招引、活动策划举办、活动承办、场馆运营、合资合作、会务服务等方面需求，发布了2023年成都市会展产业合作机会清单125条。其中，场馆运营18条，活动策划举办36条，活动承办27条，合资合作44条。

经济高质量发展的基础在于"强产业"，产业高质量发展的关键在于"聚人才"。

招"才"引"智"——"名校名企携手育人"专题研讨会是本届国际会议产业周的重点活动。活动期间，与会者围绕数字经济下产业发展对高素质人才的需求与现状、数字化背景下国际化人才培养的探索与实践、产教融合创新发展等热门话题进行探讨。成都市博览局相关负责人指出，期盼更多有志之才在成都会展产业建圈强链的赛场竞相驰骋、创造奇迹，共享发展舞台，共创美好未来。

资料来源　毛雯. 第十二届中国国际会议产业周在成都举办［N］. 中国贸易报，2023-04-18（8）.

请根据以上材料，思考以下问题：

第十二届中国国际会议产业周在办会模式上有哪些创新突破？这些创新对推动产业发展有何意义？

任务1　认识会议旅游

一、会议旅游的概念与功能

（一）会议旅游的概念

会议旅游是会展旅游的一种，广义上也属于商务旅游的范畴，一般是指会议接待者利用召开会议的机会，组织与会者参加的旅游活动。会议旅游是随着经济的发展、交流的加剧而产生壮大的，它涉及的旅游活动往往带有与工作相关的目的。

会议旅游最早兴起于欧美地区的经济发达国家。截至20世纪70年代中期，欧美地区经济发达国家举办的各种国际会议，占全球国际会议总数的85%以上。随着时代的发展与变迁，如今，一个国家或城市承办国际会议的数量，已然成为衡量其发展水平的重要标志之一。国际大会及会议协会（ICCA）发布的数据显示，2024年全球共举办国际协会会议超过11 000场。其中，美国举办的国际协会会议数量居全球首位；其次是意大利、西班牙、德国和英国；中国排名第11位。

目前，会议旅游已逐步迈向成熟阶段，这主要表现在以下两个方面：

1.国际会议旅游蓬勃发展，进入商业化阶段

国际会议旅游蓬勃发展的主要原因是，经济的持续增长促使各类专业人员及专业协会大量增加，从而推动会议数量快速上升。为了促进国民经济与旅游业的发展，世界上许多国家都十分重视会议旅游。一些国家积极宣传本国的会议旅游接待设施，成立专门机构负责国际会议旅游的联络、宣传与招揽工作，并提供各种优惠政策。

ICCA发布的数据显示，2024年，国际协会会议带来了116亿美元的直接经济影响，涵盖参会者消费、住宿、服务及其他相关支出。国际会议旅游的商业化运作模式已经成熟，从会议的策划、组织、宣传，到会议期间的各项服务，再到会后的旅游活动安排，形成了一条完整的产业链，各个环节紧密配合，为参会者提供全方位的服

务，也为相关企业带来了丰厚的利润。

2.中国会议旅游市场潜力巨大

ICCA发布的数据显示，2024年，中国共举行249场协会会议。就中国城市而言，香港排名全球第20位，2024年共举行86场会议；上海排名第64位，共38场；北京、澳门皆排在第76位，共33场。这些数据充分表明，中国在亚太地区国际会议举办领域占据重要地位。尽管部分城市排名存在波动，但整体会议举办数量呈上升趋势；中国的会议城市在国际会议市场的活跃度与竞争力正逐步提升，并且日益受到国际会议主办方的重视与青睐。

知识拓展3-1

中国会议城市
国际影响力的
提升途径

（二）会议旅游的功能

会议旅游之所以能够成为各主要城市竞争的焦点，是因为会议旅游具有以下功能：

1.带动相关产业的发展，促进就业和消费

相关统计显示，会议游客的消费是一般观光游客的2～3倍，能够有效带动食、住、行、游、购、娱等相关产业的发展。举办国际会议还能够促进就业。据统计，在欧洲，每增加20位出席会议代表，就可以创造一个全职就业机会。

2.提高旅游目的地的知名度

会议旅游产生的非经济效益带来的影响，往往高于经济效益，且难以用金钱衡量。会议，尤其是国际会议，是最具影响力、最富特色、最有价值的城市广告，它能够向与会人员展示城市风采，树立城市形象，进而提升城市在国内外的知名度和美誉度。

3.提升参会者的知识水平

会议及会议旅游能够提供最新信息，促进科技、文化等领域的交流。会议演讲者在会中分享的往往是行业内最前沿的知识，这为参会者提供了获取信息、知识的良好途径，进而助力其提升知识水平。

二、会议旅游的类型与特点

（一）会议旅游的类型

会议旅游的类型往往取决于相关会议的类型，因此，下面我们从会议的角度入手来了解会议旅游的分类。

1.按会议规模、形式分类

（1）大会式会议旅游。在会议中，最常用的英文单词是"convention"，即"大会"的意思。这是一种就特殊事件采取行动的代表会议，这些事件可以是政治的、贸易的或科学技术的。大会通常由一般性的大会和补充性的小型会议组成：一般性的大会通常需要一个可供全体成员出席的大礼堂或多功能厅；特殊的问题可由小组在一些分隔开的小厅或小会议室讨论。绝大多数大会有固定周期，最常见的是一年一次。较为常见的开会目的有报告市场情况、介绍新产品和描述公司的发展战略等。与此类会

议相关的旅游称为大会式会议旅游。

（2）讨论会、协商会式会议旅游。讨论会、协商会用英语表达即"conference"。这种会议近似于大会，通常处理特殊性的问题或者一些发展方面的问题，涉及较多的讨论和参与性活动。讨论会、协商会的出席人数可多可少，存在较大的差别。与此类会议相关的旅游称为讨论会、协商会式会议旅游。

（3）论坛式会议旅游。论坛的特点是包含多次深入的讨论。论坛可以吸引众多听众参与，由专门小组成员及听众就某一问题发表意见；也可以由两位及以上持相反立场的讲演者向听众发表讲演（而非彼此交流）。主持人负责主持会议并总结讲演者的观点，同时允许听众提问。由论坛带动的旅游称为论坛式会议旅游。

（4）讲座式会议旅游。讲座一般较为正式且组织性强，通常由一名专家进行专题讲演。讲座结束后，可有观众提问，也可无提问环节。讲座的规模大小不一，由此带动的旅游称为讲座式会议旅游。

（5）研讨会式会议旅游。研讨会通常是在主持人的主持下进行的，出席者有许多平等交换意见的机会，知识和经验被大家分享。这种会议形式一般在较小的范围内进行，与此相关的旅游称为研讨会式会议旅游。

（6）实习班、实验班式会议旅游。实习班、实验班是指处理专门问题或特殊分配任务的一般性小组会议，用英语表达即"workshop"。实习班、实验班是培训部负责人经常采用的技术培训方式，参加者可以互相学习，同时分享新的知识、技能和对问题的看法。因此，实习班、实验班是以面对面商讨和参与性强为特征的一种会议，与此相关的旅游称为实习班、实验班式会议旅游。

2.按会议举办机构分类

（1）协会会议旅游。协会由具有共同兴趣和利益的专业人员或机构组成，如国际大会及会议协会（ICCA）、国际展览管理协会（IAEM）、国际饭店协会（IHA）、深圳市会议展览业协会等。协会成员可以交流、协商、研讨本行业的最新发展趋势、市场策略以及存在的问题。由此类会议引发的旅游即协会会议旅游。

行业视窗 3-1 ◀◀

协会会议细分

协会会议细分见表3-1。

表3-1　　　　　　　　　　　　　　　　　协会会议细分

分类	介绍
年会	协会内已成为一种例行程序的最大型会议；虽然规模不一，但都具有相似的宗旨和动机
区域性会议	在出席人数上比全国性会议少，在会议规模上比全国性会议小；可进一步分为全国性组织召开的区域性会议和地区性协会召开的区域性会议

续表

分类	介绍
大会	除年会外，根据工作进展，针对某些具体活动及项目召开的会议
专题研讨会	通常和培训及继续教育联系在一起；经常在全国巡回举办，每次参加人数不多，在任何规模的酒店内都可举行
理事会会议	经常召开的小型会议；通常在吸引人的地点举行
委员会会议	会议规模一般为 10～50 人；在任何规模的酒店内都可举行

（2）公司会议旅游。为了促进企业自身的发展，应对日趋激烈的市场竞争，计划和协调企业的发展目标、策略及各项指标等，全球各类公司每年都会举行成千上万次会议，与此相关的旅游就是公司会议旅游。

随着公司会议业务的急速增长，会议的范围亦十分广泛，经常召开的公司会议主要有以下几种类型：

一是国际性、全国性和地区性销售会议。国际性、全国性和地区性销售会议是最主要的公司会议，这些会议随着新产品的持续涌现和销售的不断进展，在全球及全国各地持续召开，召开目的包括鼓舞士气、介绍新产品及新政策、听取意见及征求建议等。全国性销售会议平均出席人数为 150 人，时间为 3～4 天；地区性销售会议的规模较小，平均出席人数为 50 人，时间为 2～3 天。

二是新产品介绍会和零售会议。企业的销售总监和销售人员经常会召开全国性和区域性会议，与零售商、批发商会面。在这些会议中，新产品和广告促销活动的介绍是核心内容。为了将信息传送到市场的每一个角落，这类会议通常会在全国各地多次召开。

三是专业技术会议。进入知识经济时代，科技人员知识更新的需求逐年增加，专业技术会议是防止知识老化、避免人才淘汰的重要途径。公司的专业技术会议通常以专题研讨会的形式召开，并邀请顾问、专家、学者甚至零售商参加。

四是管理会议。管理会议是指各级管理人员参加的定期或不定期的会议，旨在研究处理公司的各项行政管理业务。管理会议通常是小型会议，但参会者对住宿和服务的要求很高，会期约 2 天，选址无特定规律。

五是培训会议。对各级人员进行培训是公司的一项重要活动。许多培训活动安排在公司所在地进行，但也有小部分培训安排在异地，并且定期进行。培训会议的参加人数不多，通常在 30 人左右，会期约 3 天。

六是股东会议。在大多数情况下，股东会议是由许多人参加的、相当活跃的一整天活动，中午要安排午餐，下午要供应茶点，还要安排休息时间。

（3）国际组织会议旅游。出于政治、经济、文化等原因，各种国际组织，如世界贸易组织（WTO）、世界卫生组织（WHO）、联合国旅游组织（UN Tourism）等，每年都会举办不同类型、规模及档次的国际性大会、论坛、研讨会等活动。一般来讲，此类会议的影响比较大，是新闻媒体追踪报道的焦点。由国际组织会议引发的旅游，称为国际组织会议旅游。

在以上三种按会议举办机构分类的会议旅游中，协会会议旅游和公司会议旅游是市场的主力军，也是会议旅游目的地重点吸引和争夺的目标。

解析指引 3-2

会展问答

■ 会展问答 3-1

会议旅游还可以有哪些分类标准？

（二）会议旅游的特点

会议旅游不同于一般观光旅游，它有着自己的鲜明特征，具体如下：

（1）会议旅游的本质是"以会带游"，所有旅游环节均围绕会议需求设计，而非单纯的休闲观光，因此会议旅游的目的性极强。

（2）参加会议的人员比一般旅游者的消费水平高、购物能力强，能够给会议旅游接待者带来可观的经济收入。

（3）会议旅游受气候、季节影响较小，并且多在旅游淡季举行，可以有效调节旺季与淡季客源的不平衡。

需要注意的是，按照会议规模、形式、举办机构等的不同，会议可以划分为多种类型，因此仅从笼统意义上分析会议旅游的特点，并不能满足开拓会议旅游各细分市场的要求。为了有的放矢地做好会议旅游策划、销售和服务工作，下面我们进一步就协会会议旅游和公司会议旅游的特点进行分析。

1.协会会议旅游的特点

（1）时间选择。为了保证出席率，协会会议旅游一般会在某个较为固定的时间举行，通常安排在工作日。考虑到要让会议出席者在会议之后进行一些休闲、游览、娱乐活动，大多数协会会议安排在星期三以后，这样不管是协会组织活动还是会议出席者自由出行，时间上都便于安排。

（2）地点选择。一般而言，协会会议旅游的举办地不会针对某一特定的城市，而是取决于协会会员对地理区域的特殊兴趣。其中，绝大多数国际协会会在各大洲之间轮流选择会议旅游地点。

（3）酒店选择。协会会议旅游在酒店的选择上没有一定的模式。酒店按类型划分主要有以下两种：一是商务型酒店。这类酒店无论在室外环境设计上，还是在内部装修风格及提供的通信工具、商务用场地（有特定的商务楼层）的设计上，都充分体现了现代商务高效、快捷的内涵。商务型酒店既能接待小型会议，也能接待大型会议，有一个或多个多功能厅、24小时办公条件及较强的服务能力。二是度假型酒店。这类酒店一般建在旅游胜地或海边，外部设计、园林规划、内部装修都充分体现了当地特色，集休闲、娱乐于一体。具体地讲，会议活动在何种类型的酒店举行，取决于协会会议的规模、性质和期限。

2.公司会议旅游的特点

（1）时间选择。公司会议旅游不像协会会议旅游那样需要在某个固定的时间周期举行，以保证出席率，它基本上是按照需求来确定时间的。

（2）地点选择。对公司会议旅游来讲，举办地点很少有什么限制，也不像协会会议旅游那样需要通过变更地理位置来吸引会员。公司会议旅游在选择地点时主要考虑该地是否符合公司业务需要，时间、交通费用和便捷程度也是影响地点选择的因素，这也在一定程度上给各地会议旅游营销人员提供了机会。

（3）酒店选择。因为公司会议旅游的类型多种多样，所以选择的酒店类型也有所不同。公司会议旅游选择的酒店类型，首先是市区酒店，然后是度假酒店和郊区酒店（见表3-2）。

表3-2　　　　　　　公司会议旅游选择的酒店类型及其占比

酒店类型	所占比例
市区酒店	61%
度假酒店	52%
郊区酒店	50%
机场酒店	29%
私人会议中心	19%
套房酒店	16%

▶ 行业案例3-1

酒店如何开拓会议旅游市场

每个酒店都有自己的优势与劣势，因此酒店在开拓会议旅游市场时，应有针对性地研究会议及会议旅游本身的性质，寻求与自身匹配的商机。

如果你的酒店是一个位于市中心的城区酒店，那么应该强调酒店位置的便捷性，特别是对一些只参加会议部分活动的出席者来讲，便捷、熟悉的城区设施是他们经常的选择。

如果你的酒店是一个郊区酒店或者汽车酒店，交通方便并能提供停车场，那么应该强调酒店无拘无束的非正式气氛。假如某公司要召开的会议是酒店在此期间接待的唯一会议，那么对此进行强调也是很有必要的，因为这是公司考虑是否要将会议业务交给你的一个非常重要的因素。

如果你的酒店是一个机场酒店，当会议出席者坐飞机抵达时，酒店的明显优势就是方便。过去的机场酒店都是一些小型酒店，如今则有各种规模的机场酒店可供公司选择。

如果你的酒店是一个度假酒店，那么它可作为避开城市繁华喧嚣的隐蔽会议及会议旅游的场址。度假酒店在淡季能提供非常低的价格，同时又有迷人的风景和优质的服务，这些都能成为竞争会议及会议旅游市场的优势。

　　思考：酒店如何开拓会议旅游市场？

　　点睛：会议旅游与酒店有着千丝万缕的联系。每个酒店都有自己的经营所长，在开拓会议及会议旅游市场时，切忌眉毛胡子一把抓。酒店应结合自身的经营优势与会议的性质，精准定位并找到与自身相匹配的会议旅游市场。

解析指引3-3

■ **会展问答3-2**

　　选择一个能让会议组织者和与会者都满意的会议及会议旅游活动场所非常重要，在实际工作中到底该怎样挑选呢？

▶ **任务拓展3-1**

　　以小组为单位，收集整理一个关于会议旅游的典型案例，并分析其类型和特点。

任务2　会议旅游的运作条件分析

　　不是任何地区都可以举办会议旅游活动的，会议旅游的成功运作需要有基本的条件作为保障。我们可以从举办地的内外部环境和主观能动性方面对会议旅游的运作条件进行分析。

一、举办地的外部环境

　　对任何举办地而言，外部环境的影响既是间接的，也是均等的。外部环境类似于宏观大环境，包括社会、人口和经济因素。为了使会议旅游顺利开展，举办地的外部环境应符合以下要求：

　　（1）国际形势和平稳定，没有战争、恐怖活动以及其他突发性事件。

　　（2）主办国没有主动或被动地进行有敌意的行动，与其他国家友好共处，未招致政治抵制。

　　（3）主要或潜在的客源地经济繁荣、社会稳定。

二、举办地的内部环境

　　外部环境是会议旅游顺利开展的前提，但要使会议旅游青睐本地区，举办地还必须有良好的内部环境，具体包括：

　　（1）举办地与国际旅游的主要客源地空间距离适宜，信息沟通顺畅。

　　（2）举办地的居民支持会议举办，对会议旅游者友好。

　　（3）举办地的旅游资源丰富，旅游服务有吸引力。

　　（4）举办地的基础设施完善，交通便捷，可进入性强。

（5）举办地的物价未发生非常规性的上涨。

行业视窗 3-2

厦门出台扶持办法进一步促进会议展览业发展

为促进会展业高质量发展，支持会展企业做大做强，推动建设"国际会展名城"，2025年6月，厦门市商务局、厦门市财政局印发了《厦门市进一步促进会议展览业发展扶持办法》（简称《扶持办法》）。

据悉，《扶持办法》围绕展览项目、会议项目、"产业+会展"融合发展、会展主体、会展人才建设等方面给予奖补，提升厦门市会展业国际化、品牌化、专业化、市场化水平。

其中，为鼓励展览项目做大做强，《扶持办法》提出，加强会展与产业深度融合，以会展助推产业协同发展，支持会展企业聚焦厦门和周边地区的主导产业、优势产业和特色产业，培育和壮大符合厦门市"4+4+6"产业布局的专业展会、特色展会。对在厦门市举办1万平方米（含）以上、展期不少于3天的经贸类专业展览会给予奖补，对在厦门市举办2万平方米（含）以上、展期不少于3天的消费类展会给予奖补。

同时，立足厦门市区位优势和资源禀赋，积极支持国际性会议和影响力强、带动性大的高能级重大会议落地举办。

此外，支持会展企业发展壮大，大力培育一批经营规模大、服务水平高、核心竞争力强的骨干会展企业。发挥会展场馆招展引会的积极性和主动性，提升会展场馆竞争力。对年度新引进5万平方米及以上的展览项目（过往3年/届内未在厦门市举办），每场给予一次性奖励5万元；10万平方米以上（含）展览每场给予一次性奖励10万元。

针对会展人才短缺的问题，厦门市对企业派员参加符合条件的会展业务培训费用给予补助，补助比例最高40%，同一企业年度培训支持资金不超过30万元，单个项目支出金额不少于1万元。

资料来源　林闻. 厦门出台扶持办法进一步促进会议展览业发展 [N]. 福建日报，2025-06-08（3）.

三、举办地的主观能动性

会议旅游的成功运作还与举办地的主观能动性紧密相关，以下几点就是具有良好主观能动性的表现：

（1）举办地能与会议组织者良好互动，结合会议主题，安排有特色、有规划的旅游。

（2）会议相关设施建设没有对日常的社会和经济活动形成明显干扰。

（3）积极开展会议旅游服务工作，涵盖交通、餐饮、住宿、购物等方面，服务时间包括会前、会中及会后。

（4）能够进行有效的形象塑造，将地域特色与国际趋势相结合，将会议形象、举办地形象和旅游目的地形象三者协调统一。

（5）能够进行有效的市场促销及公关活动，如赞助商的积极合作以及媒体对会议旅游活动的正面宣传等。

（6）会议相关旅游产品的开发和推广积极、有效。

行业视窗 3-3

杭州积极打造国际会议目的地城市新名片

2025年5月，在国际大会及会议协会发布的2024年度全球会议目的地城市排行榜中，杭州凭借自身独特的优势脱颖而出。

为打造国际会议目的地城市新名片，杭州市文化广电旅游局深耕商务旅游市场，抢抓机遇、谋篇布局、精准发力，不断提高杭州会议目的地的知名度和影响力。2021—2025年，杭州连续五年获评"中国最佳会议商务城市"。

通过跨界融合焕新会奖产品。杭州在全国首推"数字经济旅游十景""传统文化十品""团队建设十享"，形成"品文化、享生活、乐休闲、拼团建、筑梦想"五大类奖励旅游产品体系，为活动策划组织者提供了广阔的创意空间和无限的创新可能。

通过内外发力共拓竞会渠道。杭州深入挖掘11批共68位会议大使，不仅带来了丰富的经验和资源，而且引进了第九届中国转化医学大会暨中国精准医学大会等百余个国际性、全国性、地区性学术会议；同时，通过梳理国际大会及会议协会数据库，发布国际会议竞标线索，为引进更多国际会议奠定了基础。

通过创新营销开展招会引会。杭州提炼推出"新经济会议目的地""会在山水间"等品牌，组织杭州优质企业"走出去，请进来"，拜访了14家企业和协会，完成了18场资源推介会，累计完成超1 800人次的一对一洽谈，中国保险精英圆桌大会等会议活动落地杭州；组团参加中国会议产业大会，杭州企业收获有效客资20家以上。

通过夯实平台提升服务水准。杭州出台国内首个《奖励旅游服务和管理规范》地方标准；连续三年实施"MICE英才计划"，认定会议服务达标机构24家，示范机构10家。

通过赛事或演出引流为文旅增值。杭州不断引进各类赛事演唱会，从文旅融合角度，拉动经济增长。2024年，杭州共举办演唱会、音乐节154场，票房收入超20亿元，同比增长400%。众多国内外知名艺人来杭州举办演唱会，吸引大量粉丝来杭州打卡。

未来，杭州还将继续紧扣"国际化"主题，以打造国际"赛""会"之城为目标，持续放大会议、会展的"溢出效应"，以会奖活跃度激发城市发展活力，以更加开放的姿态拥抱世界的目光。

资料来源　杭州市文化广电旅游局. 全球会议目的地城市　杭州排名中国大陆第3［EB/OL］.［2025-05-27］. https：//wgly.hangzhou.gov.cn/art/2025/5/27/art_1229505585_58961193.html.

▶ **任务拓展 3-2**

以小组为单位，调查本地会议旅游配套酒店、场馆的相关信息以及会议旅游服务情况，并为今后会议旅游的开展提出建议。

任务3　会议旅游的操作流程

会议旅游的实现是以会议的召开为前提的，与会议本身有着千丝万缕的联系。因此，本书以大型会议为例，将会议旅游的操作融合到会议申办、承办和总结三个阶段。

一、申办阶段——会议旅游相关方全力支持

只有会议申办成功，相应的会议旅游才能实现，所以申办会议是会议旅游的第一步。会议因档次、规模的不同，其申办方式也不一样。对于比较正规的国际会议，其申办条件在国际组织的章程中皆有明确列示。在申办之前，了解相关规定，能起到事半功倍的作用。一般来说，大型国际会议的申办有以下几种方式：

（一）会员轮流主办

只要加入国际组织，并成为正式会员，就有机会主办会议。轮流的次序通常采用加入组织的先后顺序或国名英文字母的顺序。当然，会员主动提出办会申请也是可以的。

（二）地区性轮流主办

有些国际组织的会员分布在全球，为了让各地区的会员都有机会办会，会议会指定轮流在某些地区召开，如亚洲地区、北美地区等。在以轮流的方式决定地区后，该地区有意争取办会的会员可以提出申请，然后由该组织的监理会或特别成立的评估小组来表决，最后选定主办国。一般来说，组织的知名度、会议的效益及权威性越高，会员之间的竞争就越激烈。

（三）竞标方式主办

这是最具挑战性的主办权争取方式。竞争承办权的会议必定是全球知名国际组织召开、世界瞩目且具有权威性的大会，参与竞标的会员通常要花费相当长的时间准备。其他规模较小的会议的申办方式则相对简单。

一次竞标工作可以分为以下三个步骤：

1.拟定竞标企划书

竞标企划书是评审委员会对申办单位形成第一印象的重要载体。竞标企划书的内容主要包括政府及各相关单位的支持信函（如旅游行业知名企业对会议旅游的支持

信)、承办大型会议的过往记录、会议所需的硬件设备配置方案、整体预算规划、合作酒店资源及接待能力说明、交通保障方案、餐饮服务安排、配套旅游项目设计、专业筹办团队介绍等。

2.接待评审人员

竞标企划书递交之后,评审委员会会派遣 3~4 人组成的评审小组前来考察。在接待评审小组时应注意:安排好住宿;结合会议相关产业(包括会议旅游业)进行汇报,表现出团队精神;拜会政府首脑;举行参观活动,并赠送小礼品。

3.了解竞争对手

一个会议往往会有多个申办者,申办方若能时刻关注竞争对手的状况,有利于做到知己知彼,从而更有针对性地展示自身的竞争优势,加深评审委员会对自己的正面印象。

行业视窗 3-4

世界博览会的申办流程

一个国家申办世界博览会(简称世博会)必须遵从以下几个步骤:

一是申请。有意举办世博会的国家应向国际展览局(BIE)提出正式申请,申请的内容包括开幕和闭幕日期、主题和主办主体的法律地位,由申办国以申办报告的形式递交 BIE 执行委员会。

二是考察。BIE 组织考察团对申办国进行现场评估。考察团在 BIE 副主席的带领下,可以就技术方面或金融方面的内容询问细节问题。这项调查是送交 BIE 执行委员会的报告的基础。

三是投票。申办世博会项目通过机构审定后,将由 BIE 代表大会投票决定申办国的举办权。如果申办国不止一个,那么将采取无记名方式投票表决。

四是注册。举办国在正式的审议和承诺遵守国际展览会公约,并签订相关协议后,向 BIE 注册拟举办的世博会。

这些程序完成需要 3 年的时间,最终形式以授予 BIE 旗帜为完成标志。同时,举办国政府可以开始通过外交渠道向世界各国发送对世博会的参加邀请。

资料来源　吉林省商务厅. 世界博览会的申办过程 [EB/OL]. [2017-07-05]. http: //swt.jl. gov.cn/hzzx/201707/t20170705_3263956.html.

二、承办阶段——会议旅游相关方协力配合

会议一旦申办成功,即进入承办阶段。会议旅游相关方应切实行动起来,做好自己的本职工作。通常,在承办阶段,会议旅游的操作流程可分为会前、会中和会后三个阶段。

(一) 会前阶段

在会前阶段,会议旅游组织方的主要工作是同主办方洽谈,在整合主办方相关信息的基础上,提供若干会议旅游备选方案,并协助主办方进行现场考察,最终确定会

议旅游方案，签订合作合同。其中，在提供会议旅游备选方案时，会议旅游组织方需要明确以下信息：

（1）会议所需的往返机票、车票提供方案，机场、车站接送方案，以及临时用车提供方案。

（2）推荐的会议住宿酒店及客房类型的选择。

（3）推荐的会议餐饮安排。

（4）相关交通、休闲、娱乐信息的咨询服务提供方式。

（5）会后旅游线路的设计（可以有一种或多种设计），旅游用车、导游的安排，旅游餐饮、住宿的安排。

（二）会中阶段

在会中阶段，会议旅游组织方的主要工作是再次与主办方确认会议旅游方案，具体包括以下几个方面：

（1）派专人在机场、车站迎接客人。

（2）派专人负责客人的票务工作，满足个性化的合理要求。

（3）协助主办方确认房间楼层及房间号，询问客人是否有特殊要求，并进行相应的调整。

（4）协助主办方确认用餐时间、用餐标准及客人的特殊要求，并进行相应的调整。

（5）确认会后旅游的最终参加人数、旅游线路（多数情况下为单一旅游线路，部分会议提供多条旅游线路供选择），以及用车安排、导游配备、景点增减等事宜。

（6）提供当地交通、娱乐项目的消费形式和消费标准说明，提供自主休闲活动的相关咨询。

（三）会后阶段

在会后阶段，会议旅游组织方的主要工作是会议旅游活动的实施，派有经验的专业人员组织好考察、休闲、娱乐活动中的食、住、行、游、购、娱。在此过程中，会议旅游者可能会产生各种疑问和要求，只要是合理的，会议旅游组织方都应配合解决。此外，会议旅游组织方还应根据与会代表的返程时间及方向，做好分批送站工作，确保他们顺利返程。

三、总结阶段——会议旅游相关方总结提升

会议旅游活动的结束并不意味着相关工作的终结，通过统计整理资料、研究分析已完成的工作、总结经验和教训，会议旅游相关方不仅能够妥善完成手头业务的收尾工作，而且能够持续提升自身的经营水平。在总结阶段，会议旅游相关方的主要工作有：

（1）账务结算，提供会议旅游过程中发生的费用明细，并派专人与会议主办方核对结账，提供会议主办方所需的发票。

育德润心 3-1

会展专家和业者谈2025年会议业趋势和新增长点

知识拓展3-2

会议旅游活动
创新评估方法

（2）评估会议旅游活动，判断所有工作的效率和效果，并撰写总结报告，为日后提高工作效率提供经验。

（3）做好跟踪回访工作，加深会议主办方对自己的印象，寻求深入发展客户关系的可能。一般而言，记忆是印象的延续。印象是在会议旅游服务过程中留下的，记忆则可以在回访跟踪工作中得到加强。回访跟踪工作做得越早，效果就越明显。

（4）召开总结表彰会，感谢相关单位和人员。这里的相关单位和人员主要包括会议旅游支持单位、合作单位、给予大力支持的媒体，以及会议旅游服务人员。

（5）对于大型国际会议的旅游活动，还可以邀请媒体在事后进行回顾性报道，从而进一步扩大会议旅游的影响。

▶ **任务拓展3-3**

以小组为单位，关注一次会议旅游活动，从会议的申办、承办和总结三个阶段分析会议旅游活动的操作流程。

项目练习

一、判断题

1.会议旅游产生的经济效益带来的影响，往往高于非经济效益。　　（　　）

2.会议及会议旅游能够提供最新信息，促进科技、文化等领域的交流。（　　）

3.不是任何地区都可以举办会议旅游活动的，会议旅游的成功运作需要有基本的条件作为保障。　　（　　）

4.会议旅游的实现是以会议的召开为前提的，与会议本身有着千丝万缕的联系。

（　　）

在线测评3-1

判断题

5.会议旅游活动的结束并不意味着相关工作的终结，通过统计整理资料、研究分析已完成的工作、总结经验和教训，会议旅游相关方不仅能够妥善完成手头业务的收尾工作，而且能够持续提升自身的经营水平。　　（　　）

二、简答题

1.会议旅游的含义是什么？

2.会议旅游的特点包括哪些？

3.会议旅游的操作流程包括哪几个阶段？

项目实践

场景：以某个较大型的会议为例，假设你是会议旅游活动的组织者，请根据实际情况，为会议旅游活动选址。

操作：

（1）角色定位，将全班分为会议旅游组织者和会议旅游参与者两个组。

（2）分析所选会议的类型和特点，分析备选酒店的类型。

（3）确定选址方案，会议旅游组织者向会议旅游参与者汇报选址情况，并接受提问。

（4）互换角色。

（5）教师点评。

价值引领

大力推动会展业高质量发展

展会经济是推动外贸发展的重要力量，在促进区域经济发展、提升城市形象与知名度、带动相关产业发展、促进信息和技术传播、推动国际交流与合作等方面具有重要作用。改革开放以来，我国会展业经历了从无到有、从小到大的快速发展过程，不仅会展数量、规模蝉联全球首位，而且在专业化、规范化水平和国际影响力等方面也位居全球前列。会展业已经逐步发展成为我国现代服务业中的战略先导产业和重要支柱产业，是经济增长和产业创新的有力推动者。

当前，我国会展业进入优化布局、提升质量的重要阶段，要将推动会展业高质量发展作为"完善发展服务业体制机制"的重要一环，不断改革创新，充分挖掘行业潜力，努力把会展业打造成为地区经济发展的新增长点，以及构建现代市场经济体系和开放型经济新体制的重要平台。

近年来，互联网、大数据、云计算、人工智能、区块链等技术加速创新，日益融入经济社会发展各领域全过程，会展业数字化转型是顺应新一轮科技革命发展趋势、把握产业变革新机遇的必然选择。

要充分发挥数字技术对会展业发展的放大、叠加、倍增作用，为会展业创新发展注入新动能。利用云计算技术自动化处理参展商报名、展位分配等流程，提升展会的组织效率。利用大数据分析技术，收集展商的浏览、交易等行为数据，为展会组织者提供精准的市场分析和营销策略，从而更好地满足市场需求，提升展会服务效率。利用虚拟现实、增强现实等技术，实现展品的3D展示、互动体验等功能，丰富展示手段，为观众带来更加生动、直观的观展体验。利用数字孪生技术等先进手段，打破传统会展的时空限制，推动展览线上线下融合，提供更加便捷、高效的交流平台。利用大数据分析等技术，为参展商提供精准的市场洞察和需求分析，在满足个性化需求的同时，提高展会的交易撮合效率。

品牌是提升市场竞争力的核心要素，也是会展业可持续发展的重要推动力量。要加强统筹谋划，按照错位协同发展的原则，鼓励各地根据自身产业优势和资源禀赋，找准展会定位和专业价值，发展各具特色的全国性、区域性会展业务，打造会展业龙头企业，避免同质化竞争，壮大一批符合主导产业发展方向的精品展会，通过做优品牌提升会展业能级。同时，要加速品牌融合，探索会展业与地方旅游、文化、体育等相关产业的融合发展模式，更好满足人们多元化、高品质的消费需求，切实提升会展业的影响力。

要坚持以制度建设为主线，不断完善会展业政策支持体系，构建公平、开放、有序的制度环境，推动会展业可持续发展。精简会展审批流程，结合不同类型展会的特点和筹办规律，深入研究并细化审批标准。在保障安全的基础上，最大程度帮助办展和参展企业降低成本，提升办展质效。优化展会监管机制，对新兴展会项目采取包容审慎的监管态度，通过更加完善到位的事中、事后监管，推动新兴展会项目健康发展。积极推进会展业标准化和规范化建设，鼓励更多企业参与到标准制定中，注重发挥市场机制和行业自律作用，鼓励行业组织完善有关评价体系，让会展业有规可依、有章可循。

会展是要素、商品和服务交易的媒介，会展行业辐射的市场越大，它在传递产业信息、引导产业进步等方面的作用就越大。推动会展行业高质量发展，要充分利用国际国内两个市场、两种资源。注重加强与国际会展组织的合作，引进国际先进的会展组织和管理经验，将国际化元素融入会展活动中，吸引更多国际展商，提升会展的国际影响力。全力推动开放办展，突出海外办展，培养能够满足国际化会展业发展要求的复合型高端会展策划人才，聚焦重点市场，积极推动中国展会"走出去"。鼓励本地会展公司注册商标、开展国际认证，为中国企业主动融入全球展览业大家庭创造条件，提升中国企业和中国展会在国际市场的认可度与吸引力。

资料来源　王艺潼. 大力推动会展业高质量发展［N］. 光明日报，2024-10-24（15）.

思政元素：守正创新　品牌意识　文化自信

价值分析：我国会展业的高质量发展，得益于中国特色社会主义制度优势和持续的改革创新。在科技赋能下，会展业加速数字化转型，服务效率和质量显著提升，给观众带来了更难忘的体验。同时，品牌建设与文化融合的发展模式，不仅增强了会展业的竞争力，而且有效传播了地方文化，彰显了文化自信。这充分展现了我国在经济、科技和文化等多领域的协同发展成果，也激励我们坚定制度自信、勇攀科技高峰、传承优秀文化。

项目评价

本项目学习效果评价见表3-3。

表3-3　　　　　　　学习效果评价表

评价维度	评价指标	学生自评（30%）	教师评价（70%）	得分小计
学前准备（25分）	自觉拓展：主动查阅行业前沿资料（10分）			
	深度理解：结合案例进行理论分析，并尝试进行实践应用（10分）			
	创新思维：尝试跨学科提出创新性关联问题，并有一定的思考（5分）			
学中实践（40分）	主动探究：在小组讨论中提出创新解决方案，并得到成员们的采纳或认可（10分）			
	解决问题：运用理论分析实际案例，提出建设性方案或建议（10分）			

续表

评价维度	评价指标	学生自评 （30%）	教师评价 （70%）	得分 小计
学中实践 （40分）	表达创新：在课堂汇报中灵活运用新媒体技术（10分）			
	团队协作：在集体项目合作中承担某个角色，创新性完成某项任务（10分）			
学后转化 （35分）	理论迁移：在课程论文或其他任务中构建具有一定科学性的分析模型或提出具有一定新意的观点（5分）			
	实践应用：参与会展旅游产业相关实践活动或实战任务（10分）			
	德育素养：在理论学习和实践训练过程中树立正确的国家观、历史观、民族观、文化观（10分）			
	创新成果：提交会展旅游产业相关议题的解决方案、优化提案或策划方案等（10分）			
综合评价得分				

展览旅游

项目四

项目导言

■ 展览旅游是为参与产品展示、信息交流和经贸洽谈等商务活动的专业人士和参观者而开发设计的一项专门的旅行和游览活动。随着展览业规模的不断扩大，旅游业对展览活动的支持作用将表现得越来越明显。展览活动和旅游活动实现有效对接已成为业界的共识。

项目目标

■ 知识目标：了解展览与旅游的互动作用；掌握展览旅游的内涵与特点；了解展览旅游的发展条件；熟知展览旅游的参与主体；知晓展览旅游的运作模式。

■ 技能目标：能够结合展览旅游的发展条件，分析某一地区是否适合举办展览旅游活动；能够按照展览旅游的运作模式，从政府或者企业的角度策划展览旅游实施方案。

■ 素养目标：引导学生树立守正创新意识，培养爱岗敬业、遵纪守法、诚实守信的职业道德。

知识导图

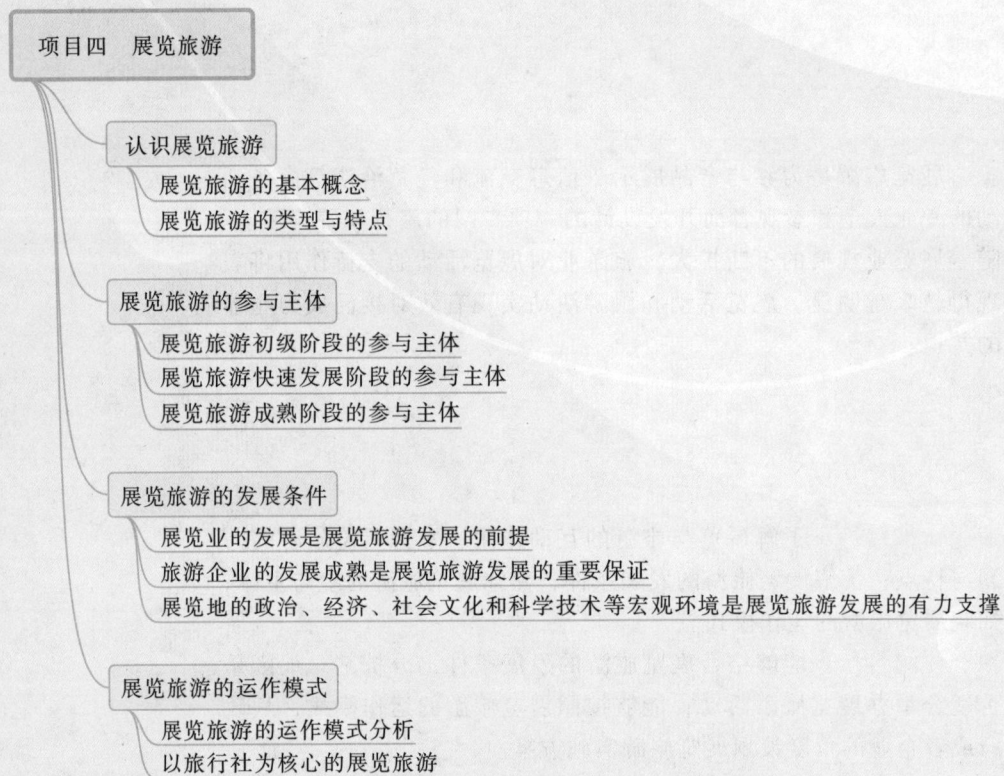

项目四 展览旅游

认识展览旅游
展览旅游的基本概念
展览旅游的类型与特点

展览旅游的参与主体
展览旅游初级阶段的参与主体
展览旅游快速发展阶段的参与主体
展览旅游成熟阶段的参与主体

展览旅游的发展条件
展览业的发展是展览旅游发展的前提
旅游企业的发展成熟是展览旅游发展的重要保证
展览地的政治、经济、社会文化和科学技术等宏观环境是展览旅游发展的有力支撑

展览旅游的运作模式
展览旅游的运作模式分析
以旅行社为核心的展览旅游

| 项目导入 | 2024连州国际摄影年展推动文旅深度融合 |

2024连州国际摄影年展于2024年12月19日至2025年2月4日在广东连州举行。本届连州国际摄影年展主要有四大亮点：一是作品类型多元，涵盖纪实、风光、人文、生态保护、科技等多个领域，展现了摄影师们对世界的独特理解和表达。二是艺术交流碰撞，邀请国内外的摄影大咖、摄影艺术家、著名策展人等，围绕手机摄影技巧、人文摄影与艺术表达、AI时代下摄影的未来等主题，组织面向摄影艺术家和社会公众的摄影艺术交流活动10余场。三是文旅跨界融合，借助年展这一平台，积极推介连州的摄影文化、自然风光、民俗活动和特色美食。四是乡村延伸和异地巡展，设立3个乡村延伸展览，将文化大餐送到群众家门口。

回头是为了更好地前进，摄影如此，人生也是。本届连州国际摄影年展以"回眸与张望"为主题，从内容和形式两个角度进行阐释，强化连州国际摄影年展的高端性、学术性和国际性。

本届连州国际摄影年展整合了历届摄影年展积累的经验与各方资源，借鉴了世界各地知名摄影大展的办展经验，致力于将世界摄影新发展阶段的新理念、新格局以及各国摄影艺术成果呈现给广大摄影爱好者和市民朋友，让连州国际摄影年展成为人们了解世界摄影艺术的窗口。

连州国际摄影年展自2005年创办以来，已经成为连州的一张亮丽文化名片，吸引了全球众多摄影人集聚连州，为世界摄影人提供了一个多元交流、思想碰撞、成果共享的平台。连州国际摄影年展在全球的认可度也在持续提升，越来越多的国际友人及海内外艺术家、摄影大师关注连州、走进连州、了解连州，并通过该摄影年展将各自的创作理念和艺术成果分享给全世界。

数据显示，2023年连州国际摄影年展期间，连州市共接待游客37.27万人次，旅游总收入高达3.11亿元，极大地促进了当地旅游业的繁荣。

资料来源 佚名. 2024连州国际摄影年展将为中外合作交流搭建平台 推动文旅深度融合 [EB/OL]. [2024-12-06]. http://www.gd.xinhuanet.com/20241206/2aa5c0ddf7a0411da7569faf7e57d82e/c.html.

请根据以上材料，思考以下问题：

连州国际摄影年展在推动文旅深度融合方面带给我们哪些启示？

解析指引4-1

项目导入

任务1 认识展览旅游

展览业的快速发展带动了越来越多相关产业的发展，旅游业就是其中之一。目前，我国展览旅游的发展已形成"以展促旅、以旅兴展"的良性互动格局。

一、展览旅游的基本概念

所谓 展览旅游，是指以展览为依托，有组织且具有巨大商业价值的综合性旅游活动。展览旅游不是让旅游企业去举办各种展览，也并非一定包括风景游览，而是让旅游企业发挥自身的功能优势，为展览活动提供配套服务，进而争取在展览活动之外创造并满足参展者的需要，如游览、购物等。通常，展览旅游的参与者在参展、观展群体的基础上产生，他们在食、住、行方面的需求弹性较小，在游、购、娱方面的需求弹性较大。正是因为这一特性，展览旅游已经发展成为新兴的旅游市场，成为旅游业发展的新增长点。

解析指引 4-2

会展问答

会展问答 4-1

展览旅游与旅游有什么不同？

二、展览旅游的类型与特点

（一）展览旅游的类型

展览旅游是依托展览业发展起来的，因此我们可以借鉴展览业的分类方法探讨展览旅游的类型。

1. 从规模来看，展览旅游可以分为大型展览旅游、中型展览旅游和小型展览旅游

大型展览旅游是指依托大型展览活动而形成的旅游活动。大型展览旅游吸引的旅游者来自世界各地，且人数众多。

中型展览旅游是指依托国家级或省级展览活动而形成的旅游活动。

小型展览旅游是指依托市级或县级展览活动而形成的旅游活动。

2. 从举办周期来看，展览旅游可以分为固定展览旅游和临时展览旅游

固定展览旅游是在固定展览的基础上发展起来的。随着展览的定期、定点举办，展览旅游也相对固定下来。固定展览旅游的发展潜力巨大，工作人员可以采取系统开发、深层次开发和全方位营销的手段。

临时展览旅游是在临时展览的基础上发展起来的。由于临时展览的时间、地点和主题并不确定，因此临时展览旅游开发起来难度较大。

3. 从专业性来看，展览旅游可以分为专业展览旅游和非专业展览旅游

专业展览旅游是在专业展览的基础上发展起来的。目前，专业展览是展览业的主流，随着国际专业分工的不断深化，一大批专业展览从综合类博览会中分离出来。专业展览旅游具有针对性强、旅游者素质高等特点，因此进行旅游开发时要注重质量。

非专业展览旅游是在非专业展览的基础上发展起来的。目前，面向大众的非专业展览活动已经从传统的静态陈列演变为集博览、商业、生活、游乐于一体的人文活动。这类活动能够吸引大量社会公众参与相关旅游；保留的展览纪念设施可以开发为旅游吸引物，展览举办地也可以开发为旅游地。

4. 从运作模式来看，展览旅游可以分为以旅行社为核心的展览旅游和以展览馆为核心的展览旅游等

以旅行社为核心的展览旅游将在本项目任务 4 进行具体介绍。

以展览馆为核心的展览旅游是指以展览馆藏品为主要吸引物，以陈列展览和专题展览为主要招徕方式，吸引旅游者前来参观以及由此引起的一切社会关系的总和。

当然，除了这两种模式外，还有许多其他模式的展览旅游，在此不一一列举。

（二）展览旅游的特点

1.展览旅游者的文化素质高、活动区域集中

展览旅游的主要对象是参展人群，如参展商、观众等，这些服务对象和一般意义上的旅游者有所不同。就参展商而言，他们普遍文化素质较高、商业意识较强、时间观念明确，且具有较强的独立性；其旅游动机主要是追求放松，并能自由自在地体验展览地的旅游产品。同时，由于他们参加展览活动的区域比较集中，因此这种地理位置的限制又决定了他们参加旅游活动多考虑就近或顺道。另外，此类人群还受参展时间的限制，因此更青睐中短线、组团方式灵活的旅游产品。

2.发展规模受展览市场容量的限制

展览旅游者不是受旅游地固有的物质实体（如自然风景和名胜古迹）的吸引，而是因为这一地方发生了展览活动或事件。展览旅游依托展览活动产生并发展，因此展览旅游的发展规模受展览市场容量的限制。

3.功能具有复杂性

展览旅游既有观赏教育功能，又有商务功能。展览旅游的发展有时候需要市场化，有时候由于功能的需要又不能市场化，特别是在承担宣传教育功能时。因此，展览旅游功能的复杂性对其发展影响很大。

育德润心 4-1

2025 年展览行业的发展趋势

▶ **任务拓展4-1**
你所在地区适合开展什么类型的展览旅游？为什么？

任务2　展览旅游的参与主体

在我国，展览旅游的发展采取"市场为导向、政府来引导、企业为主体、产品为主打、行业来主管"的方针。笔者认为，展览旅游参与主体的构成在展览旅游的不同发展阶段是不同的，相同的参与主体在展览旅游的不同发展阶段所起的作用也不同。

一、展览旅游初级阶段的参与主体

在展览旅游发展的初级阶段，政府作为参与主体，发挥着主导作用。展览旅游需要政府提供强有力的支持：软件方面，如政府相关政策的支持；硬件方面，如政府对展览地公共设施的建设、改善，以及对相关方利益的协调等。

展览地相关展览企业和旅游企业也是参与主体，两者结合发挥着重要作用。在

这一阶段，展览企业占绝对主动地位，旅游企业则处于被动地位，旅游企业在整体营销、配套服务等方面远没有发挥出应有的作用，旅游业对展览活动的支撑效果不明显。要改变这种现状，展览地相关展览企业和旅游企业必须共同参与展览旅游的策划、组织、接待，充分发挥旅游企业的功能，避免展览企业从头到尾大包大揽。

展览旅游初级阶段的参与主体还有参展商、专业观众和外围观众，他们共同构成了展览旅游市场的消费者。展览旅游市场的消费者在食、住、行、游、购、娱等方面的消费需求、消费喜好、消费特点都是展览旅游企业必须时刻关注的问题，只有真正了解了消费者的需求，才能开发出适销对路的展览旅游产品。

二、展览旅游快速发展阶段的参与主体

在展览旅游快速发展阶段，其参与主体除了包括初级阶段的各方参与主体外，还增加了展览旅游行业协会。协会开始参与展览旅游的管理工作，维护展览旅游市场的秩序，并分担初级阶段由政府承担的部分责任。此时，政府的功能相比初级阶段的主导作用弱化了很多，政府主要负责法律法规和各种支持政策的制定。

展览企业和旅游企业作为参与主体，此时在地位上处于相对平等的状态，二者相互配合，共同参与展览旅游活动的策划、组织、接待。

三、展览旅游成熟阶段的参与主体

当展览旅游发展到成熟阶段时，其参与主体有：政府、展览企业、旅游企业、参展商、专业观众、外围观众和展览旅游行业协会。这时，参与主体的功能和作用又有所不同，政府仅起引导作用，展览旅游企业为主体，行业协会为主管，展览旅游市场以消费者的需求为导向。参与主体的健全和准确定位能够极大地促进展览旅游的发展。

▶ **任务拓展4-2**

以小组为单位进行分工，从展览旅游参与主体中任选一个主体，分析其如何参与展览旅游并从中获益。

任务3　展览旅游的发展条件

一、展览业的发展是展览旅游发展的前提

在参展商和观展者异地流动的过程中，其食、住、行、游、购、娱等需求就形成了集餐饮、住宿、交通、游览、购物、娱乐于一体的消费链，这种消费链与旅游业的产业链是吻合的，从而为展览旅游带来了较多的客源，为展览旅游业的发展提供了市场机遇。

二、旅游企业的发展成熟是展览旅游发展的重要保证

针对展览业带来的大量市场机遇，旅游企业能否为参与主体提供相关的服务，对展览旅游的发展极为重要。例如，酒店业能否提供相应的住宿和餐饮；旅行社的营销是否到位，自身的产品开发能力如何，针对展览活动开发出来的旅游产品是否适销对路；旅游景点的建设是否具有吸引力等。只有旅游企业发展成熟，才能有力地抓住展览业为其提供的市场机遇，从而保证展览旅游的健康快速发展。

三、展览地的政治、经济、社会文化和科学技术等宏观环境是展览旅游发展的有力支撑

（1）在政治方面，政府的相关法律法规是否健全，直接影响到展览旅游的发展。另外，政府在招商引资方面能否提供一些优惠政策，也直接关系到参展商的数量和质量。

（2）在经济方面，展览地的经济发展程度对展览旅游的发展也有很大影响。如果展览地的经济快速健康发展、市场活跃有序，且当地居民的收入与消费水平较高、消费观念先进，就可以举办大规模、高档次的展览，进而推动展览旅游的发展。

（3）在社会文化方面，展览地的文化是否独特（尤其是旅游资源是否具有独特的吸引力）、当地居民与参展商是否存在文化冲突及参展商是否受欢迎等，都会影响展览旅游的发展。

（4）在科学技术方面，展览地的科技发展水平直接决定了展览会的科技含量和档次，进而影响到展览旅游市场规模的大小。

知识拓展 4-1

展览旅游企业打造独特产品的方法

行业视窗 4-1

博览中国，荟聚世界

在古都西安，丝绸之路国际博览会彰显科技创新魅力；在甬城宁波，中国–中东欧国家博览会汇聚国际合作商机；在天府成都，中国西部国际博览会释放内陆开放澎湃活力……近年来，一系列大规模、高规格的国际博览会接连在中国多地举办。从区域合作到产业对接，从传统贸易到前沿科技，精彩纷呈的展会不仅展现了中国经济的蓬勃生机，更凸显了中国致力于扩大对外开放、与世界共享发展机遇、携手构建开放型世界经济的坚定决心。

各大博览会的火爆场面，反映了世界各国对中国机遇的关注。第九届丝绸之路国际博览会吸引了来自 40 多个国家和地区的 260 位嘉宾组团参会；第四届中国–中东欧国家博览会则集聚了中东欧 14 国及全球 120 个国家和地区的企业，境外采购商约 4 000 人，规模创历届新高；第二十届中国西部国际博览会，共计有国内外 3 000 余家企业参展。博览会的高人气，折射出中国超大规模市场释放的强大吸引力——这一市场拥有超过 14 亿人口，且中等收入群体已超过 4 亿。随着数字化、智能化、绿色低碳消费转型不断提速，中国市场潜力将得到进一步释放。

　　博览会是商品交易的平台，更是产业合作的桥梁。完整的产业体系、高素质的人力资源、完善的基础设施以及持续增强的科技创新能力，为中国与各国开展更高水平、更深层次合作奠定了坚实基础。中国经济凭借其巨大的包容性与稳定性，为全球商品提供了广阔的市场，更为全球伙伴在创新链上展开深度合作搭建了平台。

　　各大博览会上，科技创新成为亮点，勾勒出中国经济高质量发展的新图谱。第九届丝绸之路国际博览会首次设立低空经济展区，覆盖低空制造、飞行服务、应用场景、安全管控等全产业链环节；第四届中国—中东欧国家博览会首次设立"数智中东欧"展区，集聚了37家人工智能及机器人领域的领军企业；第二十届中国西部国际博览会上，人形机器人、无人机阵列、移动充电车等充满科技感的展品，昭示着中国经济发展的新方向。博览会激发了产品创新的灵感，也催生了模式创新的合作形态。例如，中东欧商品采购联盟与顺丰速运的战略合作，将中东欧商品进口周期由以往海运的40天至60天大幅缩短至4天，运费也显著降低。

　　从长安古都的"丝路新语"，到东海之滨的"甬城之约"，再到天府之国的"西部乐章"，一场场客商云集的盛会，激荡着中国坚持对外开放、推动建设开放型世界经济的铿锵足音。中国经济正以海纳百川的开放气度吸纳全球创新要素、整合全球资源，与世界各国在新兴产业和未来科技领域实现深度对接、优势互补，持续为全球发展贡献新动能。

　　资料来源　叶书宏. 博览中国，荟聚世界——从密集展会看开放合作新格局［N］. 中国贸易报，2025-06-05（5）.

▶　**任务拓展 4-3**
　　请分析一下本地展览旅游的发展条件。

任务 4　展览旅游的运作模式

　　目前，我国部分城市的展览业和旅游业存在脱节现象，两者之间的关系可以用"外推"两个字来概括。所谓外推，从字面意思来理解，是指展览将参展商、观众推向酒店、景点、旅行社等旅游企业，旅游企业滞后接待、被动受益，旅游部门在整体促销、配套服务等方面远没有发挥出应有的作用。

　　那么，展览业和旅游业究竟采用什么模式对接，才能实现利益最大化和发展最优化呢？

一、展览旅游的运作模式分析

知识拓展 4-2

[二维码]

展览旅游的
运作模式

　　展览旅游是以人为核心来提供各种旅游服务的，最终保证参展商、专业观众和普通观众和谐高效地围绕展品信息进行交流。在展览活动管理中，展览业和旅游业在客源开发与维护方面各有所长——展览业能够招徕、维护参展商、专业观众；旅游业擅长普通观众的组织，精于各种组团旅行。

从宏观角度分析，发展展览旅游是内因和外因共同作用的结果。内因是旅游业自身的发展状况，外因是展览活动的开展情况。旅游业自身的发展状况是展览旅游发展的内在基础（充分条件），展览活动的开展情况是展览旅游发展的外在前提（必要条件），旅游业通过作用于展览活动推动展览旅游发展，这一过程体现了外因通过内因起作用的辩证法原理。

根据以上分析，以展览参与主体的异地流动性为纽带，展览旅游与展览活动紧密联系，展览旅游的运作模式不能独立于展览活动之外，更不是对展览业的简单延伸。因此，展览旅游的运作模式可以概括为以人为核心，以展览活动为基础，既服务于展览旅游活动，又涵盖游、购、娱等外围配套活动以及普通观展人群的组织。此外，展览与旅游的协同发展能够提升地方整体形象，并进一步推动展览旅游的发展。

二、以旅行社为核心的展览旅游

在一般的展览活动中，旅游企业为参展商及观众提供的服务主要集中在住宿、餐饮和休憩等方面，其他类型的旅游产品则稍显不足。例如，缺乏根据展览主题推出的相关旅游专线。旅游产品缺乏并非表明参展者没有类似的需要，只是这部分需要是缺少相关引导的隐含需要。由于展览业与旅游业在客源的把握、引导及满足等多个环节合作欠佳，因此即使有参展者参与展览旅游，也多是小规模的自发行为。作为将景点、酒店、交通等企业串联起来的链条，旅行社应该承担更多开拓展览旅游市场的责任。

在为参展商、观众提供组团旅行服务方面，旅行社具有先天的优势；同时，长期与境内外各旅游客源地和目的地合作，也使旅行社在客源预测以及对外招徕方面享有优势。因此，越来越多以旅行社业为主导的大型旅游集团以其行业优势和网络优势进入展览旅游市场。

（一）我国展览旅游市场的现状

展览旅游依托展览业而发展，展览业也因为旅游业的参与而繁荣。成熟的展览业不再是参展、观展与旅游的简单叠加，而是让旅游业真正融入其中，以高效率、高质量的旅游服务为支撑，使旅游活动在展览活动中担当重要角色。但是，在管理体制衔接、客源预测协同、整体促销联动、配套服务整合及后续资源利用等方面，我国会展业与旅游业还没有实现良好对接。展览主办单位既是展览的策划者，又是展览的具体实施者，同一批人承担着展品征集、宣传促销、展场布置、活动组织，甚至住宿安排、饮食服务等全部工作。

随着展览旅游的发展，我国一些大型旅游集团纷纷加入国际会展组织，投身展览旅游市场的开发，但更多的旅游集团还没有完全介入，或仅仅从事目的地接待服务工作。

（二）我国旅行社的经营现状

近年来，我国旅行社行业发展呈现出多面性。从规模上看，旅行社增长态势显著，截至2024年末，全国共有旅行社64 616家，相比2023年增加了8 341家。从营业收入上看，2024年全国旅行社营业收入5 657.7亿元，相比2023年增加了1 215亿元。但深入剖析利润情况，却不容乐观。旅行社行业整体处于薄利经营状态，大量旅行社在成本重压与激烈竞争下艰难维持。与此同时，在线旅游代理商兴起，进一步挤压传统旅行社的利润空间；游客需求日益个性化、多样化，自驾游、自由行、私家团等灵活出游方式受到青睐。因此，旅行社正面临着重新定位、产品调整和升级换代的局面，而发展展览旅游正是一种理想的选择。发展展览旅游，既可以促进旅游产业结构的调整，又能够增强旅游产品的吸引力，从而提高旅行社的整体竞争力。

（三）旅行社进入展览旅游市场的策略

1.公关宣传

旅行社进入展览旅游市场后，一方面，要加强同参展商的沟通和联系，做好客户维系工作，通过建立客户档案，为客源预测、市场促销、后续利用等工作提供引导和支持；另一方面，要加强同政府及酒店、餐饮、交通、娱乐等部门的联系，协调好与这些部门的关系，处理各种突发情况。

为了很好地完成以上两个方面的工作，旅行社必须重视展览旅游的公关宣传——通过对展览旅游市场情况的分析，结合对展会组织者和竞争对手的了解，确定本企业的核心目标市场，然后根据展览的进程，就准备期、开幕期、展览期和展后期四个阶段，集中力量进行有针对性的公关宣传活动。

2.产品策略

如今，展览组织者与承办者的分工越来越明确，特别是大、中型国际、国内展览活动，涉及参加者的食、住、行、游、购、娱等需求，需要各方面密切配合。实践表明，展览活动越来越需要专业旅游机构的参与。旅行社长期以来同交通、酒店、景区等相关部门保持着密切的合作关系，因此由其来协调旅游业内的各个部门，为展览活动提供配套服务，有利于降低展览活动的成本并提高工作效率。

进入展览旅游市场后，旅行社的产品策略应进行调整，即从相对固定转向自由灵活。因为展览旅游的目标市场是展览期间的参展商和观众，这类群体整体素质较高、自主协调能力较强、需求灵活多样，所以旅行社应采取自由组合的产品策略，即将展览期间的住宿、交通、餐饮等基本服务作为主体产品，将其他配套服务设为可选产品，由客户根据自身情况自主选择，以适应展览旅游的实际需要。

■ 会展问答4-2

解析指引4-3

会展问答

为了突破展览旅游服务的局限，增加旅游业的收益，延长参展商、观众的逗留时间，旅行社可以采取哪些产品策略？

3.整体促销

由政府牵头，旅行社组织旅游业和展览业相关企业"走出去"宣传促销，也是旅行社进入展览旅游市场的策略之一。鉴于我国展览业的发展现状，要将旅游与展览结合起来进行整体促销，需要由政府牵头、旅行社协办，同时联动会展公司、航空公司、酒店及旅游景点等主体，组建强大的市场促销团队，运用多元促销手段进行全方位、立体化推广。常用的促销方式有参加专业交易会、召开新闻发布会、在相关专业媒体上投放广告及派发宣传品等。

由旅行社牵头、相关部门共同出资，将展会决策者"请进来"考察，也是一种可行的方式。展会决策者包括会展组织协会的核心人员及会员等。有计划地邀请展会决策者到目的地实地考察，使他们对当地的会展设施、接待条件、接待能力、旅游景点等有一个感性的认识，可以引起他们的购买兴趣。

4.组团服务

在展览旅游的组织接待过程中，旅行社同展览公司分工协作，展览公司负责展览布置、展览策划等工作，旅行社则主要做好旅游组团及相关服务工作。双方实现良好对接，既有利于提高展览旅游的质量和效率，也是旅行社进入展览旅游市场的策略之一。

实际上，在组团过程中，参展团可以自主确定活动内容以及联络拜访的重要客户名单，再将客户联络方式以及拜访要求告知旅行社；旅行社则根据当地的交通、地理条件、礼仪习惯等，在时间安排、行程顺序等方面进行综合调整与细节规划，然后拟定可选行程提交参展团，并请参展团确认最终行程。

育德润心 4-2

释放会展经济
"强磁力"

▶ 行业案例4-1

深化"百业+旅游"，拓展文旅商体展联动格局

3月30日至4月3日，2025上海旅游产业博览会以5个集群展、浦东浦西4大展览馆，覆盖15个产业大类、68个展览板块、6 000多家展商，以及举办8个生活方式节、20项国际国内赛事、300多场会议及现场活动的规模，促进"百业+旅游"深度交融。

在浦东世博展览馆，首次举办由久事智慧体育带来的MetasvS上海虚拟体育公开赛，这不仅是体育赛事和展会的联动，也为文旅元宇宙产业与体育产业的联动提供了发展空间。"跟着路亚去旅游"等展会现场活动，不仅突出了"'野'在一起"的路亚主题，而且带动了细分领域与旅游业一起推出新旅游线路。

以在国家会展中心（上海）举办的2025 HOTELEX上海国际咖啡美酒美食节为代表的各大生活方式节，在拉动相关产品消费的同时，更向大众传递了相关产业的文化内涵及生活理念。

在上海新国际博览中心举办的"酒店文化周"等系列论坛，带来了全球设计行业对酒店和文旅住宿业态的赋能。

美陈展则将联动延伸到了展期和展馆之外，与长风大悦城合作推出POPART长风大悦城国际气球艺术节，让更多市民了解了美陈产业的创新性。

为了激活"展览+旅游"的溢出效应，展会还与上海都市旅游卡联合推出SHANGHAI PASS联名纪念卡，叠加精选的上海一日游文旅相关优惠权益，以及上海旅游品质生活节的诸多优惠，为境内外参展商及观众带来了多元化的展旅联动消费体验。

资料来源　张亨伟."激活消费，新品领航"　2025上海旅游产业博览会促进"百业+旅游"协同发展［EB/OL］.［2025-03-24］. https://www.sh.chinanews.com.cn/chanjing/2025-03-24/133981.shtml.

思考：在深化"百业+旅游"的过程中，应如何通过文旅商体展联动提升产业附加值与游客体验？

点睛：一方面，可挖掘各业态的核心价值与旅游的融合点。例如，商业会展配套商务考察路线，体育赛事开发"赛事+城市观光"产品，工业企业打造"生产流程体验+文创消费"场景。另一方面，可借助数字化平台整合资源，推动跨业态场景重构。例如，通过AR技术还原展会历史场景，让游客获得深度体验，进而带动相关产业的增值。

▶ **任务拓展4-4**

以小组为单位，以本地一家旅行社为研究对象，了解其展览旅游的经营现状，并对本地发展展览旅游提出可供参考的意见。

项目练习

一、判断题

1.展览旅游的参与者在参展、观展群体的基础上产生，他们在食、住、行方面的需求弹性较大，在游、购、娱方面的需求弹性较小。　（　）

2.展览业的发展是展览旅游发展的前提。　（　）

3.旅游企业的发展成熟是展览旅游发展的重要保证。　（　）

4.展览地的政治、经济、社会文化和科学技术等宏观环境是展览旅游发展的有力支撑。　（　）

5.在为参展商、观众提供组团旅行服务方面，旅行社具有先天的优势；同时，长期与境内外各旅游客源地和目的地合作，也使旅行社在客源预测以及对外招徕方面享有优势。　（　）

在线测评4-1

判断题

二、简答题

1.什么是展览旅游？展览旅游有哪些类型和特点？

2.展览旅游的参与主体有哪些？

3.展览旅游必须具备哪些发展条件？

4.开发以旅行社为核心的展览旅游需要采取哪些举措？

项目实践

场景：以当地某个展览为例，假设你是该展览配套旅游活动的负责人，请根据实际情况，设计一条展览旅游线路。

操作：

（1）模拟现实的旅游企业团队工作流程，展开讨论、设计。

（2）总结讨论结果，形成书面设计稿。

（3）全班同学参与设计评比。

（4）教师点评。

价值引领

华侨城：以创新践行文化使命 探索文旅融合新路径

第二十一届中国（深圳）国际文化产业博览交易会于2025年5月22日至26日举行。由华侨城旗下公司运营的深圳国际会展中心，已连续第5年作为主会场，见证了其从"中国文化第一展"向"世界文化盛会"的跨越。

华侨城围绕新时期推进文旅产业高质量发展的总体要求，积极探索文化业务"1231"发展新思路、构建旅游业务"两核三维多点"发展新格局。一方面，华侨城坚持从中华优秀传统文化中汲取力量，创新创造文化产品与服务，如推出《孔子》《李白》《红楼梦》《只此青绿》等优秀剧目，原创舞蹈《太平有象》亮相春晚，《敦煌归来》入选重点创作项目。另一方面，华侨城通过将文化艺术嵌入城市公共空间实现文化赋能，如华侨城创意文化园以丰富的活动为公众打造文化游乐园，华侨城当代艺术中心（OCAT）推动了城市文化共生。

在文旅融合方面，华侨城以科技赋能、国潮叙事、IP生态等多维路径，在全国布局多元文旅项目。例如，华侨城甘坑新镇分会场以"文化+科技"双轮驱动，呈现创新活动；以品牌活动为载体，将潮流元素融入传统文化，打造沉浸式文旅消费场景；推出"星河计划"，打造多元化IP矩阵。此外，华侨城还积极响应文化"走出去"战略与共建"一带一路"倡议，如《吴哥的微笑》在柬埔寨驻演，"中柬文化创意园"入选国家文化出口重点项目，《小凉帽》动画发行至全球多个国家和地区。

资料来源 王诗云. 华侨城：以创新践行文化使命 探索文旅融合新路径［N］. 光明日报，2025-05-27（8）.

思政元素：创新精神 时代担当 文化自信

价值分析：华侨城作为文旅产业的领军企业，从深耕传统文化、推动文旅融合发展，到积极拓展海外市场，充分展现了其践行高质量发展的时代担当与创新精神。华侨城通过打造本土文化精品，既传承了文化根脉，又让公众在沉浸式体验中增强了对本土文化的认同感与自豪感；同时，其文化出海实践也搭建起了中外文化交流的桥梁，既可以让世界更直观地了解中国文化，也为更多企业投身文化产业创新发展提供了借鉴。

项目评价

本项目学习效果评价见表4-1。

表4-1　　　　　　　　　　学习效果评价表

评价维度	评价指标	学生自评（30%）	教师评价（70%）	得分小计
学前准备（25分）	自觉拓展：主动查阅行业前沿资料（10分）			
	深度理解：结合案例进行理论分析，并尝试进行实践应用（10分）			
	创新思维：尝试跨学科提出创新性关联问题，并有一定的思考（5分）			
学中实践（40分）	主动探究：在小组讨论中提出创新解决方案，并得到成员们的采纳或认可（10分）			
	解决问题：运用理论分析实际案例，提出建设性方案或建议（10分）			
	表达创新：在课堂汇报中灵活运用新媒体技术（10分）			
	团队协作：在集体项目合作中承担某个角色，创新性完成某项任务（10分）			
学后转化（35分）	理论迁移：在课程论文或其他任务中构建具有一定科学性的分析模型或提出具有一定新意的观点（5分）			
	实践应用：参与会展旅游产业相关实践活动或实战任务（10分）			
	德育素养：在理论学习和实践训练过程中树立正确的国家观、历史观、民族观、文化观（10分）			
	创新成果：提交会展旅游产业相关议题的解决方案、优化提案或策划方案等（10分）			
综合评价得分				

节事旅游

项目导言

■ 节事旅游活动，特别是大型节事旅游活动的举办，往往会成为媒体关注的焦点。节事旅游为城市提供了展示自己形象的舞台，任何一则广告、任何一次营销活动所取得的成效都难以与其相媲美。因此，节事旅游的影响是广泛而深远的，它不仅促进了旅游目的地的经济繁荣，而且在很大程度上改变了旅游目的地的社会文化和生态环境。

项目目标

■ 知识目标：掌握节事旅游的基本概念；了解节事旅游的类型与特点；掌握节事旅游的规律；了解节事旅游形成的条件。

■ 技能目标：能够结合节事旅游的类型与特点，分析某一地区是否适合举办节事旅游活动；能够根据节事旅游的规律和形成条件，制订节事旅游实施方案。

■ 素养目标：引导学生树立守正创新意识，积极弘扬中华优秀传统文化，坚定文化自信，为旅游强国建设贡献力量。

知识导图

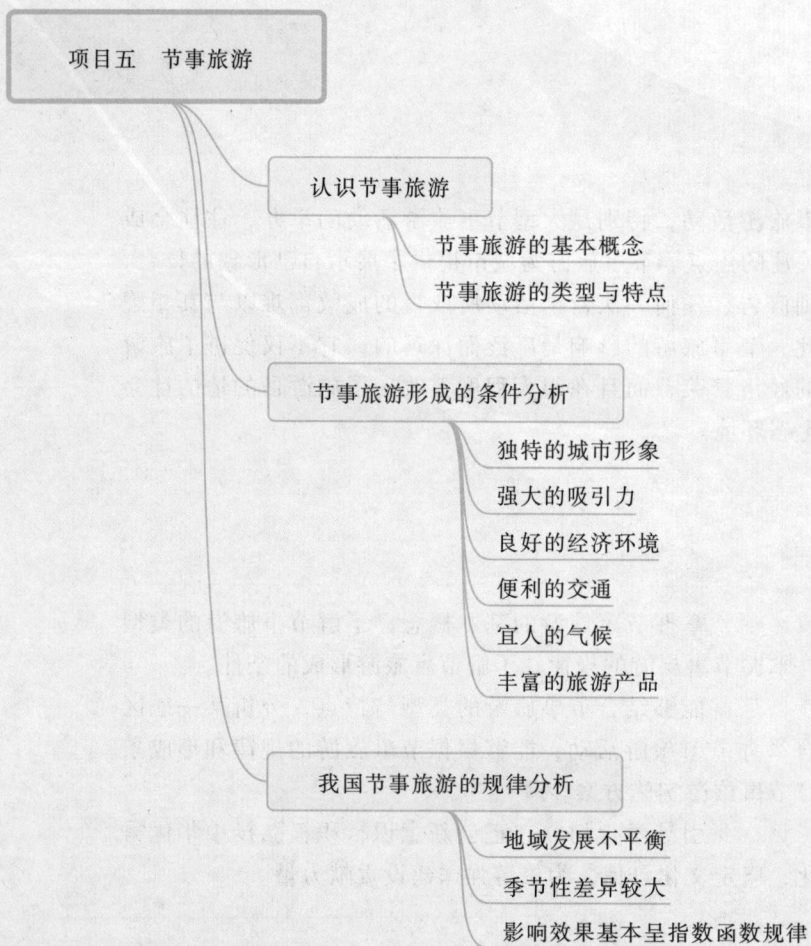

项目五　节事旅游

认识节事旅游
　　节事旅游的基本概念
　　节事旅游的类型与特点

节事旅游形成的条件分析
　　独特的城市形象
　　强大的吸引力
　　良好的经济环境
　　便利的交通
　　宜人的气候
　　丰富的旅游产品

我国节事旅游的规律分析
　　地域发展不平衡
　　季节性差异较大
　　影响效果基本呈指数函数规律

项目导入

节事旅游助振兴　边疆乡村展新貌

旅游业是我国边疆地区的重要支柱产业之一，推动着边疆乡村地区的产业结构优化和经济多元化发展。我国边疆地区拥有丰富多样的节庆及赛事文化资源，如广西的侬峒节、霜降节，新疆的国际旅游节、摩托车拉力赛，黑龙江的国际冰雪节、开江节等。这些节事民俗活动形式多样、内容丰富，均是民间盛行、促进交流的群众性文化活动，适于扩大参与范围、全民共欢共度。以其为核心载体开发旅游产品，不仅可以促进节事文化活动的当代活态传承，彰显非遗的时代价值及魅力风采，而且由于此类文化活动具备时空限定、资源排他等特征，因此易于转化为地方特色旅游资源，形成周期性旅游热点。具体而言，可从以下几个方面着手推进边疆地区的节事旅游发展：

节事领航，产业共兴，助力乡村繁荣发展

乡村振兴的关键在于产业兴旺，而节事旅游作为一种综合性旅游新业态，包括传统节庆、商贸会展和体育赛事等，对产业兴旺具有巨大的带动效应。我国边疆地区在开发本地节事旅游时，应积极挖掘地方特色，在充分满足游客食、住、行、游、购、娱需求的同时，充分发挥旅游业的辐射带动作用，积极赋能当地相关产业的发展。

首先，要充分利用各地域独具特色的农产品，开发特色美食，以带动特色农业的发展。特别是在当下乡村振兴战略与农村现代化建设的指引下，更要创新发展理念、拓展发展思路，围绕乡村"土""特""产"资源，构建乡村旅游商品新体系，提升农产品附加值。其次，要深入挖掘边疆地区的非物质文化遗产，打造节事旅游新业态，实现以文塑旅。边疆地区民俗文化资源丰富，如壮锦、天琴等，为节事旅游注入了深厚的文化内涵。要想更好满足游客的精神文化需求，就应把握好非遗系统性保护与旅游高质量发展之间的"最大公约数"，让"非遗+"成为节事旅游的新风尚，如依托"三月街民族节"，可组织田园市集、文创市集、音乐市集等，实现经济效益与社会效益的"双赢"。最后，要引导村民积极参与旅游发展规划，鼓励其提供高质量的旅游餐饮、住宿休闲、信息中介、物流管理等生活服务，为游客营造放心、安心、舒心的出行环境，进而推动乡村旅游服务业的高质量发展。

节事聚才，激活乡村，共铸人才振兴之路

乡村振兴，人才是关键。地方政府可充分利用节事旅游的吸引力，提高村民收入，留住和吸引人才，以改善农村空心化现象。在此过程中，政府需要多措并举培养优秀的乡村节事旅游人才，如提升村民的节庆活动技能和组织能力、完善人才服务乡村激励机制、全方位扩大乡村旅游人才总量等。

具体而言，一是要结合边疆地区乡村旅游发展的特点及需求，为当地村民制订系统的学习培训计划。培训内容可包括服务礼仪、沟通技巧、安全防范、导游知识等，以提高旅游相关工作人员的服务能力及专业素养。二是可通过研讨会、专业进修等方式，为相关工作人员更新知识储备、拓宽知识视野提供机会，培养一批有文化、懂技术、会经营的新型农民，以便吸纳更多低收入群众就地就近就业。三是要积极与相关院校、职业培训机构开展深度合作，创新推动"春雨工程"，落实好相关人才政策，用"温度"留住人才，用制度留住能人，为边疆地区乡村振兴提供人才保障。

文化融合，传续经典，共绘乡村振兴画卷

文化是旅游的核心，旅游是文化传承的载体。节事活动，尤其是那些蕴含传统元素的庆典和体育赛事，不仅是文化的展示平台，更是文化传承的时空舞台。发展节事旅游，必须以保护和传承传统文化为基础，以促进地方文化繁荣为抓手，打造具有影响力的节庆旅游品牌。

其一，要以地方传统文化为内核，策划组织节庆"大事件"。如围绕壮族的传统歌圩文化，举办既有文化内涵，又具广泛参与性与民众娱乐性的节庆文化活动，包括品传统美食、观广西山水、唱壮族山歌、赏八桂民俗等，以直观感性的文化形式，让游客身临其境地感受了解当地的人文风情。其二，要以高质量文化体验为着力点，营造浓墨重彩的节庆氛围。边疆民族地区节庆活动历史悠久、形式多样，蕴含着平安、健康、喜乐等美好祝愿，能让游客在轻松愉悦的氛围中释放烦恼、享受生活。为扩大传统节庆文化的影响力，促进其与现代社会的有效衔接，就需要在"稀缺度"上下功夫，创新设计兼具传统格调及地域特色的民俗活动，通过分众化、多层次、宽领域的高质感文化体验提升游客的互动性、参与度，以满足不同游客群体个性化的文化消费需求。同时，也可以借助AR、VR、人工智能等技术，打造沉浸式体验型节庆旅游活动，引导游客在体验节庆旅游活动文化内涵的过程中，逐步了解、认同、喜爱节庆旅游活动，并自发向外传播，形成口碑效应。

绿色节事，环保先行，共建美丽生态乡村

为促进乡村生态振兴，构建乡村节事旅游生态体系至关重要。这要求在发展节事旅游时，必须充分考虑游客大量涌入对乡村生态环境的影响。尤其是举办与生态环境密切相关的活动时，如环中越边境自行车赛、中国崇左（德天）边关国际文化旅游节等，更要重视旅游承载力，控制参与人数，以保护生态环境。

同时，为实现生态宜居目标，应遵循以人为本和绿色发展的原则，积极实施边疆地区"一县一节"战略，注重资源开发与环境保护的平衡协调，从保护绿水青山入手，加强低碳节事旅游宣传，引领绿色出行新风尚。此外，还需要提高游客的环境保护意识，引导其自觉维护乡村自然生态空间，共同营造美丽乡村环境，实现乡村生态振兴。

资料来源　庄雨，方昌敢. 节事旅游助振兴　边疆乡村展新貌［N］. 中国旅游报，2024-07-18（4）.

请根据以上材料，思考以下问题：

节事旅游如何在边疆乡村振兴中实现文化传承、经济发展与生态保护的协同推进？

解析指引 5-1

项目导入

任务1　认识节事旅游

一、节事旅游的基本概念

"节事"是节庆和事件的统称，是指能对人们产生吸引力，并有可能被用来规划开发成消费对象的各种节庆活动和特殊事件。前者注重公共庆典的欢乐，后者则具有更为广泛的内容，包括各种博览会、展览会、文化体育活动等。在节事旅游的研究中，人们常常把节庆和特殊事件作为一个整体进行探讨。

节事旅游专指以各种节日、盛事的庆祝和举办为核心吸引力的一种特殊旅游形式。1984年，里奇（Ritchie）首次给出了"节事旅游"的定义——从长远或短期目的出发，一次性或重复举办，延续时间较短，主要目的在于加强外界对旅游目的地的认同、增强其吸引力、提高其经济收入的活动。蒋三庚在《旅游策划》一书中指出："节事旅游是指具有特定主题的、规模不一的、在特定时间和特定区域内定期或不定期举办的、能吸引区域内外大量游客参与的集会活动。"

从西方学者的研究成果来看，关于节事旅游有两种说法：一是"Event Tourism"，中文译为"事件旅游"；二是"Festival & Special Event Tourism"，中文译为"节事旅游"。前者泛指因所有类型的节庆而引发的旅游活动，后者更强调因节日和特殊事件而引发的旅游活动。

综上所述，本书将节事旅游的概念表述为：非定居者出于参加节庆和特殊事件的目的而引发的旅游活动。节事旅游属于旅游活动中的专项或特种旅游活动，这种旅游活动能够为游客提供参与体验地域文化、认知社会特点、感受娱乐真谛的机会，也是一种公共的、具有明确主题和娱乐内涵的活动。

育德润心 5-1

2025年"5·19中国旅游日"主会场活动举行

二、节事旅游的类型与特点

（一）节事旅游的类型

关于节事旅游，人们习惯上按节事的主题进行分类：

1.综合类节事旅游活动

综合类节事旅游活动一般依托1~2个主题进行综合展示。目前，我国许多城市举办的节庆活动都是多个会或展的组合，形成了节、会并举的节事文化现象，即"文化搭台，经济唱戏"。

2.文化类节事旅游活动

文化类节事旅游活动一般以举办地独特的文化现象为载体，以此打造城市形象，如河南三门峡的黄河文化旅游节、山西运城的关公文化旅游节、福建湄洲的妈祖文化旅游节等。

3.体育类节事旅游活动

体育类节事旅游活动一般以举办地的体育赛事为依托。例如，传承千年的端午龙舟竞渡，已成为中国人标志性的节日活动，也是世界上爱好运动的人们所关注的焦点。体育类节事旅游活动还包括中国少数民族的一些传统体育节目，如傈僳族刀杆节等。

行业视窗 5-1 ◀

"苏超"踢出文体旅融合新样板

2025年，江苏省城市足球联赛（简称"苏超"）热度持续升温，不仅点燃了球迷的热情，而且一脚"踢"火了江苏的文旅经济。6月5日，扬州在"苏超"的热潮中推出重磅文旅福利，在"苏超"扬州主场比赛日所在周末，面向省内12个兄弟城市市民，实行全市国有收费景区日间免费入园政策（不含园内收费项目及夜游项目），并同步推出餐饮、住宿、演艺等配套优惠。

苏州市体育局发布公告称，6月29日第五轮苏州队对阵扬州队的比赛原定于太湖足球运动中心举行，因座位有限、灯光因素，比赛场地移至昆山奥体中心体育场。这座采用国际足联标准建造的专业足球场，是江苏省唯一满足国际足联比赛要求的专业足球场，可以容纳约4.5万人。苏州同里古镇也宣布，6月28日至30日对扬州市民免票。昆山周庄古镇也不甘示弱：6月28日至30日、9月26日至28日，江苏市民凭本人身份证、居住证（以身份证登记住址为准）免费入园；同时推出半价观演《只此周庄》及球迷专属套餐。不少球迷计划"白天游古镇，夜晚看球赛"。

"苏超"能让球迷"跟着赛事去旅行"，离不开江苏省内发达的奥体中心网络与交通体系。目前，江苏全省13个设区市均建有高标准体育场馆，高铁1小时交通圈覆盖全部主场城市。该项赛事已吸引超18万名球迷涌入各主场城市，上座率堪比职业联赛。此外，江苏多个城市已申请更换座位更多、设施更优的场地。在赛事带动下，6月2日至8日，江苏省内景区预订量同比激增305%，文旅消费呈现爆发式增长。

端午假期期间，江苏各市就已有过多次"体育+文旅"的联动：常州因"输球送门票"吸引超10万名扬州游客，盐城"观鸟+观赛"套餐预订量突破两万单，镇江西津渡夜游人数增长3倍，淮安推出"100元吃货球迷狂欢套餐"，泰州提供"景区免票+早茶特惠"……这些均取得显著成效。"苏超"开赛以来，已带动6个主场城市银联异地渠道文旅消费总额增长14.63%。

随着"苏超"热度持续攀升，江苏省正以"一城一队+一城一主场"的独特模式，将球场激情转化为消费活力，实现从"为一场比赛奔赴一座城"到"凭一纸票根激活多城消费"的升级，为全国文体旅融合提供了"江苏样本"。

未来，江苏省将进一步聚焦"苏超"等重大体育赛事，抓住赛事机遇、用好赛事资源，支持赛事举办地文旅部门和文旅企业积极参与、主动配套、靠前服务，在比赛期间策划专题旅游产品，推出便民惠民措施，以优质文旅供给激发公众参与热情，力争把"流量"变成"留量"、把"客流"变成"游客"。

资料来源　张仟煜，李超，周柳."苏超"踢出文体旅融合新样板［N］.中国青年报，2025-06-09（6）.

4. 商贸类节事旅游活动

商贸类节事旅游活动一般以举办地最有代表性的行业、特产为主打品牌。例如，青岛国际啤酒节以著名的青岛啤酒为活动的主打品牌。

5. 民俗类节事旅游活动

民俗类节事旅游活动一般以举办地独特的民族风情为依托。例如，壮族三月三（又称歌圩节）是壮族人民最盛大的传统节日，主要活动有祭祀祖先、对歌择偶、聚餐、唱戏、抢花炮、抛绣球、斗蛋等，2014 年入选《第四批国家级非物质文化遗产代表性项目名录》。

6. 自然景观类节事旅游活动

自然景观类节事旅游活动一般以举办地的著名景观为依托。例如，泰山国际登山节即以闻名天下的泰山为依托，类似的节事旅游活动还有桂林国际山水文化旅游节等。

会展问答 5-1

你能举出更多以文化为主题的节事旅游活动吗？

（二）节事旅游的特点

在各类旅游活动中，节事旅游最能使游客深刻体验和领悟到旅游文化的精髓和内涵。游客希望通过参与节事旅游活动获得探奇、求知、历险、交流、体验的快乐。具体来说，节事旅游的特点如下：

1. 民族性

节事旅游活动具有很强的地方色彩，它的起源、发展都与某个历史阶段当地的自然、人文、经济有关。只有民族的才是世界的，各地的节事旅游活动都是在不断挖掘本地本民族特色的基础上推陈出新的。

2. 文化性

节事旅游活动本身就是文化活动，正是文化性的存在，节事旅游活动才真正具有内在的生命力。

行业视窗 5-2

激活节庆经济"一池春水"

对山歌、抛绣球、抢花炮、打铜鼓、品美食、跳竹竿舞……又是一年三月三，八桂大地为期一个月的节庆活动再次拉开帷幕。经过多年深耕与推广，壮族三月三活动影响力、社会知名度持续攀升，已从传统的民族节庆逐步演化成广西的重要文化符号与旅游名片。

少数民族文化是中华文化不可或缺的组成部分。民族节庆作为少数民族文化的传承载体和呈现形式，不只是历史的记忆，更是支撑发展的资源、滋养未来的"甘泉"。进入新时代，人民群众的精神文化需求呈现出多样化、多层次、多方面的特点。一些地方抓住民族文化特色、深挖民族文化资源，以传统节日为纽带，积极打造民族节庆活动品牌，有效推动文旅产业融合发展，既提升了文化服务和文化产品供给能力，也为地方经济发展注入了新的动力和活力。2014年，三月三（壮族三月三）被列入《第四批国家级非物质文化遗产代表性项目名录》。此后，广西通过政府搭台、企业唱戏、全民参与，在节日期间举办各种充满地域特色、民族风情的文体和民俗活动，着力打造集民族文化、民俗节庆、群众体育、风情旅游、促进消费于一体的文化旅游消费品牌。

除了广西，贵州也依托自身独有的民族文化资源优势，通过打造节庆文化名片树立旅游目的地形象，衍生出"村超""村BA""村晚"等一系列文化现象，助推文旅融合链条不断延伸。云南楚雄彝族自治州注重以节造势、以节聚人、以节促游、以节兴业，通过精心策划彝族火把节、傈僳族阔时节、苗族花山节、傣族泼水节等民族节庆活动，推进"节庆+文化+旅游"融合发展，激活节庆经济"一池春水"。

传统民俗、民族节庆不仅是一种文化活动和文化符号，更是民族精神、文化自信的体现。各地传承下来的传统习俗和民族节庆活动，并不是简单的文化拼盘，而是各族人民亲如一家的生活画卷，是各民族间文化交融共生的深刻体现，是各族群众牢固树立"四个与共"共同体理念、增强"五个认同"的重要纽带。实践证明，以举办民族节庆活动为载体，促进各族群众在社会空间上广泛交往、文化生活上深入交流、心理情感上深度交融，有助于增强民族间的凝聚力和向心力，让各民族像石榴籽一样紧紧抱在一起，有形有感有效铸牢中华民族共同体意识。

文化是文旅产业的生命所系、灵魂所在。民族节庆承载着民族的历史文化和生活哲学，蕴含着民族生活中的风土人情、价值观念，彰显着鲜明的民族文化特色。坚持以文塑旅、以旅彰文、文旅融合，找准民族文化和现代生活的连接点，以节庆造势聚人气、引流量，促进民俗文化与现代生活"水乳交融"，才能推动文化与旅游"双向奔赴"，实现节庆文化与旅游业态全链条深度融合，为提振消费、扩大内需、畅通经济循环注入强劲动力。

打造民族节庆活动品牌，既要守住精神内核的"根"，也要伸展时代表达的"叶"，更要在观照人民生活中结出融合创新的"果"。2025年"广西三月三·八桂嘉年华"活动中，人工智能的加持成为一大亮点：超高仿真机器人"阿牛哥"与"新刘三姐"合作对唱；宇树科技人形机器人穿上壮锦马甲，携手广西街舞少年解锁"科目三"新玩法……现代科技和传统民俗相结合，非遗元素与时尚潮玩相碰撞，不仅赋予民族节庆新的活动内涵与表现形式，更成为创新多元化消费场景的点睛之笔。这也启示我们，擦亮民族节庆品牌，推动文旅产业高质量发展，既要深挖民族、文化和地域特色，又要运用新兴技术创新时代表达，打造出更多既蕴含优秀传统文化元素，又富有生活气息、彰显时代风貌、体现民族特色的文旅产品。

民族节庆也是发展资源。只有让更多"看客"变身成"主角",才能进一步释放消费潜力,推动新型消费扩容,培育经济增长的新引擎、新动能,打造一张"既叫好又叫座"的亮丽名片。

资料来源 周鸿,甘日栋. 激活节庆经济"一池春水"[N]. 光明日报,2025-04-10(3).

3.传承性

节事旅游活动是一种形式相对稳定的活动,虽然各类节事旅游活动也会在不断吸收优秀文明的基础上有所变革,但是那些固定化的程序与习惯往往会留存下来并不断传承。例如,中国人过端午节会赛龙舟,过元宵节会赏灯,尽管时代变迁、科技进步,但人们还是没有放弃这些传统习俗。

4.经济性

从本质上讲,节事旅游活动也是一种经济活动。节事旅游产生的大量需求能够刺激消费,可以带动当地经济的发展,所以经济性也是节事旅游的一个重要特征。

> **任务拓展5-1**
> 选择本地一个节事旅游活动,分析其类型和特点。

知识拓展5-2

中国农民丰收节

育德润心5-2

做好"土特产"文章赋能乡村振兴

任务2 节事旅游形成的条件分析

与其他旅游活动一样,节事旅游的形成也需要借助一定的条件,如图5-1所示。

```
            节事旅游形成的条件
   ┌────┬────┬────┬────┬────┬────┐
 独特的  强大的  良好的  便利的  宜人的  丰富的
 城市   吸引力  经济   交通   气候   旅游
 形象        环境               产品
```

图5-1 节事旅游形成的条件

一、独特的城市形象

城市形象即城市在人们心目中的印象。城市形象由城市的多个元素组成,包括居民好客度、城市总体景观以及相关旅游基础设施等。实践证明,只有那些具备独特形象的城市,才有可能创造出具有一定影响力的节事旅游活动。但是,城市形象的塑造不是一朝一夕就可以完成的,只有经过长期宣传,才能使人们潜移默化地形成对某一城市的认识。

二、强大的吸引力

节事旅游本身必须具有强大的吸引力,给人以非常好的感知印象,才能使人们产生非去不可的愿望。例如，荷兰北海爵士音乐节对音乐人士具有很大的吸引力，每年都会吸引大量游客到此一游。

三、良好的经济环境

举办节事旅游活动要用实力说话，没有一定的经济基础，节事旅游活动是很难维持下去的。上海是我国举办节事旅游活动最多的城市之一，其中一个重要原因就是上海本身拥有雄厚的经济实力。服务业的水平也是衡量区域经济环境优劣的一个重要指标，节事旅游的开展恰恰需要较高水平服务业的支撑。

四、便利的交通

节事旅游会引来大量的人流、物流，因此，便利的城市交通就显得格外重要。北京之所以能够成为著名的节事旅游城市，一个重要原因就是北京拥有高效、便捷的交通系统。

五、宜人的气候

所谓宜人的气候，是指人们无须借助任何消寒或避暑的装备与设施，就能保证一切生理活动正常进行，让人感到舒适的气候条件。2008年北京奥运会选定在8月举办，其中一个原因就是我国的气候专家根据科学研究和分析，认定8月的北京不会出现恶劣的气候现象。

六、丰富的旅游产品

节事旅游者往往个性十足，如果举办地没有特别出色的旅游产品以供其挑选，一般很难打动他们。昆明在"绿色"上做文章，哈尔滨在"冰雪"上下功夫，青岛以"蓝天碧水"为主打牌，都是用特色来吸引节事旅游者。

▶ **行业案例5-1**

节庆显活力　四海年味长

乙巳春节，神州大地人潮如织，消费市场人气旺盛。假日中国，在流动和忙碌中尽显生机与活力。

申遗成功后的首个春节，"年"的味道愈发醇厚，"节"的内涵不断延伸，山川湖海、全球共庆。人们在团圆欢庆中赓续文脉，在憧憬祝福中开启新篇。

流动中国活力四射

大年初一，来自珠海、江门、香港、澳门的多支醒狮队集聚珠海金湾区。

"港珠澳大桥建成后，我们来往内地更方便了。"香港游客叶欣欣说，"在珠海看到舞龙舞狮表演很开心，很有过年的味道。"

随着"港车北上""澳车北上"等便利通关政策的推进，港珠澳大桥凭借"一桥连三地"的交通优势，成为春节期间内地及港澳居民跨境出行的热门通道之一。一家旅行社负责人告诉记者，2025年春节推出了与非遗相关的文化游等特色活动，吸引了大量香港游客参团，出团量比2024年春节增长了50%。

在南京秦淮河两岸，流连于如梦似幻、流光溢彩的花灯会；在广州白鹅潭珠江河畔，看一场融入"无人机+灯光秀"的烟花会演；在敦煌沙洲夜市，体验制作莫高窟"同款"壁画；在内蒙古呼伦贝尔草原，感受冰雪那达慕的精彩……这个春节假期，各地游客行走于大美中国，感受年味浓浓、文韵悠悠。

消费市场"新潮"涌动

春节期间，多地打造消费新场景、解锁消费新玩法，为假日市场增添活力与暖意。

舞台上，精彩表演接连不断；舞台下，游客们在玫红与金色交织的"烟花林"下拍照打卡，沉浸在喜庆的氛围中……春节假期，成都IFS（成都国际金融中心）的"新"花怒放主题数字祈福交互装置全国首展现场热闹非凡，吸引年轻人竞相打卡。

在合肥合柴1972文创园，工业遗址与文化创意碰撞出非遗表演等消费新业态，带给游客别样的年味体验；银泰百货联名热门IP，以国潮年味为主题，推出新春庙会、市集等特色活动；走进文和友山西首店"钟楼街1990"，"老太原"经典生活场景被浓缩在6 000多平方米的空间内，历史记忆与市井烟火气扑面而来……

四海同春共享美好

申遗成功后的首个春节，中华文化在年俗活动中传承赓续，古老文脉在烟火升腾间沉淀绵延。

上海豫园灯会将古籍中的传统文化与灯会年俗相结合；在安徽马鞍山，跳马灯、莲湘舞等民俗表演走进城区，让市民近距离感受传统文化的魅力；在四川宜宾，当地居民舞起草龙，祈福一年风调雨顺；山西平遥借助"非遗+科技"，让游客沉浸式体验古城气息……

俄罗斯圣彼得堡冬宫桥、美国纽约帝国大厦等多国地标性建筑也纷纷亮起"中国红"；在阿根廷布宜诺斯艾利斯，金色舞龙翻腾跃动，民众挤满街道，争相触碰"龙尾"；联合国邮政管理局发行蛇年生肖个性化邮票版张……四海同春，五洲同乐，各国人民共享中国年味。

资料来源　王雨萧，叶昊鸣，周圆．节庆显活力　四海年味长——乙巳春节假期回眸［EB/OL］．［2025-02-05］．https://www.gov.cn/yaowen/liebiao/202502/content_7002095.htm.

思考：春节期间，如何挖掘地方特色文化，创新性开发丰富的旅游产品？

点睛：一是深挖春节习俗的地域差异，构建"春节+地域"IP矩阵；二是利用科技赋能体验场景创新，沉浸式重构春节仪式感；三是升级产品业态，构建节庆消费生态；四是传承中华文化根脉，跨文化叙事输出。

▶ **任务拓展5-2**

查阅相关资料，分析本地发展节事旅游的条件。

任务3 我国节事旅游的规律分析

一、地域发展不平衡

节事旅游的产生、形成和发展与各地的自然环境、人文环境、经济环境、旅游环境以及市场发展需求有着密切的关系。城市的综合实力和旅游发展状况直接影响着节事旅游活动的规模、节期和水平。我国的社会经济及旅游业的发展，都存在显著的地域差异，东部地区无论是社会经济发展水平还是旅游业发展水平，都远远超过西部地区，这就导致我国的节事旅游在空间分布上呈现出东部多、西部少的不均衡格局。

东部的长江三角洲、环渤海、珠江三角洲是我国城市最集中的地区，不仅社会经济发展水平高，旅游业也很发达。绝大多数城市都非常重视节事旅游活动，有的城市举办的节事旅游活动甚至多达几十个。目前，我国举办的届数最长、知名度最高、影响力最大的节事旅游活动大多分布在这些区域，如青岛国际啤酒节等。

川渝、滇中、桂中等区域，在中西部属于经济发展水平较高和旅游业较发达的地区。尤其是四川成都、云南昆明、广西桂林等城市，近年来，经济和旅游业都发展迅猛，从而为城市节事旅游活动的举办创造了良好的条件，许多节事旅游活动已在国内外产生较大影响，如桂林国际山水文化旅游节等。

东北地区也因成功举办了中国·哈尔滨国际冰雪节、吉林国际雾凇冰雪节、大连国际沙滩文化节等重大节事旅游活动，而成为我国节事旅游较为发达的区域。

行业视窗 5-3

持续打造文旅消费"引爆点"

2024年春夏期间，延边朝鲜族自治州（简称延边州）策划了一系列文旅节事活动，创新文旅产品，整合优质资源，力争带动餐饮、住宿、购物等消费，释放文旅产业活力，推动文旅市场持续火爆。

延边州结合当地文旅资源优势，全面深入开展各具特色的宣传营销、项目建设、涉旅服务等各项工作。计划举办重点客源及航线开通城市推介活动，拟赴俄罗斯滨海边疆区推介文旅资源，赴天津、宁波、西安等航线通达城市举办推介会；启动"延边文旅带您畅游延边"宣传活动；打造包装多条公交车线路流动宣传；举办高铁沿线城市高校推介会，鼓励高校学子、年轻群体深度参与延边文旅的互动推介、裂变传播；加强产品开发，打造特色化产品和线路，发布精品旅游线路及旅游攻略。

延边州着力提升现有景区的品质，做好融资对接、招商及项目管理服务，力争19个重点文旅项目完成投资18.37亿元。推进延吉1978文创园项目、珲春丝绸之路渤海古镇、帽儿山气象塔、和龙仙峰滑雪场、汪清满天星等重点项目竣工达效。

突出"跟着四季游延边"主题，全州各县市分时、分段开展踏春赏花季、消夏避暑季活动，全面展示和激活延边州文旅资源的内在价值和时尚品位。举办第三届"发现最延边"网红打卡地评选、"延边美食"甄选行动等活动。

据了解，2024年"五一"假期，延边州将围绕"乡约游礼"主题，依托延边鹏程人参交易市场举办首届延边农文旅商品市集，精心甄选和展示展销一批富有地域特色的农特产品、文创产品、手工艺品。

同时，以丰富多彩的群众文化活动激发消费潜力。举办和龙市第十四届金达莱文化旅游节，以中华优秀传统文化传承为主线，以和龙市金达莱村为主会场，将民俗体验、特色产品大集、美术摄影、文艺演出、休闲旅游等贯穿于活动始终。各县市则根据春季可观赏的金达莱花、梨花、桃花等花卉花期，于线上线下同步开展"与春天相约，彼此奔赴"踏春赏花季活动，助力打造赏花经济，激活春季文旅消费。

资料来源 张伟国，代黎黎. 持续打造文旅消费"引爆点"［N］. 吉林日报，2024-04-25（6）.

二、季节性差异较大

我国节事旅游的举办时间分为定期与不定期两种，并且有着比较明显的季节性差异，其时间规律表现为：节事旅游活动的举办在一年内比较集中于4、5月份（春季），以及9、10月份（秋季），且秋季多于春季。

我国节事旅游的举办具有明显季节性差异的原因如下：

一是我国节事旅游的举办往往依托于当地最具优势的自然资源和物产。春季景色秀美，秋季果实累累，并且春、秋两季气候适宜，是旅游者出游的最佳时间，因此许多节事旅游都在春、秋两季举办。二是我国的娱乐游憩型、休闲运动型等节事旅游活动受季节的影响较大。

三、影响效果基本呈指数函数规律

我国节事旅游活动的影响效果符合指数函数规律，即前几届增长速度较快，后来呈缓慢增长态势。节事旅游活动的吸引力随着时间递减，同一项目在第二次上演时比第一次上演时的吸引效应递减20%，以此类推。节事旅游活动的投入产出比也随着节事活动的生命周期而变化：成长期需要较多的投入；成熟期的经济产出远大于投入，并且往往会持续一段时间；衰退期又会出现投入大于产出的局面。当然，也有一些节事旅游活动越办越好，影响效果也越来越大。

> 行业案例5-2

端午假期各地文旅消费"玩法"上新

在香山公园参加"香山奇妙夜"，观看圆明园"九州竞渡"龙舟邀请赛，在古北水镇沉浸式体验龙舟拔河、包粽子大赛、非遗手工……2025年端午假期，北京推出1 700多场活动，让市民游客"花式"过节，享受快乐、充实的假期。

记者观察到，端午小长假让全国旅游市场升温。去河湖边感受龙舟竞渡的热闹、在古镇体验民俗技艺、在文博场馆享受艺术之美……端午节是中国首个列入《人类非物质文化遗产代表作名录》的传统节日，2025年端午假期，各地文旅消费"玩法"多元。

其中，以赛龙舟、吃粽子为代表的民俗活动成为游客选择旅行目的地的重要因素。在湖南汨罗，端午的氛围格外浓厚。汨罗江畔的龙舟赛已成为当地最具代表性的民俗活动。锣鼓声起，水花飞溅，来自世界各地的24支龙舟队驭水飞舟，瞬间点燃了现场观众的热情。

在广东佛山，作为水上弯道竞速体育项目，叠滘龙船漂移大赛极具观赏性。叠滘龙船漂移大赛的独特魅力在于其特殊的赛道和竞技方式。河道狭窄弯曲，最窄处仅4～5米，龙船需要在急弯处"甩尾"通过，从而形成了全国罕见的"龙船漂移"绝技。龙船比赛、龙船体验、游龙集市等活动，让游客沉浸式感受传统文化的魅力。

作为屈原故里，湖北秭归也是端午假期的热门旅游目的地。据了解，2025年端午节期间，秭归以屈原故里文化旅游区的古民居建筑群为依托，还原后裔祭祀、端午艾草、骚坛诗会、女儿回娘家等十大端午习俗场景，让游客沉浸式体验屈原故里的端午文化。来自武汉的大一学生陈某早已计划来秭归参加屈原祭祀活动，"我是学汉语言文学的，课本里的《离骚》和现实的民俗相结合，一定会让我对传统文化有更深刻的理解。"陈某告诉记者。

当粽香飘满古镇，江南水乡的端午也别具一番韵味，与民俗游相伴的古镇游迎来人流高峰。

去哪儿网数据显示，2025年端午节期间，"古镇"搜索量环比增长1.5倍，平台上热度最高的古镇分别为嘉兴乌镇、苏州同里古镇、湖州南浔古镇等。

来自上海的游客袁某一家早早预订了浙江嘉兴的行程："孩子对包粽子特别感兴趣，听说这里能学习古法裹粽，我们特意过来体验。"记者了解到，浙江嘉兴的"五芳斋粽子"闻名全国，端午期间，这里更是满城粽香。这几日，嘉兴当地许多作坊都提供DIY粽子活动，游客可以在师傅的指导下学习裹粽技艺，亲手包鲜肉粽、蛋黄肉粽等，节日仪式感满满。

记者梳理多家在线旅游平台的数据发现，端午假期旅游消费以本地游和周边游为主，长三角、京津冀等"2小时高铁圈"成为重要出行范围。同时，2025年端午假期与"六一"儿童节相遇，亲子景区热度攀升，多地主题乐园迎来客流高峰。

恰逢传统节日，各地博物馆也纷纷发力。在北京，"看·见殷商"与"如是莫高"等多个重磅展览点燃了市民文旅游览的热情；在西安碑林博物馆，挂艾草香囊、画额点雄黄、编织五彩绳、龙舟大比拼等端午民俗趣味课堂依次开课；在成都博物馆，馆方特别邀请随州市博物馆的专业表演团队带来大型编钟、编磬和舞蹈等内容的乐舞表演……一系列精彩活动吸引市民游客走进博物馆，感受传统节日的深厚底蕴。

此外，记者还注意到，初夏适宜的温度为音乐节、演唱会提供了天然优势。票务平台上，在端午假期举办的凤凰传奇北京演唱会、陶喆福州演唱会、张学友重庆演唱会、邓紫棋贵州演唱会等门票均已售罄，2025北京奇遇海音乐节、2025长沙草莓音乐节、2025百度黄山青松音乐节等热门演出近一个月热度大涨。有业内人士表示，小长假期间，消费者"为一张票，奔赴一座城"的旅行新常态仍在延续，音乐节、演唱会等演出持续带动旅游效应溢出。

资料来源　赵欢．端午假期各地文旅消费"玩法"上新［N］．工人日报，2025-06-01（2）.

思考：当端午节邂逅儿童节，特色民俗体验为何能成为文旅消费新宠？

点睛：从文化内涵上看，赛龙舟、包粽子等端午节习俗具有强IP属性，如湖南汨罗龙舟赛、嘉兴五芳斋DIY裹粽，能让亲子家庭在体验中感受传统文化的魅力。从市场需求上看，端午节与儿童节相遇，亲子家庭出游需求旺盛，北京古北水镇的龙舟拔河、湖北秭归十大端午习俗场景还原等沉浸式活动，契合家长对孩子进行文化教育的需求，实现了传统文化从课本到生活的转化。

▶ **任务拓展 5-3**

以你所熟悉的城市为例，分析其节事旅游发展的条件和现状，编写一份城市节事旅游发展研究报告，要求思路清晰、结构合理，并且具有一定的指导意义。

项目练习

一、判断题

1."节事"是节庆和事件的统称，是指能对人们产生吸引力，并有可能被用来规划开发成消费对象的各种节庆活动和特殊事件。　　　　　　　　　　（　　）

2.节事旅游属于旅游活动中的专项或特种旅游活动，这种旅游活动能够为游客提供参与体验地域文化、认知社会特点、感受娱乐真谛的机会，也是一种公共的、具有明确主题和娱乐内涵的活动。　　　　　　　　　　　　　　（　　）

3.节事旅游活动是一种形式相对稳定的活动，虽然各类节事旅游活动也会在不断吸收优秀文明的基础上有所变革，但是那些固定化的程序与习惯往往会留存下来并不断传承。　　　　　　　　　　　　　　　　　　　　　　　　　　（　　）

4.节事旅游活动具有很强的地方色彩，它的起源、发展都与某个历史阶段当地的自然、人文、经济有关。　　　　　　　　　　　　　　　　　　　（　　）

5.我国节事旅游的分布呈现出西部地区多于东部地区的规律。　　　（　　）

在线测评 5-1

判断题

二、简答题

1.节事旅游的基本概念是什么？

2.节事旅游有哪些类型和特点？

3.节事旅游的形成需要哪些条件？

项目实践

场景：以所在城市现有的某一节事旅游活动为例，假设你是该活动的负责人，请在资料分析的基础上，总结这一节事旅游活动的规律。

操作：

（1）确定所选的节事旅游活动，并分析相关资料。

（2）结合本项目所学知识，总结规律。

（3）思考相关规律的运用。

（4）运用PPT展示研究成果。

（5）教师点评。

价值引领

端午：民族文化的展览会

端午节，中国首个被列入《人类非物质文化遗产代表作名录》的传统节日，源远流长，历久弥新，内涵丰厚。它是中华民族历史积淀过程中凝结的文化结晶，也是走向世界的中华文化符号。

划龙舟、吃粽子、饮雄黄酒、插蒲艾、小孩戴香囊、女儿回娘家……大江南北，端午民俗种类繁多。被誉为"中国民俗学之父"的钟敬文先生曾明确指出，端午节"是许多文化活动的集合体，是民族文化的一种展览会"。

端午安康的东方智慧

"相比'端午快乐'，我更赞成说'端午安康'。"民俗研究专家宣炳善说，"端午是当代人普遍认知中的'粽子节'，更是中国人的公共卫生节、中医药文化节。"这和中国古人对自然时令的应对之道相关。

民间对于端午节起源的说法五花八门，但宣炳善认为，端午节来源于夏至，时间可追溯至中国历史上第一个王朝——夏。

由中国现存最早的历书《夏小正》可知，夏代已确定"夏至"与"冬至"。晋代周处撰写的《风土记》中也写道："仲夏端午，谓五月五日也，俗重此日也，与夏至同。"

端午、夏至前后，南方梅雨，北方干旱，蛇虫横行，疫病易发。此外，《吕氏春秋·仲夏纪》中记载："日长至，阴阳争，死生分。""日长至"就是夏至，北半球开始昼短夜长。

"最初与端午相关的不是粽子，而是采草药、沐药汤。"宣炳善说。端午前后，家家户户门上的菖蒲或艾草，都是《本草纲目》等医书中的常见药材，两者含有的挥发性芳香油具有驱虫、杀菌功用，也可入药内服。"浴兰节"是端午节众多的别名之一，"兰"代指草药。《岁时广记》引《荆楚岁时记》佚文："五月五日，竞采杂药，可治百病。"人们认为，端午日午时阳气旺盛，是草木一年中药性最强的一天。午时采药，下午晒药，晚上煎水沐浴，可以驱邪避毒。

靖西壮族端午药市由民间自发形成，始于唐宋，已被列入《第一批广西壮族自治区级非物质文化遗产代表性项目名录》，至今热闹非凡。丽水松阳端午茶，泡的不是茶叶，而是采自山上的草药，已被列入《第三批浙江省级非物质文化遗产代表性项目名录》。

这些习俗都蕴含着中国人的智慧，是古老中医药文化理念与实践的象征。

传递温情的人文关怀

很多人认为端午节是为了纪念屈原而设立的。宣炳善说，屈原生活在战国时期，而早在春秋时期就有端午习俗；将家国情怀与端午关联，将今天的民俗活动融入爱国元素，是后来的发明。人们敬仰屈原的高尚品德和杰出诗才，才会在端午时节深切地感念他。

闻一多1943年曾写过一篇《端午考》，指出端午是吴越民族祭祀龙的节日，成为"端午节是龙节"一说的肇始。宣炳善考据后认为，南方最早有竞渡习俗，但目的是送瘟神，与祭龙并无关联；北方最初只有龙舟，但并没有竞渡。唐代才出现合二为一的龙舟竞渡。

我们也可以换一种角度思考：无论是纪念忠义之士屈原，还是凸显我们民族血脉中"龙"的精神力量，端午起源的这些说法都富有"人情味"。

"历史上的端午节也极富人文关怀，也可称为'妇女儿童关怀节'。"宣炳善说。

宋代形成的"躲端午"，是防疫驱邪的措施，也指接已嫁的女儿回娘家。回娘家是父母对女儿深厚无私的爱，表达了父母对女儿的牵挂之情。

儿童也是重点保护对象。端午时节若是要挑一样礼物送孩子，最应景的当属虎头服饰或是玩偶。丰子恺的漫画《老虎头》，画的就是大人蘸着雄黄汁，在三个小孩的额头上画"王"字。老虎是百兽之王，大人们想借老虎之威，祝福孩子们健康平安成长。

中华民族的精神纽带

中华文明具有突出的包容性，海纳百川。小到一颗粽子，也是体现融合之意的文化符号。

最初，粽子不叫"粽子"，北方称之为"角黍"，"黍"是黄米，"角"为形状，是祭祀祖先的食物。南方则用竹筒灌米而成，在火上烤熟，称为"筒粽"。

到魏晋时期，中国出现了一次历史上十分重要的民族大融合，北方人民向南方大迁徙。北方的角黍融合了南方的筒粽，逐渐演化成"角粽"。唐宋以后，中国经济重心南移，"角粽"盖过了"角黍"，这一称呼被广泛使用。

一颗粽子，把南北人民联系在了一起；一艘龙舟，两头系的是共同的乡愁。

凭借巨大的群众基础，寓意齐心协力、奋楫争先的龙舟，已经连续登上东京奥运会、巴黎奥运会，进行了表演和展示。端午龙舟的文化内涵走向世界，成为一扇中外人民彼此了解的窗口、一条友谊的纽带。

今天，年轻人开始回望传统，热衷"国潮"。他们对汉服衣襟的左右之分较真儿，流连于大大小小的博物馆"考古"。世界也对意蕴丰富的"中国故事"抱有更强的好奇心与更多的耐心。

"端午真正的文化内涵，绝不仅局限于粽子的味道、屈原的故事，还包含中国悠久文化传统对自然的敬畏与科学解读。这个'民族文化的展览会'，值得我们深入品味。"宣炳善说。

资料来源　严粒粒，龙思宇. 端午：民族文化的展览会［N］. 浙江日报，2025-05-31（3）.

思政元素：民族精神　生态智慧　文化自信

价值分析：端午节如同一面多棱镜，折射出中华民族的精神密码。当我们在菖蒲艾草的药香中感悟"顺应天时"的生态智慧、在粽子的南北流变中看见文化融合的包容气度、在龙舟竞渡里体会团结奋进的民族品格时，便会发现传统节日不仅是习俗的延续，更是文化基因的当代转译、情感共鸣的时空纽带，以及生活美学的活态传承。如今，我们既要从传统中汲取敬畏自然、爱国奉献的精神养分，更应借端午等文化符号，向世界展示中华文明的深厚底蕴，让文化自信成为民族复兴的精神底色。

项目评价

本项目学习效果评价见表5-1。

表5-1　　　　　　　　学习效果评价表

评价维度	评价指标	学生自评（30%）	教师评价（70%）	得分小计
学前准备（25分）	自觉拓展：主动查阅行业前沿资料（10分）			
	深度理解：结合案例进行理论分析，并尝试进行实践应用（10分）			
	创新思维：尝试跨学科提出创新性关联问题，并有一定的思考（5分）			
学中实践（40分）	主动探究：在小组讨论中提出创新解决方案，并得到成员们的采纳或认可（10分）			
	解决问题：运用理论分析实际案例，提出建设性方案或建议（10分）			
	表达创新：在课堂汇报中灵活运用新媒体技术（10分）			
	团队协作：在集体项目合作中承担某个角色，创新性完成某项任务（10分）			
学后转化（35分）	理论迁移：在课程论文或其他任务中构建具有一定科学性的分析模型或提出具有一定新意的观点（5分）			
	实践应用：参与会展旅游产业相关实践活动或实战任务（10分）			
	德育素养：在理论学习和实践训练过程中树立正确的国家观、历史观、民族观、文化观（10分）			
	创新成果：提交会展旅游产业相关议题的解决方案、优化提案或策划方案等（10分）			
综合评价得分				

奖励旅游

项目导言

■ 奖励旅游是会展旅游的重要组成部分，是一项高品位、高消费、深寓文化内涵的享受型特殊旅游活动。开发奖励旅游产品，有利于我国旅游产品结构的调整，有利于促进旅游产品的升级换代和多元化发展。

项目目标

■ 知识目标：掌握奖励旅游的概念；了解奖励旅游的类型与特点；知晓奖励旅游的基础分析；熟知奖励旅游的运作模式。

■ 技能目标：能够结合奖励旅游的发展基础，分析某一地区是否适合开展奖励旅游活动；能够按照奖励旅游的运作模式，制订奖励旅游实施方案。

■ 素养目标：引导学生树立生态文明意识，坚定文化自信，强化道德观念与社会责任感，为建设富强民主文明和谐美丽的社会主义现代化强国而努力奋斗。

知识导图

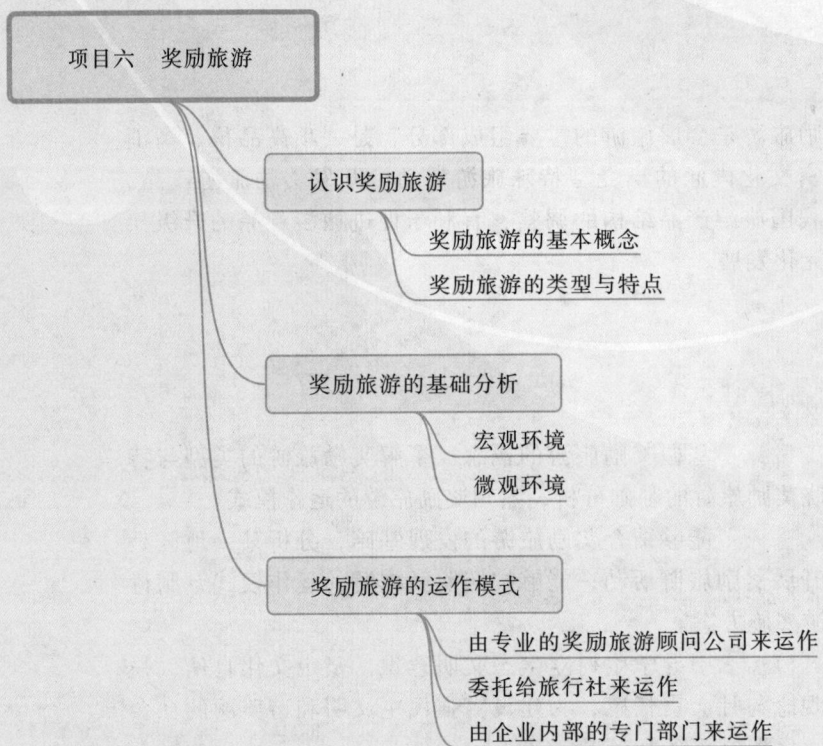

项目导入 <u>上海迎来2025年最大规模会奖入境团</u>

2025年5月16日，首次到访上海的俄罗斯游客桑皮尔、达莉娅夫妇走进豫园，这里古典与现代交融的街区风貌瞬间令达莉娅惊叹不已："像是走进卡通世界，美得太不真实了！"

与桑皮尔夫妇一起抵沪的，还有来自哈萨克斯坦、乌兹别克斯坦等19个国家的1 200余名会奖游客，他们均来自安利中亚大区公司。这也是2025年以来上海单批次接待规模最大的入境会奖团，直接带动了酒店、宴会餐饮、交通等相关消费链的拓展。

为迎接这些远道而来的游客，上海市文化和旅游局为他们准备了外语地图、上海文旅指南宣传册和上海特色美食冰箱贴纪念品，并提供必要的资源对接。

该大型会奖团接待方新澳国际旅行社（上海）有限公司行政财务总监杨梅芬告诉记者，会奖团成员乘坐不同航班，从19个国家分批自行抵达上海，旅行社主要负责安排集体行程，包括高端晚宴、培训研讨、参观等活动。据估算，该团成员在上海5天4晚的人均开销超万元，这还不包括他们自由行期间的游览、餐饮、交通和购物消费。

上海旅游行业协会会奖商旅分会秘书长靳苓介绍，目前上海的入境会奖旅游正处于加速恢复阶段。与2019年之前相比，受原材料涨价影响，制造业相关的会奖活动有所减少，新能源汽车、抖音及小红书等社交平台相关的商务会奖活动则增长迅速，成为新趋势。

在中国不断优化免签及240小时过境免签等高水平对外开放政策的推动下，上海口岸国际客流持续攀升。步入第二季度，大型会奖团队、旅游团正纷至沓来，自由行游客也络绎不绝，这些都将为上海打造"中国入境游第一站"筑牢根基，也彰显了上海作为国际大都市的独特魅力和吸引力。

资料来源 李宝花. 上海入境会奖旅游加速恢复［N］. 解放日报，2025-05-17（2）.

请根据以上材料，思考以下问题：

入境会奖旅游对上海旅游消费市场有什么影响？

解析指引6-1

项目导入

任务1　认识奖励旅游

一、奖励旅游的基本概念

当今旅游业的竞争日益激烈，旅游市场不断细分，奖励旅游（incentive travel）作为高级旅游市场的一部分应运而生，并开始风靡世界。美国是世界上最大的奖励旅游市场；在法国和德国，企业的奖金有一半以上是通过奖励旅游支付给职员的；在英国，企业的奖金有2/5是通过奖励旅游的方式支付的。我国加入世界贸易组织以后，很多大型外资企业纷纷进入我国市场，奖励旅游也随之兴起。目前，我国一些较大规模的民营企业也纷纷采用奖励旅游的方法来激励员工，并将其作为凝聚企业向心力、提高生产力、塑造企业文化的一种重要手段和管理法宝。

那么，究竟什么是奖励旅游呢？学者们对此有很多种提法。本书比较赞同国际奖励旅游管理者协会的观点，即将奖励旅游定义为一种现代化的管理法宝，目的在于协助企业达到特定的目标，并给予达到该目标的参与人员一个非比寻常的旅游假期作为奖励。从这个定义出发，我们可以总结出以下内容：

（一）奖励旅游是企业管理多样性的一种体现

作为现代化的管理工具，奖励旅游是企业管理多样性的一种体现。奖励的本质一方面是对员工、客户的奖励，另一方面是对企业自身的奖励。首先，奖励旅游的激励作用可以提高员工的荣誉感和向心力，鼓励员工为达到企业管理目标、增强企业实力、促进企业良性健康发展贡献自己更多的力量；其次，奖励旅游往往伴随着包机、包车、包场等现象，并相应打出本企业的醒目标志，企业可以借此树立良好的形象、扩大知名度，所以这也是一项重要的市场宣传活动；最后，奖励旅游是企业在实现特定目标后，用超额利润的一部分资金支持的，从税收层面讲，奖励旅游亦给企业提供了合理避税的途径。

（二）奖励旅游是旅游业的一个细分市场

尽管奖励旅游是一种现代化的管理手段，但它的外在表现形式仍然是旅游活动，属于旅游业的一个细分市场。奖励旅游之所以有别于其他旅游活动，主要原因如下：①服务对象特殊，主要针对员工、产品经销商、品牌忠实消费者等，他们构成了奖励旅游的主体；②奖励旅游在时间安排、流程策划、经费预算、食宿交通、人员配置、售前售后服务等方面都具有特殊性，这客观上要求组织者在开展奖励旅游时，需要与传统旅游加以严格区分。

行业视窗 6-1

中国会奖旅游展台亮相法兰克福 IMEX 展

在中国驻法兰克福旅游办事处的支持下，中国旅行社协会会奖专业委员会（简称会奖专业委员会）组织中国会奖旅游（MICE）行业代表，亮相全球最大会奖旅游展会——IMEX Frankfurt 2025（2025法兰克福国际会议及奖励旅游展）。

会奖专业委员会统筹发力：凝聚中国力量，讲好地方故事

为提升中国会奖旅游目的地的国际竞争力，会奖专业委员会充分发挥行业引领作用，统筹协调河南省、上海市、西安市、大连市的5家领军企业及南京市文化和旅游局，联合北京市展台集体亮相，打破了以往分散参展的格局，向全球传递了中国会奖旅游的多元优势，并通过非遗互动体验，展现了中国"文化+会奖"的独特魅力。此次参展目的地联合宣传，将中华优秀传统文化与现代化发展成果呈现在全球会奖旅游的舞台上，现场受到了专业观众和其他展商的广泛关注，中国元素成为展场中最吸睛的亮点之一。中国展台向全球传递了"中国会奖，文明为基，创新为翼"的核心价值，成为中国在国际会奖旅游产业发展与提升的持续动力。

IMEX Frankfurt：全球会奖产业的"风向标"

IMEX Frankfurt是全球规模最大、影响力最广的专业会奖旅游展会之一，每年吸引来自150多个国家的顶尖会奖服务商、目的地管理机构及国际买家参与，被誉为"全球会奖产业的晴雨表"。展会凭借高效的商务对接、行业趋势研讨及资源整合功能，成为各国推广会奖旅游目的地、抢占国际市场的战略高地。中国展团的回归，不仅展现了中国对国际市场的重视，更彰显了中国以开放姿态在全球产业链中发挥大国积极作用的态度和决心。

成果丰硕：国际订单激增，合作意向超预期

展会期间，中国展团共接待国际买家超400人次，收获超20个项目的初步合作意向，涵盖国际协会会议、企业奖励旅游等多个领域。

IMEX Frankfurt 2025见证了中国会奖旅游的国际推广工作，从"单点突破"到"整体品牌"的跨越。会奖专业委员会将以此次参展为起点，深化"政府引导、行业协同、企业创新"的三位一体模式，让会奖旅游成为传播中国的载体，让中国不仅成为全球会奖活动的"举办地"，更要成为行业发展的"思想源"。让中国会奖旅游，承担起与大国文化和发展相匹配的责任，影响全球，引领世界。

资料来源 李可为. 2025年回归，中国会奖旅游展台亮相法兰克福IMEX展［EB/OL］.［2025-05-28］. https://www.toutiao.com/article/7509295145767764495/.

二、奖励旅游的类型与特点

（一）奖励旅游的类型

奖励旅游按照不同的标准，可以分为许多类型。按照期限的不同，奖励旅游可以分为长期性奖励旅游和短期性奖励旅游；按照目的地的不同，奖励旅游可以分为国外奖励旅游和国内奖励旅游；按照内容的不同，奖励旅游可以分为体验性奖励旅游、会议型奖励旅游和家属随同类奖励旅游等。本书主要按照内容的不同，对奖励旅游的类型进行阐述。

1.体验性奖励旅游

知识拓展6-1

最初的奖励旅游往往等同于观光和购物。随着时代的发展，奖励旅游也变得丰富多彩。体验性奖励旅游要求旅游者既要身游又要心游，游前要了解旅游地的历史与环境，游中要善于交流，游后要"反刍"和"复习"，从经历中提炼旅游体验。目前，体验性奖励旅游已经在欧洲旅游市场上推行，并引起了强烈反响；在亚洲，一些国家和地区也在积极尝试体验性奖励旅游。

体验性奖励旅游活动设计流程

2.会议型奖励旅游

在全球经济一体化的今天，人们的商务活动日益频繁，这些商务活动包括会议、展览、培训等，会议型奖励旅游就是在这样的大环境下产生的。从近年来举办的国际性会议及奖励旅游展览中我们不难发现，商务市场的热点开始从纯奖励旅游转向融合商务会议和活动的奖励旅游，会议型奖励旅游已成为重要的发展趋势。

3.家属随同类奖励旅游

尽管奖励旅游的参与主体是公司员工、经销商和客户，表面看起来家属是不应该参与其中的，但是现在家属随同类奖励旅游已成为一种潮流。之所以考虑带家属出游，一方面是因为受奖励对象取得的成绩与家庭的支持是分不开的；另一方面是因为受奖励对象愿意与家人一起被奖励。美国的一项调查显示，受奖励对象大部分为已婚男性，他们外出旅游时90%以上携带配偶、25%携带孩子。家属随同类奖励旅游可以使受奖励对象得到更多来自家庭的支持，也可使他们更加热爱自己的公司，进而对工作投入更多的热情。需要注意的是，家属随同类奖励旅游会相应增加公司的一些开销，公司可根据实际情况免除家属的旅游费用或者让员工支付部分费用。

（二）奖励旅游的特点

1.高消费、高档次、高要求

一些有实力的企业为了更好地激励参与对象，开展奖励旅游时常常"不惜血本"。据统计，一个豪华奖励旅游团的消费水平通常是一个普通旅游团的5倍，奖励旅游团不但在交通工具、住宿、餐饮方面体现了高档次的特征，在旅游活动内容、组织安排以及接待服务等方面也要求尽善尽美。同时，奖励旅游通常需要提供该项服务的专业公司为企业"量身定做"，以使奖励旅游活动的内容尽可能地与企业的经营理念和管理目标相融合。

2.效用显著

一些心理学家经过大量调查和分析后发现，将旅游作为奖品来奖励员工、客户所产生的积极作用，远比金钱和物质奖品的刺激更强烈。奖励旅游过程中开展的一系列活动，如颁奖典礼、主题晚宴、企业会议、贴心小礼物赠送等，能够很好地融入企业文化、企业理念。企业高层管理者出席，与受奖者共商企业发展大计，对受奖者来说也是一种殊荣。在达到"寓教于游"效果的同时，奖励旅游还可以有效调整企业上下级之间、企业与客户之间的关系，增强受奖者对企业的认同感，激励受奖者更好地为企业服务。奖励旅游为企业与员工、企业与客户、员工与员工、客户与客户之间创造了一个比较特别的接触机会，大家可以在旅游这种放松的情境中充分交流，从而为今后开展工作和业务提供便利。

更为重要的是，一次较大规模的奖励旅游可以完全视为企业的一次市场宣传活动，如在奖励旅游包机侧面印上企业的标志，或包场某个著名的旅游景点，到时人们首先关注的将是举办奖励旅游的企业，而非那些被奖励的个人。因此，奖励旅游是企业展现自身实力、宣传自身形象的大好时机。

▶ **任务拓展6-1**

请分析一下本地适合开展什么类型的奖励旅游，为什么？

任务2　奖励旅游的基础分析

奖励旅游的产生和形成是建立在一定基础之上的，下面我们从宏观环境和微观环境两个方面对此展开分析。

一、宏观环境

宏观环境既为奖励旅游的出现和形成提供了必要条件，又在某种程度上对奖励旅游的发展起着制约作用。作为奖励旅游的主体，企业必须根据宏观环境的变化决定是否采用奖励旅游的方式，以及奖励旅游的目的地、行程和活动安排等。一般来说，宏观环境包括以下几个方面：

（一）社会、经济环境

企业是否将奖励旅游作为一项管理手段，在很大程度上取决于企业所处的社会环境和经济环境。

社会环境包括企业所处的社会结构、宗教信仰、风俗习惯、价值观念、文化水平以及生活方式等因素。其中，价值观念和风俗习惯会直接影响企业对奖励旅游的认可态度和接受程度，并且在一定时期内也将影响奖励旅游市场的发展规模。

经济环境一方面是指企业生存和发展的社会经济状况以及国家的经济政策，如国民总收入、国内生产总值、国民经济发展水平和速度等；另一方面包括企业所在地消费者的收入水平、消费偏好、储蓄情况、就业程度等因素。经济的繁荣能为企业提供更多机遇，促使企业将奖励旅游落到实处。此外，经济环境在一定程度上决定了企业职员的支付能力、消费水平与习惯，间接反映了职员对企业实行奖励旅游的支持力度。

■ **会展问答 6-1**

澳大利亚是世界上奖励旅游发展较为成熟的国家之一。你能从该国的社会结构、风俗习惯、价值观念、文化水平、生活方式等方面分析其奖励旅游获得成功的原因吗？

解析指引 6-2

会展问答

（二）政治、法律环境

政治、法律环境主要是指制约和影响企业的政治要素和法律系统，如国家的法律制度、政府的方针政策等。不同的国家有不同的政治、法律环境，其对企业的影响在不同的时期也各不相同，企业必须按照规定和要求来决定自己可以做什么、不可以做什么。以我国为例，《财政部　国家税务总局关于企业以免费旅游方式提供对营销人员个人奖励有关个人所得税政策的通知》规定：按照我国现行个人所得税法律法规有关规定，对商品营销活动中，企业和单位对营销业绩突出人员以培训班、研讨会、工作考察等名义组织旅游活动，通过免收差旅费、旅游费对个人实行的营销业绩奖励（包括实物、有价证券等），应根据所发生费用全额计入营销人员应税所得，依法征收个人所得税，并由提供上述费用的企业和单位代扣代缴。其中，对企业雇员享受的此类奖励，应与当期的工资薪金合并，按照"工资、薪金所得"项目征收个人所得税；对其他人员享受的此类奖励，应作为当期的劳务收入，按照"劳务报酬所得"项目征收个人所得税。

（三）旅游发展环境

世界经济的发展和人们生活水平的提高，使旅游成为人们生活中不可或缺的休闲度假方式。各国政府对旅游业的日益重视使世界旅游获得了迅猛发展，进而为全球奖励旅游市场的开拓提供了坚实的基础。以我国为例，改革开放特别是党的十八大以来，我国旅游发展步入快车道，形成全球最大国内旅游市场，成为国际旅游最大客源国和主要目的地，旅游业从小到大、由弱渐强，日益成为新兴的战略性支柱产业和具有显著时代特征的民生产业、幸福产业，成功走出了一条独具特色的中国旅游发展之路。

二、微观环境

微观环境会直接影响企业的规章制度和管理方法，因此，微观环境对奖励旅游的存在及运作至关重要，尤其是在奖励旅游的实施目的、时间、内容安排及预算等方面。一般来说，微观环境包括以下几个方面：

（一）买方的影响

企业的买方可能是最终的消费者或中间产品的转化者，也可能是产品的批发商和零售商。买方一般通过压低价格、要求较高的产品质量或更多服务，甚至采用迫使供应商相互竞争等手段影响企业的获利水平。企业应尽可能使买方在一定程度上了解企业的生产过程、产品质量和服务理念，尤其应增进最终消费者对产品性能的了解，这样一方面能够提高买方的评判能力，有利于企业产品的改进和质量的提高，加速市场对企业产品的认同；另一方面有助于企业文化的宣传和企业形象的塑造，使企业产品的品牌成为消费者在选择同类产品时第一考虑的对象。奖励旅游正好为这种交流与接触提供了有利的机会，通过非正式的团体沟通，双方在轻松的互动中，增强了对彼此的了解，促进了企业与买方的和谐发展。

（二）供方的影响

供应商可以通过提高产品和服务的价格或降低其出售产品的质量对购买企业产生威胁。无论是有形的产品还是无形的服务，供应商提供产品的数量、质量、时间等因素都将影响企业的成长和利润的获得。企业为了在市场上较少受到供应商的威胁和干扰，应主动与其建立长久稳定的关系，尽可能选择可靠、有实力的供应商。对于能及时提供本企业所需产品和服务的供应商，企业应提供相应的奖励，组织供应商与本企业职员一同参加奖励旅游就是一种很好的做法，这样不仅可以密切企业与供应商的关系，使双方相互了解并建立信任，而且能够消除或减弱供应商对企业造成的威胁。

（三）现有企业的竞争

人们关注同一产业的内部竞争，往往着眼于竞争手段和市场份额，却忽略了从企业内部提高核心竞争力。现代企业管理强调"以人为本"，要求企业突破传统的做法，修改和增补原有的激励手段。企业竞争的实质是人才的竞争，如何吸引人才、激励人才并留住人才已成为企业持续发展的关键。在企业管理过程中，常见的激励措施主要是围绕工资、目标、自主性等因素设计的，如浮动工资方案、技能工资方案、灵活福利计划、目标管理制度及职员参与制度等。但是这些做法在某种程度上减少了职员人际交往的机会，使工作成为一件痛苦的事情，奖励旅游作为一种新的激励手段，恰好在一定程度上弥补了传统激励措施的不足。

行业视窗 6-2 ◀

东钱湖打造"华东会奖旅游新地标"

2024首届会奖商旅高峰论坛暨会奖商旅资源交流大会和2024中国国际旅游交易会在上海举办。在这两场盛会上，宁波东钱湖旅游度假区政企展团围绕培育世界级旅游度假区战略，聚焦国际交流合作、会奖旅游交易、沪甬区域联动三个主题，全面展示东钱湖丰富的文旅资源和优质的产品服务供给，与全球旅游业界进行深度洽谈交流。

东钱湖正在以积极的姿态融入以上海为中心的长三角一体化，通过优化文化旅游产业布局，做优文旅产品及服务，不断打响世界级旅游度假区目的地品牌，共同推动两地文旅高质量、一体化发展。

华东会奖旅游新地标

东钱湖是浙江省宁波市著名的风景名胜区，其景色曾被中国著名作家郭沫若先生誉为"西子风韵、太湖气魄"。东钱湖在宋韵文旅、会奖旅游、生态度假等方面特色鲜明，先后荣获"国际最佳休闲旅游目的地""中国十大魅力休闲旅游湖泊""最受网友关注的滨湖度假旅游目的地"等诸多荣誉，是宁波文旅的特色标识。

近年来，东钱湖在会奖旅游方面持续发力，在基础设施、接待服务等方面不断改善提升。坐落于东钱湖畔的宁波国际会议中心，拥有高规格的会议设施及宴会配置，可承接G20（二十国集团）、APEC（亚太经济合作组织）等峰会级别的国际高端会议。环湖的高品质酒店群，拥有各类会议室、宴会厅100余个，可使用场馆面积近4万平方米，可供户外举办会奖活动草坪46 650平方米，床位数超4 000个，多样化的场地能够满足110人到4 650人不同规模的会议、宴会、演出、新品发布等多功能需求。东钱湖多次摘得中国最具竞争力会奖强区、中国最受青睐会奖强区等行业殊荣，逐渐成为国内外极富吸引力的会奖旅游目的地之一。

为保持东钱湖会奖旅游发展的良好态势，进一步激发市场主体的积极性，东钱湖持续出台配套奖励政策。2024年，对区内住宿企业承接10万元以上的会奖旅游活动，按活动消费总额的3%给予奖励，单个活动最高奖励10万元，单家企业最高奖励30万元。对引进或承办知名品牌、全国性、国际性节赛事活动的企业，分别奖励5万元、10万元、20万元。2024年以来，引进了德国房车会奖项目、利安保险奖励旅游等一批会奖项目，拉动消费上千万元，进一步打响了东钱湖"华东会奖旅游新地标"的品牌知名度。

精准开展会奖旅游合作洽谈

2024中国国际旅游交易会客商云集，在上海市文化和旅游局指导、上海市旅游行业协会主办的"会奖商旅资源交流会"上，东钱湖主推会奖旅游板块，携东钱湖文旅集团、宁波国际会议展览中心等重点企业与中国旅游集团、中青旅、携程等127家头部会奖采购企业开展洽谈。

洽谈会上，东钱湖旅游度假区经济旅游与湖区发展局同长三角研学旅行教育联盟签署《长三角国际研学旅行目的地合作备忘录》，共同推进研学产品开发、主题研学活动、国际家庭钱湖行等活动，就2025年国际研学、文化展览等会奖活动招客达成初步合作意向。

深化实施沪甬文旅区域联动

依托2024中国国际旅游交易会平台，东钱湖组织召开旅行商专题会议，与春秋旅游、上航旅游、携程等上海头部旅行商洽谈合作，进一步推进两地资源共享、客源互送、市场共拓。东钱湖旅游度假区经济旅游与湖区发展局同上海市旅游行业协会就建立文旅合作伙伴关系达成共识，统筹沪甬企业间常态化业务对接。

上海是东钱湖在浙江省外的重要客源市场，从2018年起，两地每年都会有重大推介与交流活动，在媒体推广、渠道拓展、跨界合作、产品开发等方面合作紧密。近期举办的2024首届会奖商旅高峰论坛暨会奖商旅资源交流大会和2024中国国际旅游交易会，让更多上海旅游采购商了解了东钱湖的资源、产品和产业发展导向，推动了买家、企业与东钱湖建立更深入的交流与合作。

资料来源　丁银峰. 以"会"为媒，打造"华东会奖旅游新地标！"　东钱湖文旅产业展现新活力［N］. 旅游时报，2024-12-03（b10）.

▶ **任务拓展6-2**
请分析一下本地奖励旅游的发展基础。

任务3　奖励旅游的运作模式

从一般意义上来讲，奖励旅游活动要想成功实施，必须有良好的运作模式。从世界范围来看，经过几十年的发展，奖励旅游已逐步形成了以下三种主要运作模式：一是由专业的奖励旅游顾问公司来运作；二是委托给旅行社来运作；三是由企业内部的专门部门来运作。

运作模式不同，奖励旅游的操作流程也不同，但是从三种运作模式涉及的对象来看，它们又存在着共同点，那就是奖励旅游参加者、奖励旅游组织者、奖励旅游提供者、奖励旅游服务供应方这四者缺一不可（如图6-1所示）。

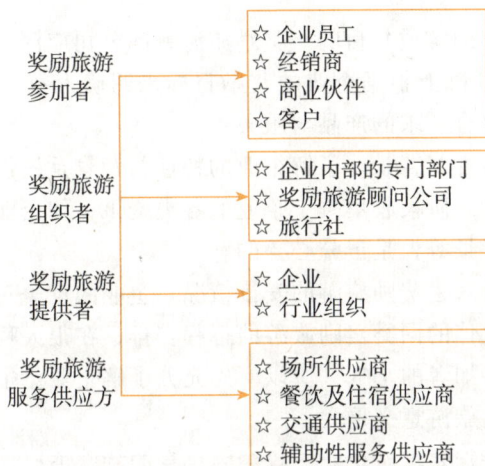

奖励旅游
参加者
- ☆ 企业员工
- ☆ 经销商
- ☆ 商业伙伴
- ☆ 客户

奖励旅游
组织者
- ☆ 企业内部的专门部门
- ☆ 奖励旅游顾问公司
- ☆ 旅行社

奖励旅游
提供者
- ☆ 企业
- ☆ 行业组织

奖励旅游
服务供应方
- ☆ 场所供应商
- ☆ 餐饮及住宿供应商
- ☆ 交通供应商
- ☆ 辅助性服务供应商

图6-1　奖励旅游的参与主体

奖励旅游参加者（受众）是奖励旅游的最终直面对象，是旅游行程成功与否的最终评判者，这就要求奖励旅游组织者提供的服务既要让受众对奖励旅游的行程满意，又要让受众对奖励旅游的售后服务满意，二者缺一不可。

根据具体实施者的不同，奖励旅游组织者可以分为三类，这三类奖励旅游组织者构成了奖励旅游的三种基本运作模式，后文将对此进行详细阐述。

企业或行业组织是奖励旅游的提供者，其提供奖励旅游的根本原因在于面对激烈的市场竞争，其必须采用新的激励方式——奖励旅游，以此作为提高自身竞争力的有效手段，这也是奖励旅游得以开展的前提。一般来说，高利润且重视个人业绩的行业，如直销行业、保险行业、人力资本密集的制造业、高科技企业等，往往是奖励旅游顾问公司（或旅行社）最大的客户。

知识拓展6-2

奖励旅游的
发展趋势

奖励旅游服务供应方通常由场所供应商、餐饮及住宿供应商、交通供应商、辅助性服务供应商等构成。这些供应商作为一个有机整体，缺一不可。

了解了奖励旅游的参与主体后，下面我们将重点阐述奖励旅游的三种基本运作模式。

一、由专业的奖励旅游顾问公司来运作

奖励旅游通常由专业的顾问公司为企业量身定做并实施运作，所有活动都尽可能多地融入企业理念和管理目标，这样既富有效率，又能取得较好的激励效果。根据PDCA循环管理理论，我们将奖励旅游的运作过程分为计划、实施、检查、处理四个阶段进行阐释。

（一）计划（Plan）阶段

当企业管理层做出实施奖励旅游的决策，并将该决策交由专业的奖励旅游顾问公司来执行时，奖励旅游即进入了计划阶段。在这个阶段，奖励旅游顾问公司必须将以下几点铭记于心：

一要了解奖励旅游的实质与目的。奖励旅游顾问公司应深入领会企业实施奖励旅游的目的所在，在此基础上根据企业的奖励目标来明确人数，协助企业进行内部宣传、选定配额，提供符合要求的产品与服务。

二要了解企业的特性与背景。了解企业的特性与背景是提供令企业满意的产品与服务的基础，所以在计划阶段收集关于企业的各类资讯，如企业的规模体量、业务特性、发展历程、品牌背景等，是十分必要的。

三要了解企业竞争对手奖励旅游的安排情况。企业的竞争对手提供给其员工、经销商、客户或者商业伙伴的同类奖励旅游的行程安排，在很大程度上会影响本企业奖励旅游的实施效果和参加者的士气，所以事先充分了解企业竞争对手奖励旅游的安排情况，对实施本次奖励旅游意义重大。

四要了解行程的特殊要求。企业一般会因自身的特殊情况，对奖励旅游行程提出特殊要求，这就需要奖励旅游顾问公司注意企业的特殊要求以及本次组团的特殊之处，如特殊饮食、主题晚会或惊喜派对等。奖励旅游顾问公司必须事先与企业进行充分沟通，而不是给企业提供千篇一律的产品与服务。

五要了解企业的预算分配。奖励旅游顾问公司应根据企业所能承担的经费安排奖励旅游的行程和活动，实现预算的合理、有效运用。一方面，奖励旅游顾问公司的报价要令企业满意；另一方面，奖励旅游顾问公司也能从此次活动中获得一定的经济收益。

（二）实施（do）阶段

经过计划阶段的充分了解，接下来就是奖励旅游的实施阶段。在实施阶段，奖励旅游顾问公司的操作流程如图6-2所示。

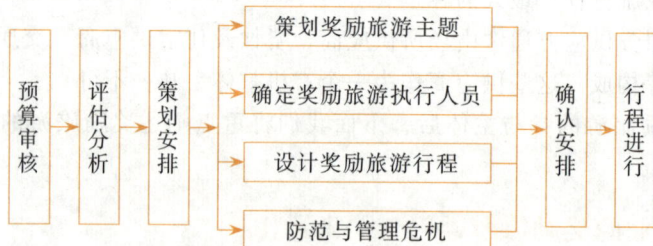

图6-2　实施阶段奖励旅游顾问公司的操作流程

第一步，预算审核。在实施阶段，奖励旅游顾问公司需要在计划阶段全面了解企业相关经费的基础上做出较为详细的预算审核。可以说，良好的财务预算是成功筹办奖励旅游活动的基本要素之一。奖励旅游是一种定价式旅游，可以由企业限定一个总金额，奖励旅游顾问公司在这个总金额的限定下，根据企业的要求设计出令企业满意的旅游行程，还可以由奖励旅游顾问公司根据企业的行程安排提出一个合适的报价。但不管是哪种情况，奖励旅游顾问公司都必须根据企业经费的多寡，在活动次数、主题活动、出游时间等方面做出相应调整，并据此进行适当的财务分配。只要预算做得好，奖励旅游的实施就有了充分的保障。

第二步，评估分析。同样以计划阶段企业相关背景及资料的收集为基础，奖励旅游顾问公司首先要对企业进行准确细致的评估与分析，然后依据企业的特性，设计最具特色、独一无二的旅游行程。这是奖励旅游成功的法则。评估分析一般包括以下内容：①企业财力与经营背景；②先前开展奖励旅游的情况；③市场竞争对手奖励旅游的实施状况；④企业特性；⑤本次奖励旅游的基本情况，如预计旅游人数、出游日期等。

第三步，策划安排。

首先，策划奖励旅游主题。奖励旅游顾问公司应根据评估分析的结果，策划本次奖励旅游活动的主题。主题是所有活动开展的核心，具有指明方向的作用。

其次，确定奖励旅游执行人员。一项奖励旅游活动的实施往往需要几个部门通力协作，因此，安排合适的人力并做好动员工作，使之各司其职、各尽其力，能够保证奖励旅游活动顺利开展。

再次，设计奖励旅游行程。奖励旅游行程是奖励旅游顾问公司根据企业的特点和要求，结合旅游资源和接待服务的实际情况，专门为企业量身定做的包括旅游过程中全部旅游项目的游览路线，也是奖励旅游最核心和关键的部分。根据食、住、行、游、购、娱六大旅游要素，行程设计应包括以下内容：①明确线路名称；②规划具体旅游线路；③制定活动日程；④选择交通方式；⑤安排住宿与餐饮；⑥预留购物时间；⑦策划娱乐活动。此外，安排好特殊事件亦非常重要。特殊事件一般是指在奖励旅游行程中安排的会议、培训、主题晚会等特殊内容。特殊事件不仅可以使企业激励员工的目的表现得淋漓尽致，也可以使奖励旅游活动更加难以忘怀。

最后，防范与管理危机。奖励旅游在实施过程中，难免会发生意外情况，如天气突然变化、时间或路线变更、旅游者受伤或死亡等，这些都会打乱事先计划好的行程。奖励旅游顾问公司若能提前做好防范，就能较好地应对突发事件，保证活动圆满完成。

第四步，确认安排。虽然奖励旅游顾问公司对旅游活动的安排是在对企业进行评估与分析、了解企业奖励旅游意愿的基础上做出的，但是有一些活动在安排好之后，仍然需要和企业做进一步沟通，根据企业的要求适当修改，在双方均满意的基础上确定最终活动安排。

第五步，行程进行。

（三）检查（check）阶段

这个阶段主要是对整个奖励旅游活动进行监督、检查和控制，其中包括财务预算资金的检查控制、人力资源分配的检查监督，以及活动内容的监督控制。本阶段通常会贯穿在第二个阶段中，不能与奖励旅游的实施完全割裂开来。

（四）处理（action）阶段

这个阶段主要是在奖励旅游完成之后，对活动进行总结和修正处理。奖励旅游顾问公司应在充分征询委托企业意见的基础上，对本次奖励旅游活动进行总结，梳理成功经验与不足，注重与客户的沟通和反馈，并向委托企业提交总结报告。由于奖励旅游对企业而言是一种有目的的旅游，因此奖励旅游的效果评估和总结对企业来说是非常重要的。总之，奖励旅游活动结束后，奖励旅游顾问公司向企业提交总结报告，是一项十分重要的工作。

二、委托给旅行社来运作

这种模式与由专业的奖励旅游顾问公司来运作相似，这里不再介绍。

三、由企业内部的专门部门来运作

在这种运作模式下，因为由企业内部的专门部门负责，所以奖励旅游的运作流程并不复杂。加之部分内容和第一种运作模式基本相似，因此下文只进行简要说明。

（一）计划阶段

在这个阶段，企业经过商讨，决定实施奖励旅游，也就是做出奖励旅游决策，并提出大致的实施要求，然后交给企业内部的专门部门来执行。这一阶段比较简单，可以通过开会协商的形式进行。

（二）实施阶段

实施阶段是这一运作模式的重点和难点。因为奖励旅游涉及的环节较多，加之是由企业内部的部门来完成，所以要做的工作比较多。具体可参照上文已经述及的相关内容展开，并在此基础上做一些变通和改革。

（三）检查阶段

在这个阶段，企业内部负责奖励旅游运作实施的部门应协同其他相关部门，如财务部门、人力资源部门、采购部门、供应部门等，对整个活动进行检查、监督和控制。

（四）处理阶段

在这个阶段，企业内部负责奖励旅游运作实施的部门应认真听取企业高层及参加者的意见，对本次活动进行总结，并将总结报告提交给企业高层阅览。

▶ **行业案例6-1**

上海会奖旅游"大拿"组团来宁

2023年11月13日至15日，南京市文化和旅游局邀请了由25家上海知名会奖旅游企业负责人组成的"买家团"来宁踩线考察，并举办沪宁两地会奖旅游企业交流洽谈会，携手共进共谋发展，达成了一批意向性合作。

在江宁织造博物馆，细数《红楼梦》与"世界文学之都"的历史渊源；行走在明城墙台城段，领略"山水城林"之美；在金陵小城，解锁"夜金陵"的璀璨……本次上海"买家团"重点考察了江宁织造博物馆、六朝博物馆、玄武湖景区、南京城墙台城段、牛首山文化旅游区、金陵小城等景区，以及圣和府邸豪华精选酒店、南京香格里拉大酒店、牛首山希尔顿酒店、南京河西安达仕酒店等，对南京的历史文化、会奖旅游场地及配套设施、特色产品服务等进行了实地走访体验。"买家团"频频竖起大拇指，盛赞"六朝古都，活力之城"。

上海是南京会奖旅游的重要客源地之一。此次活动，旨在进一步促进上海与南京两地会奖旅游交流合作，提升"约会南京　会见惊喜"会奖品牌在长三角地区的知名度和影响力，并以此为契机，促进两地企业的深度交流、携手合作、创新发展、互利共赢。

此次来宁考察的上海旅行商中，有中青旅（上海）国际会议展览有限公司、众信博睿（北京）国际商务会议展览有限公司上海分公司、上海航空国际商务会展有限公司等业内闻名遐迩的"大拿"。同期举办的交流洽谈会，也吸引了南京、上海两地会奖旅游企业共计50家100余人参加。

眼下会奖旅游市场发生了哪些变化？未来可能出现哪些新趋势？一批上海会奖旅游头部企业的负责人现场"头脑风暴"，碰撞出不少"灵感火花"。在谈及怎样把上海客户的需求落到南京来的话题时，中旅旅行华东区域公司会议展览总部相关负责人顾志新表示："现在客户的需求更加趋于个性化和定制化，比如参加会展的间隙要放松，要去骑行、徒步，这些都需要熟悉当地情况的同行帮我们设计、对接。沪宁两地的会奖旅游企业要加强交流，通过服务创新、资源嫁接，让客户得到惊喜。"

南京作为会奖旅游资源丰富、场馆设施配套齐全、行业服务优质高效的城市，2023年以来，其会奖旅游屡获殊荣。2023年上半年，在有"会展业的福布斯"之称的《中外会展》杂志社举办的"中外会展品牌排行榜"发布会上，南京获评最佳会议会奖目的地城市第一名。

未来，南京将创新会奖旅游要素供给，引导企业策划优质产品；同时，促进产业融合，推动区域业内协作，引领服务品质提升，持续扩大"约会南京　会见惊喜"的品牌效应，将南京会奖旅游业的发展推向新的高度。

资料来源　李子俊，王艺璇. 上海会奖旅游"大拿"组团来宁　携手宁企共谋发展　达成一批意向合作［N］. 南京日报，2023-11-16（A08）.

思考：南京在发展会奖旅游产业的过程中具备哪些核心竞争力？

点睛：第一，在资源禀赋方面，南京拥有江宁织造博物馆、南京城墙台城段等历史文化地标，以及圣和府邸豪华精选酒店等高端酒店集群，形成了"文化+设施"的复合优势；第二，在品牌建设方面，"约会南京　会见惊喜"品牌效应持续凸显，通过融入非遗展演、特色伴手礼等元素，不断增强游客的体验感；第三，在区域协作方面，通过邀请上海头部企业踩线、举办洽谈会，深化沪宁客源对接，借助长三角一体化发展机遇释放市场潜力。

▶ **任务拓展6-3**

　　假设你是一家奖励旅游顾问公司的员工，现受本市一家颇具规模的外贸公司（自选）委托，为该公司设计一个奖励旅游方案，以表彰奖励公司年度十佳员工。奖励旅游方案应考虑企业性质，注意细节的设计，做到符合企业要求且有新意。

项目练习

一、判断题

　　1.作为现代化的管理工具，奖励旅游是企业管理智慧化的一种体现。奖励的本质一方面是对员工、客户的奖励，另一方面是对企业自身的奖励。　　（　　）

　　2.尽管奖励旅游是一种现代化的管理手段，但它的外在表现形式仍然是旅游活动，属于旅游业的一个细分市场。　　（　　）

　　3.奖励旅游通常需要提供该项服务的专业公司为企业"量身定做"，以使奖励旅游活动的内容尽可能地与企业的经营理念和管理目标相融合。　　（　　）

　　4.奖励旅游是企业展现自身实力、宣传自身形象的大好时机。　　（　　）

　　5.奖励旅游服务供应方通常由场所供应商、餐饮及住宿供应商、交通供应商、辅助性服务供应商等构成。　　（　　）

在线测评6-1

判断题

二、简答题

　　1.什么是奖励旅游？与普通旅游相比，奖励旅游有什么特点？

　　2.奖励旅游为什么有广阔的发展空间？

　　3.若将奖励旅游交给奖励旅游顾问公司运作，它的一般流程是怎样的？

项目实践

　　场景：华为技术有限公司是全球领先的ICT（信息与通信技术）基础设施和智能终端提供商。公司秉承"开放、合作、共赢"的宗旨，致力于把数字世界带入每个人、每个家庭、每个组织，构建万物互联的智能世界。假设华为技术有限公司指定你所在的奖励旅游公司策划一次奖励旅游活动，活动参与对象是公司的优秀经销商，请你选择合适的地点来举办本次奖励旅游活动。

　　要求：

　　（1）根据本项目所学知识，结合实际，分小组进行讨论。

　　（2）明确活动目标，给出相关活动内容。

　　（3）将最终内容制成PPT。

　　（4）进行小组交流，在全班进行讨论。

　　（5）教师点评。

价值引领

　　打造国际会展旅游新高地！海南省会奖旅游推介活动走进北京

　　2025年5月23日，由海南省旅游和文化广电体育厅主办、海南省会奖旅游与展览行业协会承办的"酷酷的海南等你来"2025年海南省会奖旅游（北京）推介活动在北京举办。

本次活动依托2025间接采购高峰论坛平台，精准对接逾300家世界500强企业及行业领军机构采购管理负责人，全面呈现海南自由贸易港会奖旅游优势资源，推动国际高端会展项目落地。

活动现场，"政策解读＋资源推介＋服务展示"三维模式系统呈现了海南会奖旅游的核心竞争力。海南省旅游和文化广电体育厅现场解读了《海南省进一步促进文体旅商展联动扩大消费若干措施》，明确对参会人数超2 000人的特大型会议及淡季活动给予资金奖励，并重点推介海南会展场馆、会议型酒店等硬件设施及"海南放心游"等创新服务体系。

海南省商务厅相关负责人在推介会上向与会代表介绍了即将修订出台的《海南省支持会展业发展资金管理办法》。琼海市则围绕"五色文化"及医疗、交通等优势，展示其"医疗旅游之都"的产业潜力。

值得一提的是，推介活动围绕"上山、下海、入馆、悦文"四大主题，推出"环岛游""环热游""滨海休闲""生态康养""文化探秘"等多元主题的海南会奖旅游新路线、新玩法，凸显了海南会奖旅游资源的多样性与独特魅力。

活动期间，万豪国际集团海南区域代表透露，"已与北京多家企业达成初步合作意向，自贸港'免签＋免税'政策成为吸引国际会议的关键"。智海王潮传播集团有限公司代表表示，"后续将有针对性地开发和定制'会展＋免税购物''会议＋热带雨林探险'等特色产品，以满足北方客群的需求"。

目前，会奖旅游正成为海南自由贸易港现代服务业的新增长极。下一步，海南将持续优化"会议＋旅游＋消费"产业链，推动海南成为具有全球影响力的国际会奖旅游目的地。

资料来源　丁文文. 打造国际会展旅游新高地！海南省会奖旅游推介活动走进北京［EB/OL］.［2025-05-23］. https：//www.hinews.cn/page?m=1&n=2710769&s=1044.

思政元素：协同创新　生态文明　文化自信

价值分析：首先，海南会奖旅游推介活动中，协同创新理念贯穿始终：政府部门、行业协会与企业联动，以"三维一体"模式整合会展资源，推动"会展＋节庆＋免税"政策落地，彰显协同发展效能。其次，将生态文明理念融入旅游线路设计，"生态康养""环岛游"等产品依托海南自然生态优势，实现经济发展与生态保护的良性互动。最后，文化自信通过"五色文化""文化探秘"等推介内容充分展现，以本土文化内核提升旅游吸引力。三者协同发力，既推动了海南自由贸易港现代服务业升级，也为区域经济高质量发展提供了实践样本。

项目评价

本项目学习效果评价见表6-1。

表6-1　　　　　　　　　　　学习效果评价表

评价维度	评价指标	学生自评（30%）	教师评价（70%）	得分小计
学前准备（25分）	自觉拓展：主动查阅行业前沿资料（10分）			
	深度理解：结合案例进行理论分析，并尝试进行实践应用（10分）			
	创新思维：尝试跨学科提出创新性关联问题，并有一定的思考（5分）			
学中实践（40分）	主动探究：在小组讨论中提出创新解决方案，并得到成员们的采纳或认可（10分）			
	解决问题：运用理论分析实际案例，提出建设性方案或建议（10分）			
	表达创新：在课堂汇报中灵活运用新媒体技术（10分）			
	团队协作：在集体项目合作中承担某个角色，创新性完成某项任务（10分）			
学后转化（35分）	理论迁移：在课程论文或其他任务中构建具有一定科学性的分析模型或提出具有一定新意的观点（5分）			
	实践应用：参与会展旅游产业相关实践活动或实战任务（10分）			
	德育素养：在理论学习和实践训练过程中树立正确的国家观、历史观、民族观、文化观（10分）			
	创新成果：提交会展旅游产业相关议题的解决方案、优化提案或策划方案等（10分）			
综合评价得分				

项目七　会展旅游策划

项目导言

■　会展旅游策划是对相关社会资源进行整合的过程，是一项系统工程。因此，要用系统的观点去认识会展旅游资源，用系统的方法去分析整合会展旅游资源，用系统的功能去实现会展旅游资源的优化。也就是说，要用系统的思维去策划会展旅游项目。

项目目标

■　知识目标：了解会展旅游策划的原则和导向；熟知会展旅游策划的步骤；掌握编写会展旅游策划方案的技巧。

■　技能目标：能够熟练运用会展旅游策划方案的基本编写技巧，编写会展旅游策划书。

■　素养目标：引导学生弘扬工匠精神，在参与各类社会实践活动的过程中追求卓越、守正创新，体现责任担当。

知识导图

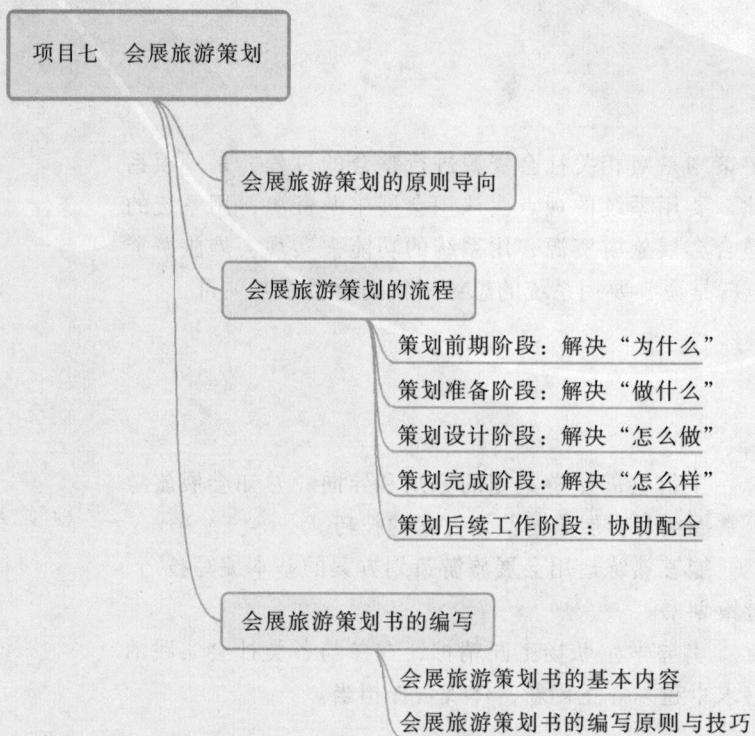

项目七　会展旅游策划

会展旅游策划的原则导向

会展旅游策划的流程

策划前期阶段：解决"为什么"

策划准备阶段：解决"做什么"

策划设计阶段：解决"怎么做"

策划完成阶段：解决"怎么样"

策划后续工作阶段：协助配合

会展旅游策划书的编写

会展旅游策划书的基本内容

会展旅游策划书的编写原则与技巧

项目导入　　　　　以文化为媒　让创意"出圈"

在当今文化产业与创业经济蓬勃发展的时代，将文化与创意转化为令人惊艳的文创产品，少不了文创产品策划运营师的"精心谋划"。

从业4年多来，梁冰找到了与自己职业契合的"产品名称"。2024年，人力资源社会保障部、国家市场监督管理总局、国家统计局联合发布了19个新职业。其中，文创产品策划运营师是指从事文化创意产品的策划，结合市场需求设计具有文化元素的产品，对文创产品进行营销运营的人员。

梁冰是一位土生土长的石家庄人，天津美术学院毕业后一直从事文旅地产行业。在2019年首届石家庄文创与旅游商品大赛中，他设计的"燕赵云宝"城市形象动漫IP及文创产品获得金奖，这给梁冰从事文创之路带来了坚定的信心。2020年颁奖典礼当月，他辞去工作，成立了河北瑞堂文化发展有限公司，正式踏入文创行业。

文创是什么？梁冰认为，文创其实以一个个产品作为载体，来传播特定地域文化的媒介。"燕赵云宝"城市形象动漫IP的灵感源自本地的燕赵文化，以常胜将军赵云为创作原型，设计出一个颜值高、人设讨喜的角色形象，既符合大众审美，又具备广泛适用性。

梁冰说，挖掘传统文化，并将其与现代创意相结合，创造出具有独特价值的文创产品，这只是他们的第一步。成立公司后，他和团队工作人员将以这一形象为核心，不断推陈出新，设计出更多富有吸引力和竞争力的产品；同时，他们将与本地企业开展合作，以文创产品赋能传统产业、传播本地文化。

在梁冰看来，进入文创产品行业的门槛并不高，但要想走得长远，必须深入挖掘文化的内核，理解传播的意义，并进行现代审美转化。只有在迎合市场需求的基础上进行提升，才能实现文旅深度融合、持续发展。

除了以"燕赵云宝"为品牌纽带，联动传统企业、乡村振兴项目、数字产业及非物质文化遗产等，他们还开发出柏乡汉牡丹精油皂、太行百草香生活、燕赵乡村四季包挂、正太饭店系列文创产品等，让传统文化以全新的方式走进年轻人的生活。

正太饭店是石家庄唯一的法式建筑，已有110多年的历史了。经过保护性修缮后，它已经变身为城市文化的新地标。在开发正太饭店系列文创产品时，梁冰团队不仅设计了带有建筑外观的日历、餐具等精美物品，还设计了符合年轻人潮流的导览图和集印章活动，使得这一场地所承载的历史和文化底蕴，不仅能让游客直观感受，更能增强游客的体验感。"文创产品不能脱离生活，不然很容易与消费者脱节。"梁冰说，他们通过提高产品的便捷性与实用性、增强游客对产品的体验感，努力实现文创产业化、产业文创化。

"产品不仅要兼顾文化、创意、便捷属性，而且要考虑不同年龄层消费者的需求。"针对青少年群体，梁冰团队结合各类学习工具设计融入本地文化的产品；针对家庭用户，他们则综合考量家庭整体需求，从而使他们的产品设计能够精准对接市场。

随着文创产品频频"出圈",文创产品策划运营师的出现,对于推动文创产业的发展具有重要意义。但作为一个新兴职业,它也面临着一些挑战和难题。梁冰提及,市场上懂得本地文化、了解本地旅游、熟悉本地商业的复合型技能人才较少,不过他相信伴随新职业的公布,未来大学专业设置、行业协会建设、政策支持体系等方面会更加完善,这会让文创产业的相关人才储备更加充足、文创产业发展前景更加广阔。

"作为文化创意的从业者,我们希望能成为城市文化的使者,将石家庄这座城市的故事承载于各式各样的产品之上,带给全国甚至是全世界。"梁冰说。

资料来源　毛宇,柳安臣. 以文化为媒　让创意"出圈"[N]. 石家庄日报,2024-10-24(5).

请根据以上材料,思考以下问题:

作为新兴职业,文创产品策划运营师面临哪些挑战?应如何应对?

解析指引7-1

项目导入

任务1　会展旅游策划的原则导向

"凡事豫(预)则立,不豫(预)则废",好的策划是成功的基石。会展旅游策划是对会展旅游活动的计划,是会展旅游活动得以顺利开展的基础。会展旅游策划的原则导向包括以下几个方面:

一、具备实用性与可操作性

会展旅游策划必须以此为第一原则,缺乏实用性、无法操作的策划是对资源的浪费。对于看上去很美、听起来动人、做起来很难的创意,策划人员必须对其进行修正,使其达到具体可行、实用有效的标准,然后编制行动计划,以实现组织方的目标。

二、用实证的科学方法,深入研究细分市场

会展旅游策划必须依靠实证的科学方法,对客源地结构、游客结构差异、游客需求差异、服务要求差异、游客购买行为、游客消费行为、时间安排、消费能力、旅游组织方式等进行定性与定量相结合的实证研究。

知识拓展7-1

宝藏线路带你解锁会展+文旅的魅力

三、追求创意,形成独特卖点

通常来说,旅游者寻求的就是特色,以差异化为基础的创意联想一旦形成,独特的卖点也就产生了。

四、挖掘会展所在地的地脉、文脉、商脉,运用体验化、娱乐化的方法设计产品

资源的价值来源于地质地貌、生态环境,来源于历史文化、民俗文化,也来源于现实的人际关系、商情商景。只有深入挖掘会展所在地的文化,挖掘现实中纷繁现象

背后的商机，才能把资源的本体价值充分显现出来。只有结合市场需求，才能把本体价值转化为商业价值。最受游客欢迎的游憩方式，是体验化、娱乐化的产品。因此，用故事、情感意境展示景观，用娱乐化的手段包装项目，是会展旅游策划可以采用的最有效的方法。

行业视窗 7-1

创意文旅提升消费热度

"NPC（非玩家角色）发放通关文牒，闯五关赢武林至宝……"在全南县天龙山景区举办的"武林大会"上，一大批富含武侠元素的娱乐项目吸引了众多游客前来闯关体验，在营造奇幻武侠文化氛围的同时，有效提升了旅游消费热度。

2024年以来，全南县推动文旅与商贸融合发展，抓住节假日、消费旺季等时间节点，创新消费场景，开展多元化促消费活动，增加节日的烟火气。攀岩小镇、雅溪古村等景区相继举办攀岩主题诗歌征集会、非遗美食大赏、武林大会等创意十足的旅游活动，以免门票、优惠年卡等优惠政策吸引八方游客，在营造"多彩游""放心游""满意游"的文旅消费环境中，满足群众多样化的消费需求。

非遗为旅游消费市场带来新流量。全南县充分挖掘本土优秀文化遗产，依托客瑶文化，创新"物质文化遗产+非物质文化遗产"发展模式，做活"非遗进景区"文章，引入踩高跷、川剧变脸、喷火绝技等节目，组织开展赣南客家擂茶品尝及制作、打麻糍等体验活动，吸引大批游客来全南享受文化"盛宴"，为当地旅游市场注入新活力。

用活特色资源，唱响文旅品牌。全南县发挥旅游特色文化资源优势，做强文旅品牌，推动文旅深度融合发展，着力提升文旅产业核心竞争力，成功创评3个国家4A级旅游景区、2个省4A级和3个省3A级乡村旅游点，开发"全宝＆南仔"等4个系列60多个品种的文创产品，持续唱响"绝美全南更胜画"旅游品牌，加快建设旅游强县，着力打造粤港澳大湾区旅游康养目的地。

资料来源　郭根平．全南：创意文旅提升消费热度［EB/OL］．［2024-10-20］．https：//www.quannan.gov.cn/qnxrmzfwyyh/tsqn/202410/42c1f026b34e42b3ad1d12597150c0ad.shtml.

解析指引 7-2

会展问答

■ 会展问答 7-1

会展旅游策划和会展旅游规划的区别体现在哪些方面？

▶ 任务拓展 7-1

查阅关于会展旅游策划的相关资料，加深对会展旅游策划的理解和认识。

任务2　会展旅游策划的流程

会展旅游策划大体上可以分为五个阶段：策划前期阶段、策划准备阶段、策划设计阶段、策划完成阶段、策划后续工作阶段（如图7-1所示）。

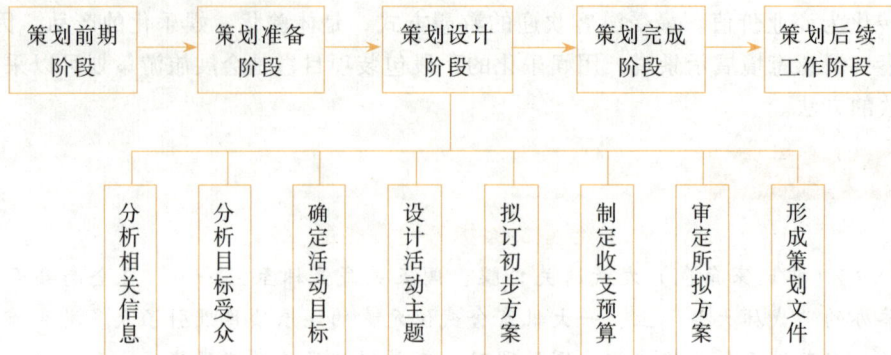

图7-1 会展旅游策划的流程

一、策划前期阶段：解决"为什么"

策划前期阶段是沟通铺垫阶段，目的在于了解本次会展旅游策划的背景。这一阶段需要解决以下问题：

（1）委托专门的旅游公司（被委托方）设计策划方案。

（2）被委托方对委托方的情况做出初步分析和判断。

（3）被委托方在与委托方沟通协商的基础上，了解组织本次会展旅游活动所要达到的目标。

二、策划准备阶段：解决"做什么"

策划准备阶段的工作重点是在了解会展旅游策划目的的基础上，进一步明确被委托方应该"做什么"。策划准备阶段包含的工作内容有：

（1）通过沟通确定策划的各项需求及预算。

（2）明确提交策划方案的时间、方式、地点。

（3）委托方与被委托方进行细节沟通后，双方签订合同。

（4）签订合同后，首期项目经费到位。

（5）根据项目的具体情况，被委托方组建策划团队进驻委托方，并与委托方人员进行良好的沟通与合作。

三、策划设计阶段：解决"怎么做"

（一）分析相关信息

被委托方最初得到的信息量大且无序，在签订合同后，仍然需要进一步借助科学的方法，对信息进行筛选、归类和总结，形成由此及彼、由表及里的认识，这样才能有效利用信息进行科学策划。被委托方需要分析的信息主要有以下几类：

1.委托方信息

委托方信息包括企业的性质、规模实力、组织形象，以及有无开展相关活动的经验等。只有认真分析委托方信息，策划者在会展旅游策划过程中才能扬长避短。

2.旅游产品的供需信息

旅游产品的供需信息即本次会展旅游活动中旅游产品的供给和需求信息。比如，旅游线路的设计与选择情况，旅游产品的人文背景与特色，旅游目的地淡旺季情况，旅游目的地酒店、餐饮、娱乐的供给情况等。

3.外界环境信息

外界环境信息对会展旅游策划也具有十分重要的影响。一般而言，被委托方需要分析的外界环境信息包括旅游目的地的经济环境、社会文化环境、自然环境、科技环境及政治法律环境等。

（二）分析目标受众

策划的最终目的是使会展旅游产品能够满足特定目标受众的需求。因此，在策划设计阶段，被委托方需要对目标受众进行分析。目标受众分析的内容包括：

（1）初步确定会展旅游的参加者。会展旅游的参加者可以包括会议、展览的参加者及其家人、朋友，获得奖励旅游的员工及其亲属，节事旅游活动的参加者，以及其他成员等。

（2）分析影响目标受众行为的因素。目标受众是否购买会展旅游产品，受社会、个人和心理等多方面因素的影响。社会因素包括个体所处的相关群体、家庭类型、家庭生命周期等；个人因素包括个体的年龄、性别、职业、经济状况、价值观和生活方式等；心理因素是指个体的心理过程，包括动机、认知、学习和记忆等。

（三）确定活动目标

一次会展旅游活动可能有一个或多个目标，这些目标应尽可能清晰、明确、有重点。只有明确了活动目标，会展旅游策划才能够顺利进行。会展旅游活动的目标主要包括：

（1）促进目的地会展旅游业的发展。

（2）树立会展旅游组织者的良好形象。

（3）从会展旅游中获利。

（4）促进区域合作与交流。

（5）提高会展旅游地的知名度。

（四）设计活动主题

主题是对一次活动内容的高度概括，是围绕会展旅游活动目标、对整个会展旅游活动的策划与执行起指导和规范作用的中心思想。一次会展旅游活动在具体执行时由若干项目组成，而主题能够串联起所有具体项目，使之成为一个有机整体。

因此，被委托方必须精心设计主题，找出会展旅游活动的最大"卖点"。一般而言，在设计活动主题时，被委托方需要重点考虑以下几个因素：

育德润心 7-1

"会展+"效应赋能文旅经济发展

1.活动目标

主题是目标的概念化，主题的设计必须服从和服务于目标。只有这样，会展旅游策划才不会无的放矢，更不会与组织的活动目标相背离。

2.信息特色

主题从某种意义上说是一次会展旅游活动信息的集中体现。被委托方需要考虑如何使活动提供者向目标受众传播的信息更具有特色。

3.地方特色

许多旅游地具有浓厚的历史文化积淀，这种积淀能够对游客产生极大的吸引力。被委托方应发挥旅游地传统文化对游客的吸引作用，根据旅游地的旅游资源特点设计会展旅游主题。

（五）拟订初步方案

主题确定之后，被委托方需要拟订初步方案，并编制成书面材料。方案的拟订要尽量详细，考虑问题要尽可能周到。初步方案需要包含的内容主要有：

（1）组织活动的相关机构。

（2）活动举办时间和举办地。

（3）会展旅游的名称、目标、主题、宗旨。

（4）所选择的会展旅游线路。

（5）会展旅游活动的内容与实施步骤。

（6）营销活动和来宾接待工作的安排。

（7）突发事件应急处理小组名单及有关应急措施。

（8）活动效果评估标准和方法等。

（六）制定收支预算

会展旅游活动的组织和实施所需要的费用必须有一个预算，以保证整体策划方案具有可行性和可操作性。一般而言，会展旅游的收入可以来自旅游者支付的费用、会展旅游的各项赞助、政府拨款以及行业协会资助等；会展旅游的支出主要包括相关活动策划经费、营销经费、人力资源经费，以及旅游过程中的食、住、行、游、购、娱支出。通过制定预算，被委托方可以根据人力、物力、财力的可能性分析活动中各个环节的轻重缓急，从而使资金的投入取得最佳效果。

（七）审定所拟方案

审定所拟方案的步骤包括：

第一步，汇报方案。被委托方在拟订初步方案、制定收支预算后，需要在内部进行汇报。汇报的内容主要包括活动的背景资料、市场环境分析、活动的主题、活动方案的实施步骤和预期效果。

第二步，咨询答辩。汇报后，被委托方请内部专业人士或领导提出问题，然后做出认真解答，并记录各方面的意见和建议。

第三步，修改完善。被委托方整理、分析各方面反馈的意见和建议，进一步完善方案。在分析相关反馈资料时，要尽可能做到全面、详细，多与专家、领导沟通、交流。

（八）形成策划文件

会展旅游策划完成后，被委托方应编写会展旅游策划书。这份文件是由选定的最优方案所形成的书面材料。一份详细的会展旅游策划书可以为会展旅游活动提供依据，确保会展旅游活动顺利开展。

四、策划完成阶段：解决"怎么样"

会展旅游策划完成后，委托方应组织相关人员对策划方案进行科学评估，以判断策划方案是否可行、有效。评估既是会展旅游策划一个阶段的结束，也是被委托方继续为委托方提供智力服务的基础。

对会展旅游策划方案进行评估时，一定要从实际情况出发，坚持严格准确、内容全面的原则。严格准确原则要求评估人员态度严肃认真，做到标准明确适度；对各项指标的测算、成绩的评定要尽可能地用数据说话，做到准确无误。内容全面原则要求评估人员坚持辩证的观点，全方位、多层次进行评估，使评估结论充分反映策划的全过程。一般情况下，委托方的此类评估会采用专家评议与企业评审相结合的方法，通过邀请专家以及召开内部会议的方式对策划方案的每一个环节进行评估，以此确定策划方案的优劣。

五、策划后续工作阶段：协助配合

会展旅游策划工作并不以文字工作的终结而终结，它会在会展旅游策划方案的具体实施过程中得以延伸。在会展旅游策划方案实施过程中，委托方是操作、执行的主体，被委托方不可"喧宾夺主"。被委托方可以采用将实施结果与策划目标进行对比的方法来追踪策划方案的实施情况，协助委托方控制、调整策划方案。

此外，被委托方还要参与工作制度的制定，如作息制度、联络制度、请示汇报制度、财务制度等，以保证策划方案的高效运作。

知识拓展7-2

设计特色会展旅游产品的思路

▶ **任务拓展 7-2**

以小组为单位，查找一个会展旅游策划的典型案例，并按照会展旅游策划的流程进行分析和交流。

任务3　会展旅游策划书的编写

一、会展旅游策划书的基本内容

编写会展旅游策划书是会展旅游策划的一项重要工作，一份完整的会展旅游策划书包括封面、目录、正文、落款和附件五个部分。

（一）封面

会展旅游策划书的封面应包含以下信息：

（1）会展旅游策划书的标题。

（2）会展旅游活动的组织者。

（3）会展旅游策划机构或策划小组成员名单。

（4）会展旅游策划完成日期。

（5）会展旅游策划编号。

（二）目录

目录放在封面之后，是会展旅游策划书的简要提纲。目录中应列出会展旅游策划书各个部分的标题及页码，以方便翻阅。所编制的目录应使读者在浏览之后能够对会展旅游策划书的内容有一个大概的了解。

（三）正文

正文部分是会展旅游策划书的重中之重，通常需要列出以下内容：

1.活动标题

活动标题有两类：第一类由本次活动的主办单位名称、活动内容、活动方式和文种构成；第二类是复合型标题，即在前一类标题下方再加一行揭示主题的文字作为副标题。

2.前言

前言部分在不同的会展旅游策划书里可以有不同的称谓和形式，但主要内容都是对市场环境进行分析后的总括性介绍，如对活动组织者信息、旅游产品供需信息和社会背景信息等进行分析后做出的概述，或者是对本次活动的背景、目的和意义的说明，并导入可行性结论。

3.举办单位

会展旅游活动的举办单位包括主办单位、承办单位、协办单位、支持单位和赞助单位等，都需要一一列出。通常，罗列举办单位时应使用完整全称，罗列顺序应遵循由主及次的原则，同时做到排版清晰、便于阅读，以免产生歧义。

4.主题词

会展旅游主题词是一段简洁、新颖、独特、有感染力的文字或口号，它是整个会展旅游策划书的中心，可以起到形象定位和宣传导向的作用。

5.举办时间和地点、参加人员及邀请方式

会展旅游策划书应具体写明会展旅游活动的举办时间和地点。

会展旅游活动的参加人员如果有较为明确的来源与人数（如会议旅游、展览旅游、奖励旅游），在会展旅游策划书中也要清晰列出。节事旅游的参加人员在来源与人数方面较难控制，在会展旅游策划书中仅列明调研预估的目标旅游群体来源与人数

即可。这些数据的提供能够很好地协助活动组织者做好场地、接待和旅游组织等方面的安排。

此外，会展旅游策划书中还要说明邀请方式。根据具体情况的不同，邀请方式也不同。比较正式的邀请方式有特制请柬或打印邀请函，也可以采用电话、传真或电子邮件等方式，甚至还可以通过媒体，向特定区域的人群发出邀请。在一次会展旅游活动中，根据受邀方的不同，也可以采用不同的邀请方式。

6.会展旅游活动的安排

会展旅游策划书中应详细阐述会展旅游活动的各项安排，主要内容包括：

（1）来宾接待。这部分应具体写明接待规格以及在接待过程中应提供的各种服务。根据实际情况，来宾接待可以采用统一的标准，也可以根据参加者的不同采用不同的标准。在会展旅游策划书中，有关接待的内容通常可以按时间先后顺序编写，以便组织人员理解和执行。

（2）旅游行程安排。这部分是会展旅游策划的重点，需要策划者精心安排，以体现会展旅游不同于一般观光旅游之处。行程中要分别体现食、住、行、游、购、娱六个方面。策划者可以通过列行程表的方式，按时间先后顺序编写这部分内容。

▮ 会展问答 7-2

在会展旅游策划书中，旅游行程安排表应包含哪些关键要素？

解析指引 7-3

会展问答

（3）特殊活动安排。这部分其实也是会展旅游食、住、行、游、购、娱的一个组成部分。之所以将它单列，是因为特殊活动往往是会展旅游的特色所在，是整体策划的点睛之笔。对特殊活动进行详细介绍，可以在一定程度上提高会展旅游策划书的吸引力、说服力。

7.工作小组成员及其分工

会展旅游策划书中需要写明活动的总负责人以及各项工作的执行人员。在确定工作小组成员之后，各小组内部成员间还应该进一步明确具体分工，以便各司其职。

8.营销方案

营销方案在会展旅游策划书中也需要得到体现。营销方案除了要对会展旅游产品价格的定位、营销渠道的选择进行介绍之外，还要重点阐述会展旅游活动的宣传方式、宣传时间、宣传强度等内容。

9.收支预算

会展旅游策划书中应以表格的形式分项列出会展旅游活动的收支明细。收入与支出应保持相对平衡，并且留有余地。

10.危机事件应对措施

会展旅游策划书应预测可能发生的对该次会展旅游活动有影响的危机事件；同时，针对发生可能性最大的若干危机事件，说明应对措施。

11.合同

会展旅游策划书中应写明需要与哪些机构、单位或个人签订合同，是使用同行的通用合同还是自行设计合同。如果自行设计合同，最好在会展旅游策划书的最后附上合同样本。

12.活动效果评估指标及方法

会展旅游策划书的正文部分还应写明在会展旅游活动结束之后，如何对活动效果进行评估。对于评估指标，策划者应做出解释或给出计算方法；各项调查表应在会展旅游策划书的最后附上。

（四）落款

正文右下方应写明编写会展旅游策划书的机构名称或人员名单，最后应写明会展旅游策划书的完成日期，并加盖公章。

（五）附件

附件内容应在落款后逐项列出。如果附件内容比较少，一般在落款后直接换页列出；如果附件内容较多，为了方便阅读，策划者也可以专门为附件列一张目录。附件的添加可以使整个会展旅游策划书更加完整、严谨。通常，可以用附件形式表示的内容有：

（1）工作小组联系方式。

（2）旅游线路、景点介绍。

（3）自行设计的合同样本。

（4）各项调查表，如满意度调查表等。

（5）策划实施时需要注意的事项。

（6）会展旅游策划书的保密范围和保密期限等。

行业案例7-1

2024秦岭生态文化旅游节系列活动方案

为持续推介商洛生态、文化、旅游资源，宣传展示商洛在秦岭生态环境保护、城市建设提升、乡村振兴及特色产业发展等方面的成效，进一步擦亮"22 ℃商洛·中国康养之都"品牌，深化拓展"秦岭最美是商洛"文化内涵，激发商洛文旅康养产业活力，助力打造"一都四区"建设和商洛经济社会高质量发展、现代化建设，特制定本活动方案。

一、活动名称

2024秦岭生态文化旅游节

二、活动主题

相约汉字故里·畅游22 ℃商洛

三、主要内容

举办2024秦岭生态文化旅游节新闻发布会、2024秦岭生态文化旅游节开幕式及四季主题系列营销活动。

（一）2024秦岭生态文化旅游节新闻发布会

1.时间地点

2024年4月下旬，在市行政中心新闻发布厅举办。

2.主要内容

通报2024秦岭生态文化旅游节筹备情况、发布系列活动及特色亮点等，邀请中央和地方有关媒体参加。

（二）2024秦岭生态文化旅游节开幕式

1.时间地点

2024年4月底，在洛南县仓颉小镇举办。

2.政务环节

领导致辞、嘉宾讲话、授牌、政策发布、会旗交接、宣布开幕等。

3.惠民演出

主要表演《遇见商洛蓝》《五更鸟》《秦岭最美是商洛》等节目。节目立足商洛丰富的文化旅游资源，刻画和展现绮丽风光、文化积淀、人民生活，提升商洛城市的美誉度和吸引力。

（三）2024秦岭生态文化旅游节商洛好物文旅商品现场展示及直播专场活动

1.时间地点

2024年4月底，在洛南县仓颉小镇活动现场周边。

2.主要内容

依托电商直播的流量优势，通过现场直播带货等活动，将商洛的豆腐、核桃、茶、红酒、木耳等特色产品推向更多群体，提升市场关注度，助力商洛名特优新商品走向全国市场。

（四）四季主题营销活动

1.“三秦四季·花开商洛”主题系列营销活动

活动时间：2024年3月至4月。

主办单位：商洛市文化和旅游局、各县区人民政府。

承办单位：各县区文化和旅游局、相关景区。

主要内容：丹凤桃花节、山阳恋恋陆家湾花朝节、“春来早·游商州”旅游宣传推介会、商州区草莓采摘文化节、金凤山生态花海公园红梅观赏节、牛背梁植树节、山阳鄂豫陕三省10市旅行社踩线推介暨首届采茶节、第八届木耳文化节、商南采茶节、镇安县兰花展示交流会、山阳县法官镇秦岭原乡迷你马拉松、2024鹤城樱花观赏节暨汉服摄影节、木王杜鹃花节、金丝峡紫荆花节、金丝峡兰花节、洛南仓颉文化旅游节、丹凤采茶节、牛背梁花朝节、镇安县达仁镇茶叶采摘节等系列活动。

2.“三秦四季·避暑商洛”主题营销活动

活动时间：2024年5月至8月。

主办单位：商洛市文化和旅游局、各县区人民政府。

承办单位：各县区文化和旅游局、相关景区。

主要内容：第二届商洛市民歌民谣戏曲大赛、全国合唱艺术节、"把商洛唱给你听"演唱会、高山杜鹃花节、终南山寨乡村体育节、"和美康养地·恋恋陆家湾"景区开园暨山阳县旅游形象大使选拔赛、洛南县瓜果采摘节、镇安县第二届北阳山赶牛节、2024塔云山传统文化艺术节、洛南汉服文化艺术节、天竺山景区试开园活动、商州骑行暨避暑商洛启动仪式、秦岭江山艺术音乐节、山阳天竺山登山节、第二届"终南山寨杯"原生态民歌民谣戏曲大赛、"四季村晚"示范展示朱家湾村夏季村晚活动、秦岭江山景区避暑欢乐节、第四届伶伦文化艺术节、阳城驿帐篷营地森林音乐节、镇安县童话磨石沟亲子互动研学节、秦岭山地帐篷露营节、丹凤棣花赏荷季、"名山与大海对话"活动、山阳帐篷节、山阳漫川小河口摩托艇赛、丹凤红酒节、丹凤核桃采摘节、穿越山阳G242最美旅游公路自驾骑行季活动、万人徒步金丝峡（牛背梁）活动、避暑镇安·房车露营节、千车自驾穿越老秦岭体验活动、百辆房车自驾体验活动、蟒岭绿道2024自驾露营音乐狂欢活动、"享绿色　森呼吸"山阳文旅康养产品大赛等夏季系列营销活动。

3."三秦四季·多彩商洛"主题营销活动

活动时间：2024年9月至11月。

主办单位：商洛市文化和旅游局、各县区人民政府。

承办单位：各县区文化和旅游局、相关景区。

主要内容：镇安县云盖寺古镇环湖马拉松大赛、洛南核桃采摘节、蟒岭绿道山楂采摘节、蟒岭绿道啤酒音乐节、莲花山沙滩乐园电吉他音乐节、秦岭江山景区首届农民丰收节、金丝峡红叶节、山阳文化旅游艺术节、镇安县非遗文化艺术节、山阳天蓬山寨红叶节、丹凤农民丰收节、洛南豆腐节、镇安县木王山红叶节等秋季系列营销活动。

4."三秦四季·年味商洛"主题营销活动

活动地点：2024年12月至2025年2月。

主办单位：商洛市文化和旅游局、各县区人民政府。

承办单位：各县区文化和旅游局、相关景区。

主要内容：线上线下联动开展"康养之都·年味商洛"年货展销、民俗展演、花灯巡演、非遗表演、美食品尝、年俗体验等系列活动，并进行聚焦宣传。

四、工作要求

一是由市文旅局牵头、洛南县负责，严格按照有关政策要求，认真做好2024秦岭生态文化旅游节开幕式及相关活动的综合协调、组织实施、安全保障、应急防护、宣传报道等工作。各县区要积极配合，做好旅游节开幕式现场商洛康养特色产品展销等工作。

二是各县区要按照活动方案，扎实做好四季主题系列营销活动的策划筹办、组织实施、宣传营销和经费保障等工作，确保系列活动精彩圆满、富有实效。

三是各县区要按照"小活动、大宣传"思路，结合辖区内景区、线路、非遗、文化、美食、民宿、民俗等资源，精准策划符合市场需求且具有影响力的营销活动，制定出台具有市场吸引力的惠民政策，全方位活跃市场、刺激消费、提升旅游综合收入，持续深化"秦岭最美是商洛""22 ℃商洛·中国康养之都""天然氧吧·深呼吸之城"等品牌的知名度和对外影响力。

附件：2024秦岭生态文化旅游节四季主题系列营销活动（略）

资料来源　商洛市人民政府办公室. 商洛市人民政府办公室关于印发《2024秦岭生态文化旅游节系列活动方案》的通知［EB/OL］.［2024-04-26］. https://www.shangluo.gov.cn/info/1113/140097.htm.

思考：分析上述会展旅游策划书的写作特点。

点睛：一是目标导向明确，紧扣发展需求；二是结构层次分明，逻辑严谨有序；三是内容丰富翔实，突出地域特色；四是注重宣传推广，保障措施完善。

二、会展旅游策划书的编写原则与技巧

（一）会展旅游策划书的编写原则

1.逻辑思维原则

会展旅游策划书的编写应遵循逻辑思维原则，首先交代策划的背景，然后由宏观到微观、由面到点，构建会展旅游策划书的基本内容框架。会展旅游策划书中应有重点部分，并详细描述；应明确提出本次策划的主要目的，并给出解决方案，从而使整个会展旅游策划书令人信服。

2.形象化原则

适当运用图、表可以使读者深入理解和记忆会展旅游策划书的各项内容，比单纯运用文字更加一目了然。通常，实施步骤、营销方案等可以用流程图表示；活动主题、标志等可以结合图片表现。

3.可操作原则

会展旅游策划书提出的目标应符合市场需求，解决问题的方法应符合实际要求。没有可操作性的会展旅游策划书，无论语句多么优美，创意多么新颖，都是空中楼阁，是不可取的。

（二）会展旅游策划书的编写技巧

1.信息组织的技巧

一次会展旅游策划涉及多方面的信息。会展旅游策划书的编写技巧之一就是要掌握如何从信息库中提取有用的信息，将不同的信息进行归类，理清层次，找出关联，避免重复。

2.文字表述的技巧

（1）标题。标题可以分为多个层级，会展旅游策划书的标题主要有一级、二级、三级。标题应简短且一针见血。

（2）段落。每个段落最好只针对一个重点信息进行阐述或导出结论，不要把很多内容放在一段文字中，这样不但容易湮没策划的主要观点，而且会引起阅读的困难。

（3）语言。尽量使用大众化语言，哗众取宠是会展旅游策划书的大忌，文字要简练、严谨。

3.读者认同的技巧

会展旅游策划书本身包含说服的因素，所以在编写时要尽量了解读者的情况。根据读者的特点，对会展旅游策划书进行调整，要尽可能地用权威数据说话，以获得读者的认同。

4.其他编写技巧

为了使会展旅游策划书达到良好的阅读效果，以下编写技巧也十分重要：

（1）变化字体、字号——有利于强调观点与重点。

（2）篇幅适当，不宜过长或过短——有利于提高阅读效率。

▶ **任务拓展7-3**

根据全国高校商业精英挑战赛会展文案创作竞赛的要求，结合自己熟悉的某一会展活动，撰写一份会展旅游策划书。

项目练习

一、判断题

1.会展旅游策划的第一原则是创意性，缺乏创意的策划是对资源的浪费。（　　）

2.用故事、情感意境展示景观，用娱乐化的手段包装项目，是会展旅游策划可以采用的最有效的方法。（　　）

3.会展旅游策划书的编写应遵循逻辑思维原则，首先交代策划的背景，然后由宏观到微观、由面到点，构建会展旅游策划书的基本内容框架。（　　）

4.没有可操作性的会展旅游策划书，无论语句多么优美，创意多么新颖，都是空中楼阁，是不可取的。（　　）

5.会展旅游策划书应预测可能发生的对该次会展旅游活动有影响的危机事件，针对发生可能性最大的若干危机事件，说明应对措施。（　　）

二、简答题

1.会展旅游策划需要遵循哪些原则和导向？

2.会展旅游策划设计阶段应包括哪些工作内容？

3.会展旅游策划书包括哪些基本内容？

4.会展旅游策划书在编写过程中有哪些技巧？

项目实践

场景：假设你是上海旅游节相关活动的策划人员，请为旅游节设计一系列有特色的旅游活动，并在班级进行交流。

操作：

（1）分小组对上海旅游节进行调查，策划相关的活动。

（2）小组讨论。

（3）小组确定最终活动内容。

（4）小组介绍，教师点评。

在线测评7-1

判断题

价值引领

"黔旅工匠"文旅新业态职业技能大赛在筑举行

2024年11月20日至21日，"创新融合无止境 黔旅工匠展风采"——贵州省科卫文体旅工会系统2024年"黔旅工匠"文旅新业态职业技能大赛在贵阳举行，来自该系统的近100名选手参赛。

此次大赛由贵州省科卫文体旅工会主办，贵州省旅游人才发展促进会承办，贵州省图书馆工会协办。大赛结合全省文旅产业高质量发展的新趋势、新动向，针对文旅产业对新业态、新技能人才的需求，设置了研学旅游指导师、小车小团司兼导、康养旅游管家三个新兴业态工种。

本次大赛在赛制赛程上将理论知识、现场实操及能力展示相结合，全方位、多角度考察选手的综合能力；在比赛内容上更加突出产品创造力和创新性，鼓励选手在符合职业特点和团型要求的基础上，大胆尝试、勇于创新，打造出具有贵州特色的文旅产品。

比赛中，参赛选手们自信登台、沉着应对、机智应答，展现出了精湛的技能水平和良好的精神风貌，让此次大赛不仅成为文旅行业技能比拼的竞技场，更是文化传播的大舞台。

经过两天的激烈角逐，来自贵州文化旅游职业学院的邹娅林、杨飞、田丽分别斩获康养旅游管家、小车小团司兼导、研学旅游指导师赛项一等奖，黄继云等6名选手荣获各赛项二等奖，吴军敏等15名选手荣获各赛项三等奖。

"贵州作为旅游资源大省，正迎来文旅产业转型升级、高质量发展的关键时期。"贵州省科卫文体旅工会主席周清峰说，贵州省将顺应文旅产业发展新趋势，持续办好职业技能赛事活动，为贵州文旅产业转型升级和高质量发展提供坚强人才保障。

通过此次大赛，主办方结合行业和院校专家的智慧力量，首次在行业中建立了相关赛项的岗位标准、知识范围、延展能力等，为下一步进行职业岗位标准化建设打下了坚实基础。值得一提的是，本次大赛对三个赛项进行了全程直播，并向全行业开放。

资料来源 程瑞林."黔旅工匠"文旅新业态职业技能大赛在筑举行［N］.劳动时报，2024-11-22（1）.

思政元素：工匠精神 守正创新 责任担当

价值分析：在文旅产业转型升级的背景下，"黔旅工匠"文旅新业态职业技能大赛生动诠释了创新、敬业与奉献的时代价值。新业态工种的设置打破了传统框架，印证了创新驱动对产业活力的激活作用；选手们在技能比拼中追求卓越，让工匠精神成为职业成长的标杆；而赛事对岗位标准化的探索及人才输送，更将个人技能提升与地方发展深度融合。这启示新时代青年：只有以创新思维拥抱时代变革，以工匠精神打磨专业能力，以服务社会的情怀锚定职业方向，才能在行业发展中实现个人价值，为国家高质量发展注入青春力量。

项目评价

本项目学习效果评价见表7-1。

表7-1　　　　　　　　　　　学习效果评价表

评价维度	评价指标	学生自评（30%）	教师评价（70%）	得分小计
学前准备（25分）	自觉拓展：主动查阅行业前沿资料（10分）			
	深度理解：结合案例进行理论分析，并尝试进行实践应用（10分）			
	创新思维：尝试跨学科提出创新性关联问题，并有一定的思考（5分）			
学中实践（40分）	主动探究：在小组讨论中提出创新解决方案，并得到成员们的采纳或认可（10分）			
	解决问题：运用理论分析实际案例，提出建设性方案或建议（10分）			
	表达创新：在课堂汇报中灵活运用新媒体技术（10分）			
	团队协作：在集体项目合作中承担某个角色，创新性完成某项任务（10分）			
学后转化（35分）	理论迁移：在课程论文或其他任务中构建具有一定科学性的分析模型或提出具有一定新意的观点（5分）			
	实践应用：参与会展旅游产业相关实践活动或实战任务（10分）			
	德育素养：在理论学习和实践训练过程中树立正确的国家观、历史观、民族观、文化观（10分）			
	创新成果：提交会展旅游产业相关议题的解决方案、优化提案或策划方案等（10分）			
综合评价得分				

项目八 会展旅游市场营销

项目导言

■ 在信息时代，会展旅游营销需要走全媒体营销之路，要综合运用文字、声音、影像等多种媒体表现形式，整合报纸、杂志、广播、电视、网络等传播工具，充分激发受众在接触信息资讯时的视觉、听觉、触觉等综合感官体验。

项目目标

■ 知识目标：了解会展旅游市场的特点与发展趋势；掌握会展旅游市场分析和市场预测的步骤；掌握会展旅游市场的营销方式；熟知会展旅游可选择的广告宣传媒体；掌握会展旅游广告宣传的步骤。

■ 技能目标：能够运用新媒体技术开展会展旅游市场营销活动。

■ 素养目标：引导学生树立守正创新意识，强化责任担当，积极参与文旅产业发展实践。

知识导图

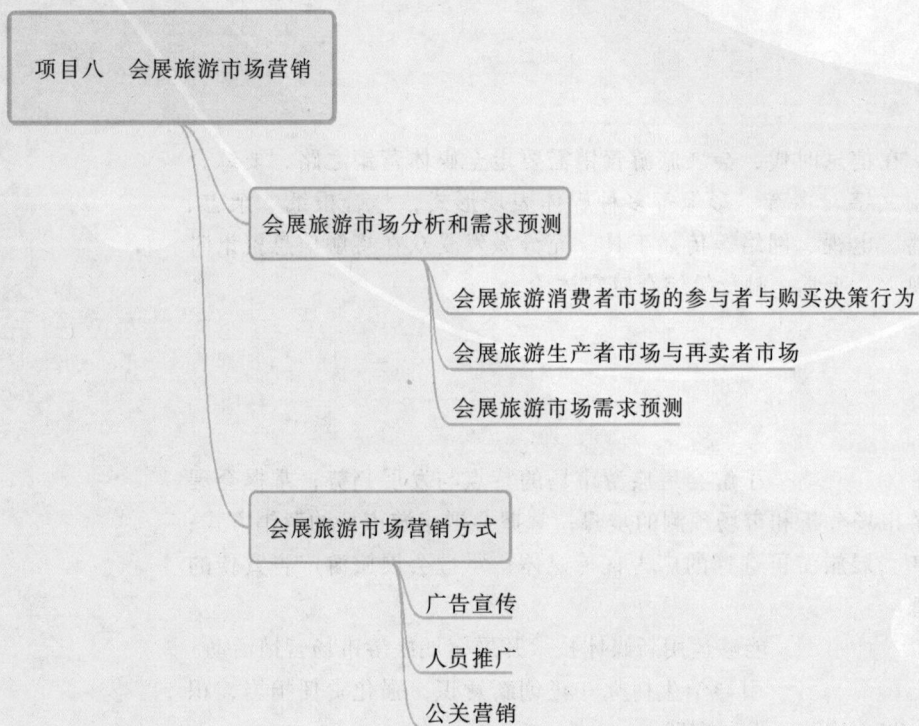

项目导入

发力"直播带货"　做强"数字商贸"

近两年，直播电商"强势生长"，已成为一股不可忽视的电商风潮。义乌的直播带货更是热火朝天，网红经济异常红火，走播、展会直播、仓播等新模式层出不穷。

2024浙江国际电子商务博览会设立了"展会+"场景式直播间，带货达人、团长现场"开麦"，开展沉浸式直播带货。

展会直播助力好货"走出去"

"我在义乌展会现场，今天给大家介绍几款料理锅和空气炸锅，全都给大家送福利。"在A1馆，主播老郑通过直播平台销售小家电，直播间实时流量达800余人次。

据了解，这是可口可乐小家电板块首次与浙江国际电子商务博览会合作。展会期间，在A1展馆直播区，包括老郑在内的6名达人现场直播。"从2023年开始就流行展会直播方式，想借助浙江国际电子商务博览会的影响力，带动直播间流量。"可口可乐小家电板块工作人员介绍，展会第一天，直播带货总量超50万元。

本届展会紧跟潮流，有效联动头部直播电商平台、MCN机构（多频道网络机构）、红人KOL（关键意见领袖）、社群团购等，搭建集"产品供应、爆款打造、直播培训、网红带货"于一体的特色产业链聚合平台。

"现在露营行业十分'内卷'，希望借助直播平台，开拓新的销售渠道。"展会现场，一家MCN机构的主播介绍，她第一次参加浙江国际电子商务博览会，展会现场直播引流效果不错，不到3小时，她就在线销售了300多单露营装备。

展会现场，不少直播公司负责人表示，展会直播、走播的形式，可以引领企业拓展销路、转型提升，推动直播电商高质量发展。

新设备、新技术驱动数字化发展

本届展会，不少销售直播器材和提供直播间场景搭建服务的商家也是展会的焦点。

"这个直播间可以再优化吗？"在B1馆，参展商深圳市昊一源科技有限公司相关负责人陈华润一早上都在忙着接待咨询的客户。"这次参展带来了几款今年新推出的AI设备。"陈华润说，随着直播电商行业的发展，直播的专业化程度也越来越高，展会接待的数家MCN机构都对他们的直播产品非常感兴趣，现场交换了名片，后续再跟进对接。

C1馆的参展商"心动来客"带来了无人直播技术和同声传译技术。"主播在直播间说中文，同声传译技术可实时英文转播，从而解决了语音沟通的难题。""心动来客"负责人何林说。

本届展会上，参展商带来了各种AI新技术、新设备、AI数字人主播、直播一体机等数字服务贸易领域的"黑科技"产品。作为电子商务发展的高级形态，数字贸易和直播电商、跨境电商等新电商的融合发展，已成为中小企业参与国际竞争、出海抢订单的重要引擎。利用AI直播等新技术、新设备可以搭建更好的"跨境直播"场景

解析指引 8-1

项目导入

式体验，为国内卖家和海外买家构建深度沟通场景，进一步推动国际贸易数字化发展。

资料来源 骆红婷. 发力"直播带货" 做强"数字商贸"[N]. 义乌商报，2024-09-03（2）.

请根据以上材料，思考以下问题：

如何借助直播带货创新会展旅游的营销场景？

任务1 会展旅游市场分析和需求预测

会展旅游是一种包括各类会议、展览会与博览会、奖励旅游、大型文化及体育盛事等活动在内的综合旅游形式，借助各种类型会展的举办，招徕各方客人洽谈业务、交流沟通与旅游参观，为他们提供良好的食、住、行、游、购、娱服务，从而为当地创造良好的经济效益、社会效益和环境效益。

一、会展旅游消费者市场的参与者与购买决策行为

（一）会展旅游消费者市场的主要参与者

会展旅游消费者市场的主要参与者是会展旅游者。会展旅游者根据特征的不同，可以分为正式与非正式两种类型。前者是指组织、协会或其他主办机构的会员以及受到邀请前来参加活动的人员；后者则包含相当一部分不邀自来的活动参加者。

鉴于以上情况，会展旅游组织者需要针对不同的会展旅游者及会展旅游需求，对会展旅游产品进行组合，同时实施多样化的报价。

（二）会展旅游消费者的购买决策行为

与其他旅游者的购买决策行为相似，会展旅游者的购买决策行为主要受到四类因素的影响（如图8-1所示）。

1.个人因素

个人因素通常包括：

（1）个人健康状况。会展旅游举办期间，个人的健康状况会对其是否参加旅游产生影响。健康恶化、身心疲惫或不堪旅行劳苦奔波者一般会放弃会展旅游。

（2）个人财务状况。个人财务状况也会影响购买决策，尤其是当会展旅游的费用主要由会展旅游者本人支付时。

（3）个人家庭事务。当会展旅游活动正好能使个人家庭团聚、提供家庭和睦的机会时，潜在会展旅游者很有可能会选择参加会展旅游活动。

（4）个人时间的可得性。如果个人的计划安排与会展旅游活动的时间冲突，也会影响个人参加会展旅游活动的积极性。

（5）学习与进步的欲望。潜在会展旅游者自身的意愿，尤其是对不同事物的学习意愿以及在事业和学术方面的进取心，都会影响其参与会展旅游活动的热情。

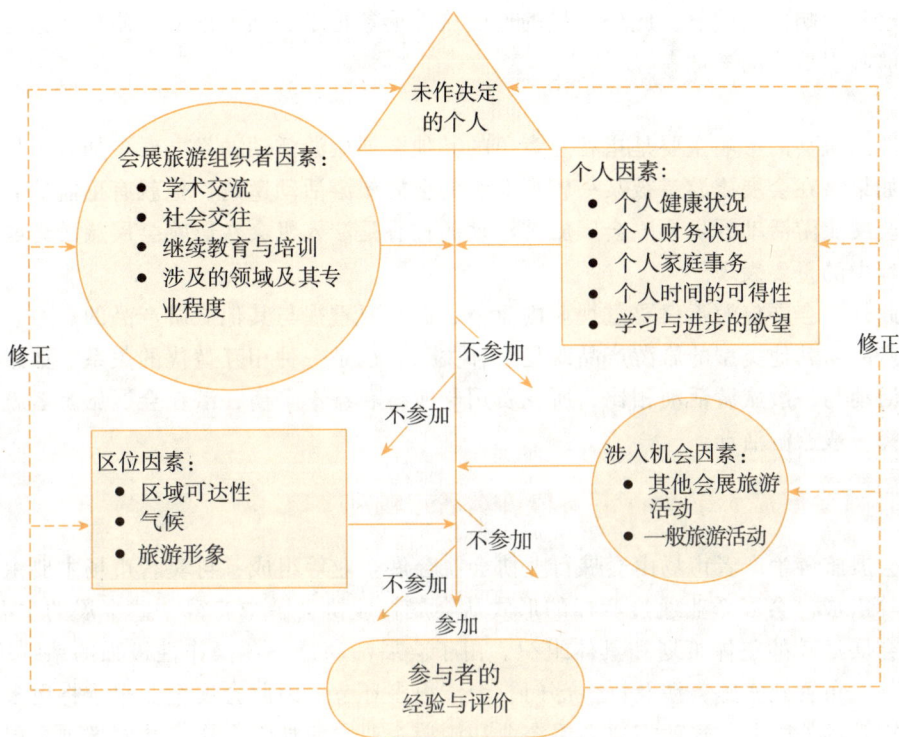

图8-1　会展旅游消费者购买决策过程模型图

解析指引 8-2

会展问答

■ 会展问答 8-1

你能列举会展旅游消费者的购买需求特点吗？

2.会展旅游组织者因素

会展旅游组织者对本次活动的安排以及会展类活动本身的吸引力，也是影响会展旅游者购买决策行为的因素之一。如果通过会展旅游活动能使参加者加强交流与联系、获取有价值的前沿信息，或者能够对参加者的个人职业生涯以及学术地位产生重要影响，那么潜在会展旅游者就会对会展旅游活动持积极态度。一般而言，推动会展旅游如期举行的动力主要有：

（1）聆听本专业领域最有声望的专家的演讲。

（2）跟随本专业领域的最新潮流。

（3）学习新的技能、拓展新的商业与学术关系等。

3.区位因素

区位因素也会对会展旅游者的购买决策行为产生重要影响。如果会展旅游举办地位于会展旅游者的附近，交通便捷，他们就有可能参加会展旅游活动。相关研究表明，举办地的"辐射作用"是非常重要的，通常在大城市举办的会展旅游活动更容易取得较好的效果，在偏僻地区举办的会展旅游活动则相对难以成功。目的地的气候也是影响会展旅游者购买决策行为的重要因素，尤其是当一个人对某种气候比较敏感时，这种影响尤为明显。此外，目的地的旅游形象也是必须考虑的，旅游形象好的地区能够吸引更多的参加者。

4.涉入机会因素

涉入机会的影响主要是指相互竞争的其他会展旅游活动的举办对参加者产生的影响。如果潜在会展旅游者被某一较高等级的会展旅游活动邀请，他就有可能放弃参加其他会展旅游活动的机会。会展旅游活动的重叠是涉入机会在影响会展旅游者购买决策过程中的重要表现。

此外，会展旅游不仅要重视业内竞争，而且要重视与其他旅游产品的竞争。会展旅游产品与其他类型的旅游产品既是互补关系，也是一种相互替代的关系。如果会展旅游活动与一般旅游活动相比，所花费用与所得利益不平衡，潜在会展旅游者就可能会选择一般旅游活动。

知识拓展 8-1

会展旅游市场
的发展趋势

二、会展旅游生产者市场与再卖者市场

会展旅游生产者市场由会展行业协会、会展企业等组成；再卖者市场主要由旅游企业等组成。会展企业通过竞标的形式从会展行业协会手中获得一些会展的主办权，负责会展活动的整体策划和具体组织。由于会展活动是一项操作性极强的系统工程，从招募、布置到实施，涉及许多部门，牵涉很多环节，因此会展企业很难将更多的注意力投入场外服务。这就需要会展企业和旅游企业之间加强合作，共同推进会展旅游市场的正常运作。

会展企业负责招募、宣传以及会场内的组织管理工作，同时寻求旅游企业的支持；旅游企业则发挥行业功能优势，为会展的举行提供相应的场外服务。这种场外服务从会展活动本身拓展开来，涉及餐饮、住宿、娱乐等方面，从而使会展相关人员产生游览、购物等更进一步的需求。

会展旅游的持续发展，客观上要求会展业与旅游业形成良好的对接与协作，实现专业化分工。其最终目标是旅游企业能够全程参与会展活动，介入前期策划、中期服务和后期旅游组织，凭借长期经营旅游业务所积累的行业优势，以树立会展旅游形象与品牌为职责，为会展活动提供各类相关服务，如安排车辆接送、代订客房、餐饮、票务，组织目的地的参观游览和娱乐活动，提供翻译、导游讲解服务等，还可以根据实际需要提供一些专业建议供会展企业参考。

三、会展旅游市场需求预测

会展旅游市场需求预测是依据会展旅游市场的历史和现状，凭经验并应用一定的预测技术对会展旅游市场发展的趋势进行预计和判断，得出符合逻辑的结论的过程。会展旅游市场需求预测是会展旅游企业的一种有目的的活动，主要是为了解决市场营销问题，以及为营销选择提供信息。它服从于会展旅游，是会展旅游的一个有机组成部分。

会展旅游市场需求预测的内容非常丰富，宏观方面主要包括以下内容：

（1）会展旅游的发展态势及变化特征。

（2）会展旅游市场容量及变动趋势。

（3）会展旅游市场价格的变化趋势。

（4）会展旅游需求的变化趋势等。

从会展旅游企业的角度进行会展旅游市场预测，主要是根据已有资料预测目标市场的发展趋势及企业自身市场占有率的变化，以便及时调整企业的经营发展方向，做出正确的经营决策，从而在激烈的市场竞争中立于不败之地。

会展旅游市场需求预测的方法很多，大致可归纳为以下三种：

（一）传统预测技术

传统预测技术主要是由预测者根据已有的历史资料和现实资料，依靠个人经验与综合分析能力，对市场未来的变化趋势做出判断，进而形成预测结果。传统预测技术的优点是不需要投入太多经费，所需时间也比较短，如果运用得当，是很有实用价值的；其缺点在于不能用于长期预测，预测结果的误差较大。

（二）时间序列预测技术

时间序列预测技术是以历史的和当前的时间序列数据资料为基础，运用特定的数学方法对其进行延伸分析，以此预测市场未来的发展变化趋势。时间序列预测技术的花费不大，简便易行。

（三）因果分析预测技术

因果分析预测技术也称相关分析法，即分析市场变化的原因，找出原因与结果之间的联系，据此预测市场未来的发展变化趋势。

■ **会展问答 8-2**

会展旅游市场需求预测应遵循什么样的操作步骤？

▶ **任务拓展 8-1**

收集整理本地会展旅游发展的相关材料，并对本地会展旅游市场进行分析和预测。

解析指引 8-3

会展问答

任务2　会展旅游市场营销方式

一、广告宣传

广告宣传是会展旅游活动的重要营销手段之一，它是指会展旅游组织者以付费的方式租用媒体或以自己购买制作的媒体进行公开宣传，以达到促使会展旅游潜在参与者参加本次活动的目的。与其他营销方式相比，广告宣传可以覆盖所有已知的和未知的目标公众。事实证明，连续刊登广告可以迅速扩大活动的影响力，加深潜在会展旅游参与者对本次活动的印象。不过，会展旅游组织者必须清醒地认识到，广告宣传开支与广告效果不一定成正比，不能因为广告效果较好就盲目增加广告宣传开支。

广告宣传的实施是一项层层推进的工作，相关工作人员可以参考图8-2所示的步骤。

广告宣传准备 → 广告宣传决策 → 广告宣传材料的制作 → 广告宣传的实施与监督

图8-2　广告宣传的实施步骤

（一）广告宣传准备

广告宣传准备阶段要完成的工作主要包括：

1.成立广告宣传小组

在成立广告宣传小组时，选择适当的成员至关重要。一般而言，广告宣传小组成员应做到工作认真负责，协作能力良好，思维敏捷灵活，创作能力突出。在选择广告宣传小组成员的同时，还要明确每个成员的分工，确保分工全面、明晰。

2.明确广告宣传需求

其一，把握目标公众的特征。广告宣传要充分考虑目标公众的年龄、职业、文化程度和生活习惯等特征。例如，普通大众偏好看电视、刷短视频，商业人士则更多接触专业报纸、杂志及相关行业数字平台。只有了解了目标公众接触最多的广告媒介是什么，及其接触此媒介的时间规律，才能提高广告宣传的针对性，增加目标公众接触广告的机会与次数。

其二，把握活动本身的特征。不同特征的会展旅游活动对广告宣传的要求也不一样。行业性、专业性较强的会展旅游活动偏向于在专业性报纸、杂志或专业网站上宣传；风光宜人、面向大众的会展旅游活动在电视、杂志或旅游网站上宣传比较妥当；当传播的信息量多且以文字介绍为主时，宜采用报纸、杂志或互联网进行宣传；对旅游景区的宣传不宜采用黑白印刷品。

其三，把握媒体的性质和传播范围。不同的广告媒体有不同的优点与局限。广告媒体社会声望的高低会影响宣传的吸引力和可信度；媒体信息生命周期的长短及媒体是否有某些方面的限制，也会在一定程度上影响广告宣传的效果。进行广告宣传时，工作人员必须对各类媒体进行综合考量。

此外，媒体的覆盖范围与本次会展旅游活动的目标营销范围一致也是相当重要的。例如，如果会展旅游活动的目标营销范围是全国，则宜选择中央人民广播电台、中央电视台或全国性的报纸、杂志等作为广告宣传媒体；如果会展旅游活动的目标营销范围是局部地区，则选择地方电台、地方电视台或地方报纸、杂志等作为广告宣传媒体即可；如果会展旅游活动的目标营销范围既涉及国内又涉及国外，那么还应该考虑一些国外传媒。

其四，把握媒体的成本。不同的媒体，其广告宣传成本不同；即使同一类型的媒体，也会因为广告时间、版面的不同而有不同的费用标准。例如，电视广告通常较为昂贵，报纸广告则相对便宜；在黄金时间的电视广告费用往往是其他时间电视广告费用的数倍。会展旅游组织者在选择广告媒体时，要充分考虑成本问题，平衡费用与效果的关系。

其五，把握活动举办前的宣传时间。会展旅游组织者还应考虑各种媒体的宣传速度是否符合活动的需要。有些活动的准备时间比较充裕，这时可以选择杂志之类的媒体进行宣传；有些活动需要快速传播，这时选择杂志就可能会贻误时机，最好选择广播、电视进行宣传。

(二) 广告宣传决策

准备阶段过后，广告宣传小组需要做出广告宣传决策，对广告宣传进行一系列规划与控制。广告宣传决策也称广告的5M决策，即在确定目标市场和购买需求的前提下，明确以下五个方面的内容：一是任务 (mission)，即广告目标是什么；二是资金 (money)，即可用经费有多少；三是信息 (message)，即应传送什么信息；四是媒体 (media)，即应使用哪类媒体；五是衡量 (measurement)，即如何评价宣传效果。

其中，市场上可供选择的广告宣传媒体主要有以下几种类型：

1.报纸

报纸具有消息性、新闻性、重复性和可信性等特征，其发行量大、覆盖面广、信息传播速度快、读者层稳定，而且制作简单、灵活、成本低廉。大多数报纸为每日或每周发行，发布频率高，容易形成持续影响。但是，由于报纸的内容往往较多且杂，容易分散读者的注意力，因此报纸广告的注目率比较低，以浏览性读者居多。另外，由于报纸广告不能传播动态画面和声音，因此它对读者的刺激性较弱，广告内容也不易被记住。

2.杂志

杂志的市场细分效果较好，尤其是专业性杂志，读者层相当明确，针对性强。同时，杂志可供读者反复阅读并长期保留，有些杂志的设计还十分精美，充分运用了折页、插页等设计技巧进行图文并茂的宣传，在吸引读者注意力方面比报纸更胜一筹。但是，由于杂志的出版周期较长，因此传播速度较慢，时效性不强。

3.广播

广播的普及率较高、覆盖面广，能以最快的速度把信息传送到全国乃至世界各地。广播的语言形式灵活多样、生动活泼，能够给人以想象的空间，且重复率高、费用低廉。但是，广播广告只有声音，没有图像，播出时间短，传播的信息量有限，给听众的印象不深刻、不准确、不详细，不能保存，容易遗忘。

4.电视

电视广告弥补了广播广告有声无像的不足，它声形兼备，因而形象、生动、逼真，而且电视广告往往色彩鲜艳，感染力和刺激性都很强，容易产生良好的宣传效果。最重要的是，大多数人都喜欢看电视，如果掌握了目标公众看电视的规律，并在此基础上进行一定量的重复宣传，是有利于加深目标观众印象的。但是，电视广告也存在一些问题，如时间短、干扰大、不易保留等，它的费用也相当昂贵。

5.互联网

互联网广告不仅具有电视广告那样形象生动的表现效果，而且时间限制少，可随时随地点击播放。同时，互联网广告传播的信息量丰富，容易存储，可重复读取，并且传播范围很广，甚至可以覆盖全世界。正因为如此，利用互联网开展营销活动正越来越多地受到会展旅游组织者的喜爱。互联网广告的形式主要有旗帜广告、电子邮件广告和文本链接广告等。

知识拓展8-2

会展旅游市场营销策略的制定

行业视窗 8-1 ◀

IFA 展会精彩营销案例

在当今全球化的商业环境中，IFA（柏林国际消费电子展）作为全球极具影响力的科技盛会，为众多品牌提供了展示自身实力和拓展国际市场的绝佳舞台。

1.社媒互动引发参与热潮

在2020年IFA展会举办前，TCL在全球主流社交媒体发起了#TCL Switch On Possibility Challenge#的创意挑战赛，号召网友以各种姿势"花式"开启家里电器，开放有趣的创意挑战将国内外受众纳入同一个沟通语境。

在TCL品牌年轻化战略下，其营销理念显而易见：以年轻人喜闻乐见的内容和方式，与年轻消费者产生精准的沟通。通过社媒互动的营销手段，TCL的品牌知名度得到提升，用户参与度得以增强。最重要的是，吸引了更多人关注TCL在展会上的表现和推出的新品。

2.展位活动唤起情感共鸣

TCL在2020年IFA展会上设置了一个"时光隧道"体验区，让参观者回顾TCL品牌的发展历程和科技创新成果，这一活动增强了消费者对TCL品牌的认同感和忠诚度。

此外，TCL还举办了一些有趣的竞赛活动，如智能电视游戏竞赛等，吸引了众多参观者参与。通过这些互动活动，TCL不仅增加了品牌的趣味性和吸引力，还收集了大量消费者的反馈和意见，为产品的改进和优化提供了重要依据。

3.沉浸式体验营销

在2023年IFA展会上，海尔智家带来沉浸式全场景的智慧家庭体验。展会现场，海尔展示了一系列搭载了全球领先科技的产品，如540毫米大筒径洗衣机、行业首创的双擎热泵系统的X11干衣机等。IFA展会现场，参展的家电企业不在少数，海尔却格外引人关注。除了现场产品所展现的产品创新实力外，海尔在欧洲乃至全球市场的成绩同样不可忽视。2023半年报显示，在行业销量下降8.1%背景下，海尔智家欧洲市场营收增长29.6%，跑赢行业，成为过去8年市场增速最快的品牌。

据统计，2023年IFA展会期间，海尔智家展位每天吸引近10 000名参观者，较上一届展会增长10%；超过90%的参观者表示对海尔品牌的认知度得到了极大提升，海尔品牌的知名度和美誉度也因此显著提高。

4.创新的产品发布策略

在2023年IFA展会上，荣耀携折叠屏概念新品亮相。荣耀通过打造"AI+KOL"（人工智能+关键意见领袖）营销事件，结合人工智能技术与象征未来智能的荣耀新品，在全球范围收获高曝光量和高互动量。展会召开的一周时间内，该营销事件单周曝光量超30万、互动量超3万，成功助力荣耀新品全球造势。

资料来源　佚名．IFA展会营销大盘点：一定有你不知道的精彩营销［EB/OL］．［2024-09-24］．https://www.sohu.com/a/800723856_121982738.

（三）广告宣传材料的制作

广告宣传材料的质量会直接影响广告的宣传效果。工作人员在制作广告宣传材料时，应注意以下几点：

1.目标公众明确

只有明确了会展旅游活动的目标公众，掌握其群体特点，了解其兴趣、偏好、旅游动机等，才能使宣传材料的设计更有针对性和独特性，才能在最短的时间内迅速吸引公众的注意力，并且刺激公众做出某种行为。

2.内容全面积极

宣传材料的内容必须能够满足目标公众的要求，除了宣传会展旅游信息（如日程安排、线路选择、景区的地理位置和旅游价值等）外，还要注意宣传相关会展信息。制作宣传材料时，要倡导健康思想，讲求精神文明，坚持乐观向上的导向。如果目标公众来自不同的国家，还要注意宣传的内容应充分尊重他们的风俗习惯和宗教信仰。

3.语言准确简洁

宣传材料旨在把会展旅游活动的信息准确地传达给目标公众，因此宣传材料的语言必须追求准确简洁，不能使用含义模糊、容易使人产生误解的表达方式，也不能篇幅过长、拖泥带水。

4.材料风格统一

会展旅游活动的所有宣传材料最好采用统一的风格，如使用同一种字体，采用同一种色调，打上同一种标记，这样做能够给公众留下深刻的印象，令公众一目了然。

▶ 行业案例8-1

北京2022年冬奥会和冬残奥会海报发布

2021年9月22日，北京2022年冬奥会和冬残奥会海报正式发布。奥运海报是历届奥运会东道主最重视的文化传播项目之一，北京2022年冬奥会和冬残奥会海报包括官方海报和宣传海报两类。其中，官方海报共三组六幅，如图8-3所示。

图8-3　北京2022年冬奥会和冬残奥会官方海报

资料来源　梁璇. 请收藏！北京冬奥海报发布［EB/OL］.［2021-09-22］. https：//news.cyol. com/gb/articles/2021-09/22/content_QgYw5ujPO.html.

思考：你喜欢哪一组官方海报？说出喜欢的理由。

点睛：奥运海报是北京2022年冬奥会和冬残奥会重要的形象景观视觉元素之一，

是彰显文化自信、营造冬奥氛围、推广冰雪运动、推进全民健身的重要手段。可以从海报的精神内核、文化表达、情感共鸣等方面展开说明。

（四）广告宣传的实施与监督

广告宣传的实施与监督是指向事先确定的广告宣传媒体投放制作完成的宣传材料，随时监督广告是否投放到位，收集公众对宣传广告的反馈意见和建议，并及时做出有效调整和改进。只有紧密跟踪广告的投放，认真听取和采纳各方面的意见，才能使广告宣传达到预期效果，进一步树立组织者的良好形象。

二、人员推广

人员推广是指企业委派自己的营销人员直接向潜在购买者推销某种商品或服务。人员推广的核心是说服用户，使其接受所推销的商品或服务。与其他沟通形式相比，人员推广是一种双向的信息交流，针对性较强，但费用也较高。

（一）人员推广的方式

1.直接发函

直接发函是指将各种资料直接寄给目标公众，并邀请他们参加会展旅游活动。这是会展旅游组织者经常使用的一种营销方法，也是成本效益比最佳的推广方式。会展旅游组织者可以自己组织邮寄，也可以委托专门的发函公司直接发函。前者要求会展旅游组织者拥有自己的目标公众数据库，并将这些数据按行业、地区、产品兴趣及公司规模等标准分类存储；后者则需要会展旅游组织者事先了解发函公司更新邮寄名单的周期，以便确定其质量。直接发函使用的邮寄资料形式多样，通常包括邀请函、宣传册、贵宾卡、赠票及奖券等。

（1）邀请函。邀请函是为会展旅游特别设计制作的一种函件。使用邀请函，既能够表示会展旅游组织者对活动的郑重态度，也能够表示会展旅游组织者对被邀请人的尊重，从而密切双方关系。但是邀请函所载信息往往比较简略，最好同时配套寄发宣传册等详细介绍资料。

（2）宣传册。宣传册色彩鲜明、制作精美，能够对目标公众起到很强的视觉冲击效果。宣传册刊载了包括活动细节在内的很多内容，对活动各方面的介绍十分详尽，因此常常装订成本或册。宣传册不仅可以作为一种宣传推广资料，还可以作为参考资料永久保存。

（3）贵宾卡、赠票及奖券。贵宾卡用于最重要的目标公众，当他们参加会展及会展旅游活动时，凭此卡便可享受贵宾待遇；赠票是寄给目标公众的免费参观票证或旅游景区（点）的门票；奖券是用来参加抽奖、领取小礼品的一种小型凭证。无论是贵宾卡、赠票，还是奖券，它们本身可能并没有多大价值，制作成本也较低，但是它们对收到者而言却有很大的刺激作用，能够带给目标公众一种心理满足感，这也正是此类营销方式的魅力所在。

会展问答 8-3

2.电话推广

电话推广就是利用电话进行的推广活动。电话推广在人员推广的很多领域都发挥着重要作用,是一种"你来我往"的双向交流。需要注意的是,进行电话推广的人员必须在极短的时间内引起目标公众的兴趣,否则对方随时可能挂断电话。另外,电话推广是一种感性推广,推广人员要注意从感性层面下功夫,打动目标公众的心,让目标公众明确参加本次活动会有多大的收获。

3.上门拜访

上门拜访是利用推广人员的肢体语言、面部表情,同时配合声音向目标公众传递信息的一种方式。由于成本高,因此这种方式只针对少数具有很大新闻价值或商业价值的目标公众,如高层领导、行业权威人士等。他们的参加对其他公众有巨大的号召力和影响力,所以活动组织者通常采用上门拜访的方式,诚挚邀请其参加会展旅游活动。

(二)人员推广的步骤

1.寻找目标公众

目标公众就是有可能参加会展旅游活动的那部分公众,但是由于人员推广通常需要较高的成本,因此这种营销手段的目标公众只是所有目标公众中比较重要的那一部分。

寻找目标公众是人员推广的基础。为了高效完成此项工作,工作人员可以依据以下条件寻找目标公众:

(1)公众通过参加本次会展旅游活动能够得到一定的好处,如了解同行业的整体情况,增进与业内人士的沟通、交流等。

(2)公众有时间、有能力参加本次活动。

找出目标公众后,会展旅游组织者就应该按地区、行业性质、参加目的等不同标准分类建立关于本次活动的完整数据库。目标公众的姓名、年龄、民族、职业和职务等都要详细记录,尤其是一定要记清他们的电话号码、邮箱,以便联系。

2.推广准备

推广准备包括直接发函方式中的制作函件、电话推广方式中的拟定电话交流内容、上门拜访方式中的拟定谈话内容等工作。这是正式推广工作进行前的必要准备,可以有效引导或控制推广时出现的各种情况。在准备阶段,一方面,推广人员要对本次会展旅游活动有一个全面、充分的了解;另一方面,推广人员要有针对性地了解目标公众的特定习惯或偏好,或者就目标公众可能提出的一些问题做好准备,以避免沟通中的尴尬和跑题。

3.正式推广

正式推广阶段需要注意一定的技巧。推广工作开始时，目标公众的注意力由于种种原因往往分散于不同事务之中，推广人员首先应吸引目标公众对所推广活动的注意力，然后才能切入正题。为此，推广人员应该做到：

（1）重视留给目标公众的第一印象。

（2）从与目标公众的切身利益有关的话题入手。

（3）尽量采用与众不同的信息传递方式。

成功吸引了目标公众的注意力后，推广人员应迅速激起目标公众对所推广的会展旅游活动的兴趣；否则，目标公众的注意力会再次分散。激起目标公众兴趣最有效的方法，就是让他们了解参加本次活动能够给他们带来的好处。

以激起目标公众的兴趣为前提，推广人员就可以自然转入正题了。无论使用什么技巧，推广人员都要尽可能自然地转入正题，不要给目标公众带来心理负担。如果话题的转换过于突然，就可能会引起目标公众的不安，甚至会使其产生抗拒心理，从而影响整个推广工作。

4.后期工作

一次推广活动的结束并不意味着推广人员的实际工作完全结束，推广人员还必须做一些后期工作，如提醒并协助打算参加会展旅游活动的人员填写报名表、申请表，向他们提供更详细的与活动相关的信息等。

三、公关营销

公关营销是会展旅游组织者利用各种传播手段，与包括参展者、参观者、活动服务者、普通大众、政府机构和新闻媒体在内的各个方面进行沟通，建立正面社会形象、创建良好营销环境的活动。公关营销的步骤如图8-4所示。

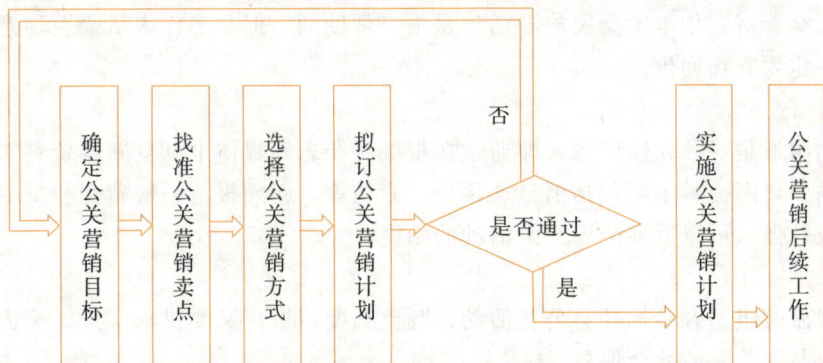

图8-4 公关营销的步骤

（一）确定公关营销目标

会展旅游的每次公关营销都应该有具体的营销目标，即通过本次公关营销活动的开展，要达到一个什么样的目的。

一般而言，会展旅游的公关营销目标包括以下几项：

1.促进会展旅游产品的销售

会展旅游产品销售的内容包括会议预订、展览席位预订、奖励旅游预订、旅游景点及各项活动预订等。

2.树立活动组织者和活动本身的良好形象

如果这个目标达到了，就可以帮助会展旅游组织者吸引更多的客户，进而提高客户的忠诚度。

3.创造良好的外部环境

会展旅游组织者往往希望通过一次或一系列的公关营销，疏通与政府机构、新闻媒体等的关系，从而为会展旅游活动的成功举办创造良好的外部环境。

（二）找准公关营销卖点

公关营销是展示会展旅游组织者及会展旅游活动形象的平台，它要求工作人员找准公关营销卖点，并以该卖点作为策划本次公关营销活动的依据和主线。这里的"卖点"是指公关营销活动设计中最精彩、最传神的地方。

（三）选择公关营销方式

目前，市场上可以选择的公关营销方式较多，如召开新闻发布会、进行新闻报道、参加社会公益，以及组织专题公关等。工作人员可以考虑将几种公关营销方式结合起来使用，以达到较好的营销效果。

1.新闻发布会

新闻发布会又称记者招待会，它是会展旅游组织者广泛传播信息、吸引新闻界客观报道、维系良好媒介关系的重要手段。如果组织得当，新闻发布会将是一个成本低且效益高的营销手段。在会展旅游活动筹备期间以及活动开幕前后，就有关情况召开新闻发布会，对宣传本次会展旅游活动是很有帮助的。但是工作人员需要注意，发布的内容一定要有新闻价值。

2.新闻报道

新闻报道是一种软性广告，即通过在报纸、杂志等媒体上刊登新闻资料来达到宣传的目的。新闻资料主要包括消息、评论、专访等。新闻报道一般费用较低、可信度高、实效性强，可以贯穿会展旅游活动的始终。

3.社会公益

会展旅游组织者参加社会公益活动，既要态度积极，又要讲求实效，努力树立自身"义"与"善"的社会形象。

4.专题公关

专题公关的内容很多，在会展旅游领域，比较常见的有会展及会展旅游吉祥物评选、会展活动的徽标征集、旅游线路征集、旅游景区征文比赛、旅游地形象大使评选、组织相关联谊会等。

育德润心 8-1

辽宁文旅亮相2025西安丝绸之路国际旅游博览会

行业视窗 8-2

中华人民共和国第三届职业技能大赛

吉祥物设计方案征集公告

为深入贯彻落实习近平总书记关于技能人才工作重要指示批示精神，经国务院批准，中华人民共和国第三届职业技能大赛（以下简称"第三届全国技能大赛"）将在河南郑州举行。第三届全国技能大赛由人力资源社会保障部主办，河南省人民政府承办。为进一步提升第三届全国技能大赛的品牌传播力、影响力和知名度，现启动第三届全国技能大赛吉祥物设计方案征集活动。现将有关事项公告如下：

一、征集时间

自公告发布之日起，至 2025 年 3 月 15 日 24 时止（以电子邮件发出日期为准）。

二、作品要求

作品内容不得违背党的路线方针政策，不得违反国家法律法规，不得有悖于中华优秀传统文化和公序良俗。

（一）内容积极、健康、向上，传递正能量。

（二）紧扣第三届全国技能大赛"技能照亮前程"主题，体现"工匠""技能""劳动""人才"等元素；凸显大赛举办地河南深厚文化底蕴、鲜明地域人文特色；与中华人民共和国职业技能大赛标识相融合。

（三）以人物、动物、植物等实物或抽象物为原型；或自行创造出一种赋予生命力的造型玩偶。生动讨喜、形象鲜明、辨识度高、令人印象深刻，并具有独特的艺术创意和感染力，能够得到不同受众人群的普遍认同。

（四）吉祥物应配有中文名字。名字要契合其整体形象，且得体、朗朗上口，便于发音、记忆，没有歧义。

（五）作为第三届全国技能大赛对外宣传、进行推广及社会活动的形象标识，应符合媒体转载、传播的需求，在实际应用中有良好的视觉效果；可用于各类展示展板、广告海报、书报画册、文创等展览展示物品的印刷和喷绘；在任何颜色、材质、大小、平面或立体、静态或动态的载体中体现时，均不影响设计的整体视觉美感和表现力，并能适用于所有技能领域的延展应用。

三、评选及奖励方式

（一）作品评选

评选工作采取专家评审方式进行。本次活动将从投稿中筛选出入围作品 5 个，从中评出优胜作品 1 个、优秀作品 2 个。为保证征集质量，所设奖项可空缺。

（二）奖励方式

优胜作品创作者获得人民币 50 000 元设计劳务费和证书，其作品作为第三届全国技能大赛吉祥物应用于大赛视觉系统设计和宣传。

优秀作品创作者获得人民币 5 000 元设计劳务费和证书。

未获得优胜作品、优秀作品的其他入围作品创作者获得人民币 3 000 元设计劳务费和证书。

设计劳务费为税前金额，以作品为单位发放。入围作品为多人合作设计的，设计劳务费由作者中第一署名人领取并自行分配，所涉纷争与主办方无任何关系。

四、作品提交

应征者以电子稿形式投送，邮件注明"第三届全国技能大赛吉祥物征集"字样，并符合以下要求：

（一）提交材料清单（见附件）

1.《第三届全国技能大赛吉祥物设计应征作品创作者著作权确认书》。

2.《第三届全国技能大赛吉祥物设计方案征集活动报名表》（表内含设计说明）。

3.第三届全国技能大赛吉祥物设计样图。

（二）提交材料要求

1.《第三届全国技能大赛吉祥物设计应征作品创作者著作权确认书》《第三届全国技能大赛吉祥物设计征集活动报名表》应由作品设计者签字（或盖章）。

2.设计者须提交一套完整的设计作品，作品可以单幅图稿表现，也可以多幅图稿组成，应有正面图、左右侧面图及背面图；《第三届全国技能大赛吉祥物设计征集活动报名表》中应附200～500字设计创意说明，包括但不限于名字、创作理念、性格个性、背景故事等（请勿直接写在设计稿上）。

3.设计作品以图片形式提交，作品尺寸统一为A3竖排版（297 mm×420 mm），电子文件分辨率不低于300 dpi，色彩模块CMYK格式。图片要求提供JPG和PDF两种格式，JPG以RAR格式压缩打包，PDF以单排版后的文件提交，最大不超过10页。同时，须提交可用于印刷生产的位图源文件或矢量源文件。

4.应征者自行承担参加征集活动所发生的全部费用和支出。

五、有关事宜

（一）投稿作品需要保证完整性，完全原创，且尚未以任何形式公开发表，不得侵犯任何第三方的知识产权以及其他权益。因抄袭等行为引起的任何纠纷均由作者本人负责。除署名权之外，所有提交的设计作品的一切知识产权（包括但不限于著作权、商标权、专利权）均归活动主办方所有。活动主办方、活动主办方授权的承办方均有权对应征作品进行任何形式的使用、开发、修改、授权、许可或保护等活动，无须获得应征作品创作者的单独同意。中选作品中的吉祥物名字并不一定能被保留作为吉祥物的最终名称，活动主办方、活动主办方授权的承办方均亦有权进行修改、变更等，无须获得应征作品创作者的单独同意。

在征集活动期间，无论应征作品创作者提交的应征作品是否最终入选，应征作品创作者应对因参与本次征集活动所提交的应征作品相关的资料和信息承担保密义务，保证其不会以任何方式向任何第三方披露前述任何资料或信息。应征作品创作者不得在任何时间、任何地点以任何形式对是否响应本征集作品及是否参加本次征集活动进行商业性宣传。在本次征集活动期间，活动主办方保留取消违反上述保密及宣传限制义务的应征作品创作者参加本次征集活动资格的权利。

（二）凡投稿者均被视为认可本公告内容，本次活动最终解释权归中华人民共和国第三届职业技能大赛执委会所有。

六、联系方式

联　系　人：××

联系电话：×××××××××××

投稿邮箱：×××××××@126.com

附件：

1.第三届全国技能大赛吉祥物设计应征作品创作者著作权确认书

2.第三届全国技能大赛吉祥物设计方案征集活动报名表

3.中华人民共和国职业技能大赛标识

中华人民共和国第三届职业技能大赛执委会

2025 年 1 月 27 日

资料来源　河南省人力资源和社会保障厅.中华人民共和国第三届职业技能大赛吉祥物设计方案征集公告〔EB/OL〕.〔2025-01-27〕. https://hrss.henan.gov.cn/2025/01-27/3118873.html.

（四）拟订公关营销计划

拟订公关营销计划即拟订公关营销的具体内容和实施程序。以召开新闻发布会为例，在这个阶段，需要确定发布会的召开时间、召开地点、出席媒体、要发布的主要内容、程序安排、开场情景、经费预算，以及相关人员、主持人、发言人等。

（五）实施公关营销计划

公关营销计划一旦采用，就进入具体实施阶段。工作人员应注意巧妙制造新闻，以吸引采访和报道，从而扩大影响范围。在形式上，新颖独特的公关营销活动能激起公众的兴趣，也是新闻媒体乐于采访的好素材。此外，工作人员应有意识地吸引甚至专门邀请权威人士或社会名流参与会展旅游的公关营销活动及整个会展旅游过程，以更好地为会展旅游宣传造势。

（六）公关营销后续工作

公关营销后续工作包括公关营销的效果评价与总结等，这些工作细小、烦琐，并且非常重要。以新闻发布会为例，新闻发布会之后应尽快整理会上的记录材料，对发布会的组织、布置、主持和回答问题等工作做出评价和总结，并归档备查。工作人员要注意收集参会记者在报刊、电台、电视上发表的新闻报道，并对这些报道的内容及倾向做出分析，检查其是否达到新闻发布会的预期目标，是否存在失误或造成谬误。如果出现不利于会展旅游组织者的报道，并且是由会展旅游组织者自身行为不当引起的，则会展旅游组织者应虚心接受并设法补救；如果是记者方面的问题，则会展旅游组织者应说明真相，并要求媒体更正。此外，收集记者及其他与会代表对新闻发布会的评价也是十分必要的，要了解接待等方面的工作是否令人满意，并对照签到簿看哪些记者进行了报道，以此作为今后举行类似发布会邀请记者的参考依据。

▶ **任务拓展 8-2**

以小组为单位，每组收集整理一个有代表性的会展旅游市场营销案例，并分享到班级群里，进行交流研讨。

项目练习

一、判断题

1.与其他旅游者的购买决策行为相似，会展旅游者的购买决策行为主要受个人因素、会展旅游组织者因素、区位因素、涉入机会因素等的影响。（　　）

2.会展旅游生产者市场由会展行业协会、会展企业等组成；会展旅游再卖者市场主要由旅游企业等组成。（　　）

3.广告宣传开支与广告效果成正比。（　　）

4.人员推广方式可以覆盖所有已知的和未知的目标公众。（　　）

5.公关营销后续工作包括公关营销的效果评价与总结等，这些工作细小、烦琐，但却非常重要。（　　）

在线测评 8-1
判断题

二、简答题

1.会展旅游消费者的购买决策过程是怎样的？

2.会展旅游市场营销的主要方式有哪些？

3.会展旅游广告宣传的步骤是什么？

4.会展旅游人员推广的常用方式有哪些？

5.会展旅游可以选择的公关营销方式有哪些？

项目实践

场景：上海旅游节开幕在即，请你从广告宣传方面进行相关营销设计，并编写广告营销方案。

操作：

（1）根据本项目所学知识，了解上海旅游节的信息。

（2）选择并确定广告宣传媒体。

（3）确定在相应媒体上投放的广告内容与形式。

（4）编写广告营销方案，并接受全班提问。

（5）教师点评。

价值引领

会展行业发挥"乘数效应"赋能城市发展

近年来，随着中国国际服务贸易交易会、中关村论坛、北京文化论坛、金融街论坛、中国（北京）国际科技产业博览会等品牌会展活动的举行，北京市在国际会展业中的影响力进一步增强。

在 2025 北京国际会展组织圆桌会上，国际展览界嘉宾围绕"会展如何赋能城市产业发展""会展业如何带动城市消费"等话题积极建言献策。

"会展是落实首都城市战略定位的重要载体，是连接生产与消费、供给与需求、国内与国际的重要桥梁。"北京市贸促会相关负责人表示，圆桌会紧扣发展新质生产力、大力提振消费等需求，邀请全球会展业领军者探讨新形势下会展业发展趋势和北京会展业发展重点，凝聚行业智慧，发出前沿声音。

此次圆桌会的与会嘉宾既有国际展览业协会（UFI）、国际展览与项目协会（IAEE）等国际会展组织和行业机构的负责人，也有新加坡旅游局展览与会议署等政府主管部门和贸促机构负责人，还有法国智奥、英国励展等全球知名会展企业负责人。10余个国家和地区的会展负责人对北京会展的影响力给予了充分认可，并对行业在中国的发展前景充满信心。

北京市商务局党组成员、北京市国际服务贸易事务中心主任赵旗舟表示，会展业聚集了国际高端资源，在城市对外交往中起到了重要的平台和窗口作用。北京作为重要的国际会展目的地城市，会展资源要素高度集聚，会展活动市场活跃，具有突出优势。不仅如此，展会期间达成的各类成交项目的落地率和金额执行率都超过90%，展会效果十分突出。

会展行业具有典型的"一业带百业"特性，其乘数效应不可忽视。"全球会展业每年创造的经济效益超过2 000亿美元，可提供340万个就业岗位，覆盖工业、服务业等多个领域。"国际展览业协会首席执行官柯世祺表示，基于这种规模经济，参与者每花费1元就将产生2.4元的经济影响，这样的雪球效应还将伴随着会展业的持续发展得以加深。

在汉诺威米兰董事总经理刘国良看来，会展赋能城市产业发展包括帮助产业集聚、促进贸易合作、推动新技术交流和展示、人才交流和培养四个维度，汉诺威米兰将不断提升展会的服务质量和专业水平，提供更加高效、便捷的交流合作平台。

会上，北京国际商会会展业专业委员会正式启动，旨在加强北京与国际知名会展组织和行业机构的交流合作，吸引符合首都功能定位的国际知名展会、企业机构落地北京并在京办展，为北京建设具有国际影响力的会展之都提供支撑，进一步助力北京国际消费中心城市建设。

资料来源 晏澜菲. 会展行业发挥"乘数效应"赋能城市发展［N］. 国际商报，2025-01-16（3）.

思政元素：开放包容 新发展理念 责任意识

价值分析：会展行业以"乘数效应"赋能城市发展的实践，生动诠释了中国特色社会主义制度下开放发展与协同发展的辩证统一。从北京汇聚全球会展资源（如国际展览业协会等机构参与）到项目落地率和金额执行率均超过90%的务实成效，既彰显了我国以开放姿态融入全球产业链的战略定力，也印证了"一业带百业"中创新驱动与产业协同的新发展理念。当汉诺威米兰等国际会展企业与北京共建合作平台，当展会成为连接生产消费、国内国际的桥梁，这不仅是经济效率的体现，更蕴含着"全国一盘棋"的大局意识——首都以会展为支点落实国家战略，正是个体发展服务国家大局、全球合作促进共同发展的生动诠释，为青年理解中国开放发展的世界意义提供了鲜活案例。

项目评价

本项目学习效果评价见表8-1。

表8-1　　　　　　　　　　　　　　　学习效果评价表

评价维度	评价指标	学生自评（30%）	教师评价（70%）	得分小计
学前准备（25分）	自觉拓展：主动查阅行业前沿资料（10分）			
	深度理解：结合案例进行理论分析，并尝试进行实践应用（10分）			
	创新思维：尝试跨学科提出创新性关联问题，并有一定的思考（5分）			
学中实践（40分）	主动探究：在小组讨论中提出创新解决方案，并得到成员们的采纳或认可（10分）			
	解决问题：运用理论分析实际案例，提出建设性方案或建议（10分）			
	表达创新：在课堂汇报中灵活运用新媒体技术（10分）			
	团队协作：在集体项目合作中承担某个角色，创新性完成某项任务（10分）			
学后转化（35分）	理论迁移：在课程论文或其他任务中构建具有一定科学性的分析模型或提出具有一定新意的观点（5分）			
	实践应用：参与会展旅游产业相关实践活动或实战任务（10分）			
	德育素养：在理论学习和实践训练过程中树立正确的国家观、历史观、民族观、文化观（10分）			
	创新成果：提交会展旅游产业相关议题的解决方案、优化提案或策划方案等（10分）			
综合评价得分				

会展旅游综合服务管理

项目导言

■ 会展旅游作为特定的旅游类型，离不开食、住、行、游、购、娱六大要素的支持。会展旅游需要一个完整的产业链的配套与协作，任何一个要素的缺乏，都构建不了兴旺的会展旅游产业。所以，成功的会展旅游产品必然是食、住、行、游、购、娱等众多服务要素协调运转的系统。

项目目标

■ 知识目标：掌握会展旅游餐饮安排的程序；熟知会展旅游住宿安排的原则和程序；了解会展旅游的交通方式；掌握会展旅游交通管理的主要内容；熟悉会展旅游的游、购、娱管理；熟知会展旅游导游工作的程序。

■ 技能目标：能够根据会展旅游活动要求，综合安排食、住、行、游、购、娱等工作。

■ 素养目标：培养学生良好的职业道德，具有爱岗敬业、知行合一的职业素养。

知识导图

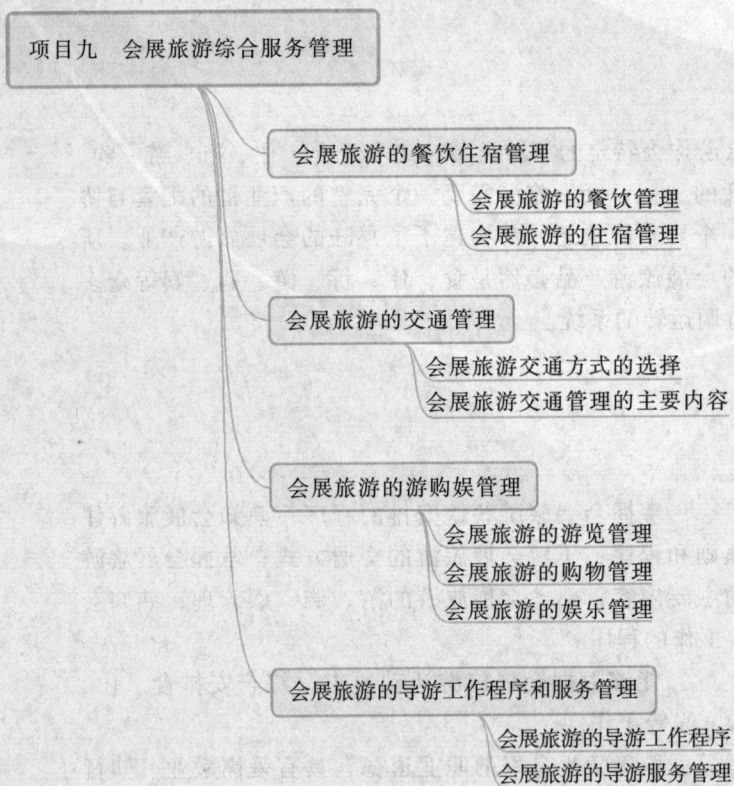

项目九　会展旅游综合服务管理

会展旅游的餐饮住宿管理
　　会展旅游的餐饮管理
　　会展旅游的住宿管理

会展旅游的交通管理
　　会展旅游交通方式的选择
　　会展旅游交通管理的主要内容

会展旅游的游购娱管理
　　会展旅游的游览管理
　　会展旅游的购物管理
　　会展旅游的娱乐管理

会展旅游的导游工作程序和服务管理
　　会展旅游的导游工作程序
　　会展旅游的导游服务管理

项目导入　广东省旅游控股集团有限公司升级"广式服务"，喜迎八方宾客

第137届广交会于2025年5月5日圆满落下帷幕，来自世界各地的参展商和采购商齐聚一堂。广东省旅游控股集团有限公司各成员企业以"绣花功夫"持续雕琢服务细节，以兼具便利、舒适和文化属性的住宿体验迎八方宾客，为"广交世界　互利天下"贡献旅控力量。

满房捷报频传，入住迎高峰

广东省旅游控股集团有限公司各成员酒店精准捕捉客商需求，通过精细化、便利化、智能化的升级版"广式服务"，成功将国际展会流量转化为酒店流量，经营业绩显著提升。

广交会期间，多家酒店实现连续满房佳绩，满房天数同比大幅提升，叠加"五一"假期，营收同比实现两位数增长。

文商旅深度融合提质升级

广东省旅游控股集团有限公司各成员酒店完美保持备受赞誉的"广式服务"精髓，积极焕新升级，深度融合"效率优先"与"文化浸润"，以品质服务展现广州城市旅游目的地形象。

各酒店内设广交会专属办证服务点，通过提前分流、开辟绿色通道等优化举措，大幅缩减境外采购商等候时长。

白云宾馆、亚洲国际大酒店、华厦大酒店、三寓宾馆、白云湖畔酒店等客房全面升级，色调搭配、家具陈设尽显岭南风格，高品质床上用品确保舒适睡眠环境。

各酒店提供往返广交会展馆穿梭巴士接送服务，其中，白天鹅宾馆推出往返展馆定制交通船，将原本45分钟的航程巧妙转化为流动的文化展示空间。

广交会期间，非遗、民俗活动轮番登场，以酒店场景为载体，带领八方宾客沉浸式感受中华优秀传统文化魅力，让酒店本身即成为旅游目的地。

白天鹅宾馆上演"非遗走进白天鹅"主题活动，刚柔并济的滚灯舞表演辅以书法与锦灰堆技艺的沉浸式互动体验，让客商得以近距离领略岭南文化的独特韵味。

白云宾馆在客商回馆高峰时段粤韵舞起，亚洲国际大酒店举办日落音乐会。

华厦大酒店、广东大厦开展民乐古音古风演奏活动，悠扬古筝琵琶旋律卸下宾客商务疲惫。

广东迎宾馆为宾客提供拓印、香囊制作体验，古风投壶互动游戏现场笑声阵阵。

广东温泉宾馆带领宾客体验八段锦养生操，唤醒身心能量场。

广东胜利宾馆举办"胜利乡村振兴市集"，展现贵州遵义等地乡村特色优质农产品、手工艺品。

品质旅游，优质服务

"五一"假期出入境双向升温，政策红利释放市场潜力。广东省旅游控股集团有

限公司旅行社业务总营收、出团人次同比增长均达五成，其中入境游营收、人次同比大幅提升。

广交会期间，广东中旅、广东青旅两家旅行社以专业的服务，接待500余名入境客商，为广交会助力添彩。

广东中旅推出5天连休+拼假之旅，结合免签、落地签、电子签极简办，为跨国深度游提供充足时间，主推东南亚海岛、东欧秘境、北非沙漠以及10多个免签目的地纯玩无购物线路。

广东青旅围绕粤港澳大湾区设计了广深港商务休闲3日游、广佛顺岭南美食3日游、广汕潮海滨美食3日游、广珠欢乐主题2日游等6条入境游产品。

广东省旅游控股集团有限公司各成员企业切实用产品和服务践行"遇见旅控、共创美好"的服务理念，以悦心的服务品质助力广交会"金字招牌"焕发新时代风采，为促进外贸稳量提质贡献力量。

资料来源　广东省人民政府国有资产监督管理委员会. 旅游控股集团升级"广式服务"，喜迎八方宾客［EB/OL］.［2025-05-09］. https://gzw.gd.gov.cn/gkmlpt/content/4/4707/post_4707916.html?jump=true#1333.

请根据以上材料，思考以下问题：

广东省旅游控股集团有限公司是如何通过升级"广式服务"持续擦亮广交会"金字招牌"的？

任务1　会展旅游的餐饮住宿管理

餐饮和住宿是旅游者的基本需求，餐饮和住宿管理工作是会展旅游服务管理工作的重要组成部分。在吃住方面达标，甚至超越游客的心理预期，是提供优良会展旅游综合服务必不可少的环节。

一、会展旅游的餐饮管理

（一）餐饮管理的准备工作

餐饮管理与其他管理相似，也要做好准备工作。准备工作是否充分，会直接影响后续工作的实施。一般而言，在准备阶段，会展旅游餐饮管理者需要做好以下工作：

（1）统计参加会展旅游的人数。

（2）了解参加会展旅游人员的基本情况，如年龄、性别、国籍、宗教信仰、职业等。

（3）查阅当地有关餐饮的法律法规。各地针对餐饮行业都制定了相应的法律法规，会展旅游组织者应当考虑到这些法律法规的要求。

（二）餐饮管理的要求

1.安全卫生

餐饮管理，卫生第一。只有安全卫生的饮食，才能使会展旅游者吃得好、吃得满意、吃得放心。因此，会展旅游组织者应按照有关食品卫生的要求和规定，在采购、运输、制作各个环节采取措施，以确保餐饮安全。

2.规格适中

会展旅游活动与一般旅游活动不同，应根据会展旅游的经费确定就餐标准，并贯彻勤俭节约的原则，反对大吃大喝和铺张浪费。

3.照顾特殊

会展旅游者中如果有餐饮习惯不同的少数民族同胞、外宾或其他有特殊餐饮要求的参与者，应给予特别照顾，尽可能满足他们的需要。

知识拓展 9-1

不同规模会展
旅游活动中的
餐饮工作安排

（三）餐饮管理的工作程序

1.制订餐饮工作方案

（1）就餐标准：明确早、中、晚三餐的具体支出。

（2）就餐时间：一般应综合考虑会展旅游活动的作息时间。

（3）就餐地点：如果人数较多，应多安排几个就餐地点。

（4）就餐形式：确定采取个人分食制还是同桌合餐制。

（5）就餐座位安排：确定就餐时是自由就座，还是按预先的编组就座。

（6）就餐凭证：确定是凭证件就餐，还是工作人员统一组织就餐。一般小型会展旅游的餐饮服务没有必要使用餐券，只要让参与者彼此结伴或出示名卡就可以了。

2.选择餐厅

餐厅的选择要考虑以下几点：

（1）餐厅大小是否能够容纳全体会展旅游者。

（2）餐厅的卫生条件是否能够达到规定标准。

（3）饭菜品种和质量是否能够满足要求。

（4）餐厅与旅游景点或会展活动场地的距离是否适当。

（5）价格是否合理。

3.统计就餐人数

准确统计就餐人数是安排餐饮的重要前提。人数不准确，偏多则会造成浪费，偏少则会影响部分参与者的用餐需求。

统计人数的常用方法是通过会展旅游者签到簿确定最终用餐人数。需要注意的是，用餐人数通常处于动态变化中，餐饮管理人员要与会展旅游组织者密切交流相关信息，时时跟进调整就餐人数。

4.制定菜谱

会展旅游组织者应重视菜谱的制定，在经费预算范围内，尽可能与餐厅商定一份科学、健康、合理的菜谱，并根据会展旅游参加人员的背景（如来源地、宗教信仰）

区别安排餐饮，尽可能满足少数民族同胞和一些有特殊饮食习惯的人员的需求。一般而言，国际性会展旅游活动在餐饮方面要注意中西结合，在条件允许的情况下，也可选择一些具有地方特色的菜品，从而使会展旅游者更多地了解当地的风土人情，丰富旅游体验。

行业视窗 9-1

健康与功能型菜单：从"趋势"走向"必选项"

1. 健康菜单的构建逻辑

（1）设立健康标识系统：如"低热量""无麸质""高蛋白""生酮友好"等图标。

（2）食材甄选原则：优先使用有机农场、本地季节性、少加工食材。

（3）营养结构均衡：确保主菜中蛋白质、脂肪、膳食纤维占比合理。

（4）满足多样口味需求：引入中餐、西餐、亚洲融合等菜系，使"健康"不等于"单一"。

2. "轻医养"趋势下的餐饮跨界合作

一些高端度假酒店与营养诊所、传统医学机构合作开发"定制营养套餐"，配合睡眠管理、轻断食、排毒理疗形成完整的产品体系，呈现出"餐饮+健康+养生"的商业融合：

（1）早餐设计符合间歇性断食原则。

（2）午餐适合调节血糖与情绪平衡。

（3）晚餐控制热量、强调睡前代谢减负。

（4）整体配合SPA与运动项目，共同干预健康目标。

资料来源　根据合纵酒店顾问《酒店创新系列报告2025：服务创新——餐饮篇》整理。

解析指引 9-2

会展问答 9-1

制定菜谱时需要注意哪些事项？

5. 餐前检查

就餐之前，要对饭菜质量、份数、卫生状况等进行必要的检查，一旦发现问题，应及时纠正或者调整。

6. 用餐服务

用餐服务的内容通常包括以下几个方面：

（1）餐桌布置。不同用餐地点使用的餐桌饰品不相同，餐具、餐巾、桌布和花卉等都要协调统一，并且与会展旅游者的身份相配。

（2）安排座位。安排座位最常用的办法是自由入座，参加者可以自己选择坐在哪里就餐。如果需要保留座位，应该事先做出声明，并把要保留的座位用明显的标志区别出来。

（3）收取餐券。如果餐饮服务要使用餐券，应事先协商好由谁负责收取餐券，以防造成混乱。通常可以安排服务人员在就餐者全部入座时收取餐券。

（4）就餐形式。就餐形式通常为自助餐或半自助餐。采取自助餐形式时，可以将食物放在餐台上，就餐者到餐台旁自取所需；采取半自助餐形式时，除了将食物放在餐桌上让就餐者自取所需外，有些食物如肉类，则由侍者为就餐者分发。

（5）控制环境。由于就餐者人数一般较多，因此会展旅游组织者需要考虑环境问题。如果在餐饮服务的同时还有其他节目，可能还需要考虑灯光照明问题。

7.餐后反馈

会展旅游者就餐后，会展旅游组织者要注意听取他们对饭菜质量以及餐饮服务的意见，以便及时改进。

育德润心 9-1

美食展现文化自信　北京冬奥会餐饮服务保障惊喜连连

二、会展旅游的住宿管理

（一）住宿安排的要求

1.相对集中

会展旅游的住处要求相对集中。这样做一方面有助于旅游活动期间的管理和服务，另一方面有助于会展旅游者之间的沟通和交流。

2.距离适中

距离适中是指要考虑到住宿地与旅游景点之间的距离。会展旅游通常有两种情况：一种是住宿地既是会展活动举办地，又是旅游活动目的地，将会展、住宿、旅游融为一体；另一种是住宿地与旅游景点分开，需要乘坐交通工具才能到达。如果属于后一种情况，那么住宿安排就要考虑到本次会展旅游活动的需求。

3.设施齐备，确保安全

会展旅游者住宿的宾馆或酒店除了应具备基本的生活设施外，还必须具备良好的消防和安全设施，并配备专门的保安人员，以确保安全。

4.合理分配，特殊照顾

房间的分配是一个比较敏感的问题。职务和身份相同的会展旅游者，其住房标准应大体一致，以免产生误解。如果会展旅游者的身份高低不同，在安排住房时，则有必要进行适当的区别，要做到合理、合情。另外，分配房间时还要照顾有特殊需求的会展旅游者。

5.规格适中，勤俭节约

在会展旅游活动费用中，住宿费用往往占很大比例，因此贯彻勤俭原则是很有必要的。会展旅游组织者应根据会展旅游活动的实际需要确定住宿规格，不要盲目追求高标准。

■ 会展问答 9-2

杭州某酒店承办了中国旅游饭店业协会举办的一次会议活动。其中，10位参加者是高校领导、酒店高层管理者；其他60位参加者（男性24人、女性36人）是高校旅游管理专业教师和酒店中层管理者。此次活动应该如何安排房间？

解析指引 9-3

会展问答

（二）住宿安排的原则

1.满足个性需求

当今时代，人们普遍追求个性、彰显个性，旅游市场对个性化服务的需求也十分强烈。根据活动形式的不同，会展旅游者可分为会议旅游者、展览旅游者、节事旅游者、奖励旅游者等；根据性别的不同，会展旅游者可分为男性会展旅游者和女性会展旅游者；甚至可以根据习惯和爱好进行分类，如抽烟与否、喜欢健身与否等。会展旅游者个性鲜明，工作人员在安排住宿时可以考虑打破传统的"标房"模式，提供适合不同活动形式、不同性别、不同爱好、不同年龄群体的多样化客房，以满足会展旅游者的"个性化"的心理需求。

行业视窗 9-2 ◀

酒店女性专属楼层服务创新实践

1.中国郑州富力万达文华酒店

中国郑州富力万达文华酒店设有"My Girl"女士楼层，房间装饰充满宋代古风，营造出温馨舒适的氛围，让入住的女性宾客感受到独特的文化韵味和家的温暖。房间内还配备悦己礼盒（包含洁面乳、精华液、精华霜、护手霜、颈部精华、润唇膏、泡泡浴块、枕边喷雾等）和如风礼盒（包含卫生巾、洗脸巾、卸妆湿巾、暖宝宝、头绳等），满足女性宾客的护肤和放松需求，让女性宾客在旅途中也能轻松管理形象，时刻保持优雅与自信。此外，酒店还设有云端泳池健身房，女性宾客可以在这里边运动边欣赏城市美景，尽享快乐时光。

2.新加坡蓝水胶囊女性专属旅馆

新加坡蓝水胶囊女性专属旅馆配备共享厨房、自助洗衣房及24小时紧急呼叫系统。其独特之处在于与本地女性创业品牌合作，客房内提供可租赁的商务套装和配饰，并设置"女性创业共享空间"，配备高速网络、打印设备及小型会议室，吸引自由职业女性长期入住。

3.挪威奥斯陆格兰德酒店

挪威奥斯陆格兰德酒店是欧洲首家推出女性专用楼层的酒店。该楼层由4位女性设计师打造，每间客房皆以挪威杰出女性的名字命名。房间内陈列女性艺术家作品，并提供定制化城市导览服务（聚焦女性历史地标），同时配备护肤品、瑜伽垫及新鲜水果；房间外设有女性主题画廊，形成了沉浸式文化体验。

4.沙特阿拉伯利雅得卢坦酒店

沙特阿拉伯利雅得卢坦酒店是中东地区首家女性专属酒店。该酒店由沙特阿拉伯公主及商界女强人共同创立，被视为提升女性社会地位的标志，入住客人可在无男性陪同的情况下享受安全、私密的住宿环境。

资料来源　根据相关资料整理。

2.满足工作需求

会展旅游者不同于一般旅游者，很多时候，会展旅游者在旅行的过程中还带有"工作"的目的，需要在房间内准备发言稿、起草修改文件和对外联系，因此他们要求酒店客房能兼作办公室，如配备宽大的桌子、舒适的座椅和充足的照明，并提供常用文具及电脑、传真机、打印机等办公设施。

3.满足安全需求

在住宿安排中，安全是首要且核心的原则，它贯穿于选址、设施、服务等各个环节。安全既是保障宾客生命与财产安全的基本要求，也是酒店履行社会责任、维护品牌信誉的核心前提。尤其对会展旅游者而言，安全的住宿环境是其安心参加会展旅游活动的基础。

4.满足环保需求

环保也是安排住宿时必须遵循的一个原则。如今，以"保护环境，崇尚自然"为宗旨的绿色革命迅速在全球范围内掀起，并对旅游业提出了新的要求。为了提高会展旅游者的满意度，会展旅游组织者可较多考虑获得 ISO 14001 环境管理体系认证的相关酒店。

（三）住宿安排的工作程序

1.制订住宿工作方案

在安排住宿时，首先要制订住宿工作方案，这一方案也可以同餐饮管理方案一起制订，内容包括：

（1）所住酒店的地点。

（2）所住酒店的规格。

（3）所住酒店的费用。

（4）房间分配原则等。

2.统计住宿人数

住宿人数的统计可分为两步：第一步，根据会展旅游活动报名表或申请表统计大致人数，并据此估算所需房间数量；第二步，统计实际报到人数，这一数字比较准确，是最后落实房间和床位的依据。

3.分析住宿人员的情况

在分配房间之前，应仔细分析住宿人员的基本情况，包括性别、年龄、职务、职称、专业，以及生活习惯等。一般情况下，应优先照顾女性、年长者和职务较高者。如果安排双人标房，可适当考虑专业相同或行业相近的人员同住，这样有利于他们进行交流。会展旅游者如果有随行人员，可将他们安排在一起或相邻的房间，以便开展工作。

4.确定预订房间数量

确定预订房间数量时，既要考虑会展旅游者的人数，也要考虑实际工作需求。有时会展旅游工作人员需要在酒店设立值班室或临时办公室；有时会展旅游者需要在酒店会见客人，因此需预订若干会客厅；如果会展旅游途中涉及分组讨论或小型会议，还需要预订大小适中的会议室。

5.预订酒店和房间

预订酒店和房间除了应考虑以上内容外，还应考虑：

（1）酒店的房间数量应满足会展旅游活动的住宿需求。如果会展旅游活动的规模较大，住宿人数较多，一个酒店容纳不下，就要预订多个酒店，但酒店之间的距离要尽量靠近，距离太远会给管理及服务工作带来诸多不便。

（2）房间的分布应相对集中，房间分散不便于管理和服务。

（3）房间内的生活设施齐全并且完好。

（4）价格合理。

（5）预订的房间数量应留有一定余地，以便在遇到特殊情况时，能够随时调剂。

6.分发房间钥匙

这项工作一般在会展旅游者到达酒店时，由会展旅游工作人员同酒店工作人员一起操作。

▶ 行业案例9-1

珠江宾馆：六十余载广交会服务典范　以匠心铸就商旅新标杆

作为中国对外贸易的"窗口"盛会，广交会自1957年创办以来，始终见证着中国经济的腾飞。在这段辉煌历程中，珠江宾馆以其深厚的政务接待底蕴和与时俱进的创新服务，成为广交会参展商客的"老友记"。从政务保障先锋到商旅服务标杆，珠江宾馆以六十余年如一日的专业与真情，书写了服务广交会的传奇篇章。

历史传承：政务基因奠定服务根基

珠江宾馆始建于中华人民共和国成立初期，是华南地区重要的政务接待基地。其"红色基因"深深烙印于服务理念中——高标准、严要求、精细化。自20世纪60年代起，珠江宾馆开始参与广交会保障，凭借丰富的政务接待经验，迅速成为展会服务的中坚力量。宾馆以"全员行动、专班统筹"模式，组建跨部门服务团队，从营销、客房、餐饮到安保、工程，形成全链条保障体系，连续多届广交会实现"零失误、零投诉"。

服务创新：从"基础保障"到"智慧体验"

智能服务升级：珠江宾馆以数字化转型赋能商旅效率，有效缩短客商入住流程耗时。客房内全面升级智能家居系统，集成温控、照明、窗帘等设备的一键调控功能，满足商务人士高效办公与个性化休憩需求；部分房型还配备智能语音控制系统，支持语音操控设备，进一步优化入住体验。

餐饮文化融合：作为融旅饭店成员酒店承办"五味颂中华"美食节，以非遗粤菜技艺为核心，融合川、鲁、淮扬等菜系精髓，推出"像生荔枝球"（还原岭南荔枝形态的工艺菜）、"麻婆豆腐烧鲍鱼"（川粤风味跨界创新）等标志性菜品。餐饮场景同步植入文化体验，在广交会期间策划非遗粤剧表演、茶艺展示等活动，客商在用餐时可观赏醒狮表演、参与书法创作，形成"食韵+文化"的双重沉浸式体验。

文商旅拓展：广交会期间，珠江宾馆创新推出"酒店+文商旅"场景——首次与广交会官方合作创立文创产品线下专场，客商可线上选购广交会限定文创，线下便携自提，将"展馆经济"延伸至酒店场景。同时，与珠江夜游、正佳文旅等景区签订合作协议，客商凭房卡即可享受部分景区优惠购票，实现商务差旅与城市观光的无缝衔接。此举不仅为客商提供了"商务+购物+旅游"的一站式体验，更通过文化IP联动提升了酒店品牌的附加值，助力广州城市文化名片传播。

品质深耕：细节成就"珠江温度"

专属定制化：珠江宾馆针对广交会客商需求，设立重点客商专属楼层、专用停车位及用餐区，并配备24小时管家服务，确保高端客群获得尊贵体验。客房服务团队提前调试空调至舒适温度，并在房间内备妥时令欢迎水果及广府特色茶点（如鸡仔饼、陈皮干），营造"如归故里"的温馨氛围。部分客房还提供个性化枕头菜单及助眠香薰，进一步满足商务人士的差异化需求。

安全保障强化：广交会前夕，珠江宾馆联动属地消防、公安部门开展全馆安全大检查，重点排查客房电路、电梯运行及停车场疏散通道，并组织消防器材使用、火灾逃生等应急演练，确保突发情况快速响应。餐饮环节严格执行"三可"标准——食材可溯源（供应商资质全公示）、操作可观（后厨透明化）、卫生可查（餐具每餐次高温消毒），并设立食品留样柜，实现了"从农场到餐桌"的全链条安全管控。

文化场景赋能：珠江宾馆立足历史文脉，打造红色文化体验空间，会议中心常设"毛泽东同志在珠江宾馆图片展"，通过珍贵历史资料展现新中国对外开放思想萌芽，其中"敞开大门，引进外资"的论述与广交会诞生历程相呼应，为客商呈现了一场红色基因与商业文明的对话，凸显了酒店"商务驻地"与"城市文化窗口"的双重属性。

战略升级：融合创新开启新征程

管理精细化：建立线上评价系统，实时分析客户反馈，针对性优化服务流程；通过"融旅商学院"开展员工培训，提升员工对布展指引、物流对接等场景的专业服务能力。

资源联动化：与属地街道、交通部门共建"30分钟应急响应圈"，快速解决客商证件补办、医疗协助等突发需求，打造"参展无忧"生态链。

品质标杆化：形成"布展期快速响应、撤展期延迟退房、全周期贴心保障"的特色服务体系，以"服务微创新"为抓手，推出展品样品临时寄存、能量补给站等场景化服务，充分展现酒店的服务韧性。

从第1届到第137届广交会，珠江宾馆始终与时代同频共振。2025年，珠江宾馆进一步整合智慧酒店系统与标准化服务模块，通过动态调配人力物资、定向推送个性化服务，实现从"被动服务"到"主动护航"的升级，以"中国服务"助力全球贸易互联。这座承载历史荣光与现代活力的酒店，正以崭新的姿态，续写广交会服务的新传奇。

资料来源　徐文胜. 珠江宾馆：六十余载广交会服务典范　以匠心铸就商旅新标杆［EB/OL］.［2025-04-15］. https：//gd.cri.cn/n/20250415/33358ed9-3b08-a8c7-3085-2d28216dd1a6.html.

思考：珠江宾馆如何在保持传统服务优势的同时，通过创新满足现代客商的个性化需求？

点睛：一是数字化升级，用智能系统记录客商偏好，下次入住自动适配；二是文化体验融入，在客房或餐饮中加入广府特色元素，打造差异化服务；三是灵活对客服务，针对不同的客商提供不同的服务。

▶ **任务拓展9-1**

以小组为单位，每组收集一个有代表性的餐饮住宿服务管理案例，并在班级群里分享，进行交流研讨。

任务2　会展旅游的交通管理

会展旅游开始于交通行为，结束于交通行为。不论是参加会展，还是会展活动之后的休闲旅游，都要使用交通工具。因此，会展旅游组织者及交通部门必须周密考虑交通事宜，尽可能为会展旅游者提供全面、周到、细致的交通服务。

一般情况下，如果会展旅游活动规模较大、程序相对复杂，会展旅游组织者通常会将交通运输外包给专业团体，可以是汽车租赁公司，也可以是专业运输公司。需要注意的是，虽然旅游交通的执行与运维可以外包给专业机构，但会展旅游组织者自身必须参与决策，以便有效控制整个过程。在选择交通服务提供商时，会展旅游组织者必须考虑以下关键因素：

（1）交通服务提供商是否有安排会展旅游的经验。如果其曾经有过相关经验，则应该要求对方提供服务过的会展及相关活动列表。

（2）交通服务提供商是否有可靠的资历证明文书。会展旅游组织者应认真审查当地的旅游公司或运输公司的资历证书，以确保其有能力承接这种事务，并对其安全记录加以关注。

（3）交通服务提供商是否熟悉所有旅行模式的价格结构和费用情况。会展旅游组织者可以将此列为招标文件的一部分。

（4）会展旅游组织者应多选几家交通服务提供商，从价格、服务、能力、水平、声誉及公司投保范围等方面进行比较。

（5）会展旅游组织者在外地组织旅游交通事宜时，可以与当地的客运公司沟通，当地的客运公司可能会提供一些合作过的或具有良好声誉的运输公司的名称，从而方便筛选。

当然，当会展旅游活动规模较小时，会展旅游组织者也可以自行解决交通问题，但这种情况较少。

一、会展旅游交通方式的选择

常用的会展旅游交通方式是空中交通和地面交通。目前，水上交通也被逐渐开发，成为会展旅游交通方式的良好补充。会展旅游工作人员应本着安全、快捷、温馨、舒适的原则，灵活组合各种交通方式。

（一）空中交通方式

空中交通由航线、飞机和机场三个部分组成。飞机是主要的航空运输工具，承担着接送旅客的大部分任务，所以飞机成为空中交通的代称。远距离旅游者多乘坐飞机出行。

（1）优点。飞机的主要优点是快速、省时。此外，飞机乘坐舒适，安全性也比较高。

（2）缺点。与其他交通方式相比，飞机的造价高，机舱容积和运送量都比较小，所以飞机票价比地面交通方式高得多。空中交通还会受到气候条件的影响，航班延误甚至取消的情况时有发生，从而可能影响会展旅游者的活动安排。此外，在500千米以内的短途旅行中，飞机很难发挥快速优势。

（二）地面交通方式

地面交通可以进一步分为铁路交通和公路交通。

1.铁路交通

铁路交通由铁道线、机车车辆、铁路车站三个部分组成，主要承担中、远程运输任务。

（1）优点。与其他交通方式相比，铁路运输速度较快，运输能力大，安全性高，费用较低，受气候影响较小。

（2）缺点。火车只能在固定的铁轨上运行，因此空间位移的局限性很大，应变能力较差。

■ 会展问答 9-3

在我国，旅客列车按照编组、运行速度、运行要求的不同，可分为哪些种类？

解析指引 9-4

会展问答

2.公路交通

公路交通是指借助一定的交通工具，沿着公路的某个方向，做具有一定目的位移的交通方式。现代公路交通的主要承载工具就是汽车。公路与航空、水路等交通方式相配合，组成了多元化的游客运输网络。公路交通主要承担短、中途运输，是世界上最主要的旅游交通方式。

（1）优点。公路交通灵活性大，行驶自由，短程速度快，节约时间。

（2）缺点。与其他交通方式相比，公路交通的安全性较差，运输能力有限，且不适于长距离的国际和洲际旅游。另外，其能源消耗也比较多，不利于环保。

（三）水上交通方式

水上交通是利用船舶在江河、湖泊、海洋、水库和人工水道运送旅客以及货物的一种运载方式。水上交通主要用于短途客运及长途水上游览。我国很多地方江河众多，沿岸景色秀丽，从而为水上交通的开展提供了良好的环境。目前，各地文旅部门利用自然以及人工水域，已经开辟了很多旅游专线，如江浙一带的古运河旅游，把江南城市无锡、苏州、镇江、扬州和杭州连成了一条黄金旅游线。

水上交通安全性能较好、乘坐舒适、运费低廉、设备完善。豪华邮轮本身既是客运载体，又是旅游吸引物，是典型的"旅中有游，游旅结合"的交通工具。不过，船舶航行速度慢，管理环节多，受自然条件影响大，机动灵活性较差，因此并不是所有地方都具备水上交通的条件与能力。

知识拓展9-2

会展旅游交通管理全流程检查表

二、会展旅游交通管理的主要内容

会展旅游交通管理的主要内容包括交通票务与交通安排。

（一）会展旅游的交通票务

旅游离不开交通，交通离不开交通工具，而乘坐交通工具必须购买各种交通票证。在会展活动中，负责票务的部门一般是会展活动筹备委员会下属执行委员会的交通组。但在会展旅游活动中，旅游者既可以自行购买交通票证，也可以委托专门从事票务工作的旅行社或票务公司购买。在组团旅游活动中，票务工作应由组团旅行社完成。

会展旅游的交通票务主要包括航空票务、铁路交通票务、公路交通票务和水运交通票务。

1. 航空票务

在会展旅游活动中，从事航空票务的工作人员必须具备航空交通服务的相关知识，如航空公司使用的设备设施、提供的服务项目、各类机票价格、国家关于民航运输的法律法规以及航空公司的相关规定等。

机票是航空公司与旅客之间订立的"运输契约"，它明确了双方在航空运输过程中的权利与义务。机票上应完整记录乘客姓名（拼音形式）、飞行路线、机票价格以及相关的特殊要求和规定。因此，会展旅游工作人员在购买机票时必须十分细心，任何看似微不足道的失误都会给旅行带来重大麻烦。

航空票务可以分为定期航班票务和旅游包机票务两大类。

（1）定期航班票务。定期航班票务工作的实施步骤如下：

第一步：预订机票。在预订机票前，必须了解会展旅游者和航空公司两方面的信息（包括旅游者的姓名全称、联系电话、旅游目的地、出行日期、支付方式、特殊要求和航空公司的飞行设施设备、机票价格、行李托运及手提行李标准等），以便顺利预订到会展旅游者所需的航班及相应座位。在掌握全部所需信息后，票务人员就可以向有关航空公司提出预订机票的要求。预订时，票务人员应将填好的"机票预订单"

按照航空公司规定的日期送至航空公司售票处。需要注意的是，预订机票时一般不需要支付押金，但要记得询问本次预订的有效期限。到规定期限不进行机票确认，很多航班就会自动取消预订。

第二步：购买机票。预订机票后，票务人员就可以按照航空公司规定的时间到航空公司的售票处购买机票了。购买时，票务人员应携带现金或支票及乘机人的有效身份证件或旅行社出具的带有乘机人护照号码或身份证号码的乘机人名单。取票时，票务人员应认真核对机票上的乘机人姓名、航班、起飞时间、票价金额和前往的目的地等内容。目前，很多航空公司出具电子机票，通过电子邮件的形式将电子机票发至票务人员的电子邮箱，票务人员可以自行打印。

第三步：确认飞机座位。我国民航部门规定：在国内旅行中，持有订妥座位的联程或回程机票的旅客，若在联程或回程地点的停留时间超过了72小时，则应在该联程或回程航班离站前2天的中午12点之前办理座位再证实手续，否则不予保留座位；在国际旅行中，已订妥续程或回程国际航班座位的旅客，如在上机地点停留72小时以上，应最迟在航班起飞前72小时对所订座位予以再证实，否则所订座位将自动取消。

第四步：退订或退购机票。在为会展旅游者预订或购买机票后，有时会遇到旅行计划改变或取消等状况，这时应及时办理退订或退票手续，以减少损失。

退订机票，按照事前同航空公司达成的协议或口头谅解办理。一般退订机票是没有额外费用产生的。

退购机票，按照民航部门的规定办理。

第五步：机票变更。在购买机票以后，若因旅行计划变更而需要变更航班、日期或舱位等级，票务人员必须在原航班离站时间48小时之前提出变更申请，每张客票只能变更一次。之后，如果要求再次变更，应在航班离站时间2小时（含）之前提出，并收取原票价5%的变更手续费；在航班离站时间2小时之内要求变更的，收取原票价10%的变更手续费。

（2）旅游包机票务。当交通运力不能完全满足会展旅游者的需求时，组织旅游包机是一项行之有效的方法。旅游包机票务工作的实施步骤如下：

第一步：当出现需要包机的情况时，票务人员应立即同旅游包机公司或其他航空运输公司联系，通报乘机人数、日期和前往地点等情况，并询问租赁飞机的费用、所能提供的飞机机型、起飞和降落地点等信息。

第二步：一旦条件合适，票务人员应该立即向领导请示，等待批准。

第三步：经批准后，票务人员应向所选择的旅游包机公司或其他航空运输公司提出包机申请。

第四步：包机申请被接受后，票务人员应立即同对方签订包机协议，协议内容包括包机费用、机型、团队人数、起飞时间和起降地点等。

2.铁路交通票务

办理铁路交通票务的关键在于保证及时购买到会展旅游活动所需要的各种火车

票。此外，票务人员还要代会展旅游者或会展旅游团队办理因旅行计划变更而造成的增购或退改火车票业务。铁路交通票务工作的实施步骤如下：

第一步：预订火车票。在预订之前，票务人员必须了解乘坐火车的会展旅游者和火车两方面的信息，然后向铁路售票处提出预订计划，包括乘车人员信息、预订火车票的数量和种类、抵达车站名称和车次等。

第二步：购买火车票。向铁路售票处提出预订计划后，票务人员应持现金或支票到售票处购票。

第三步：退票。若会展旅游者的旅行计划变更或取消，则应根据铁路部门的规定办理退票手续，并交纳相应的退票费。

第四步：车票改签。当会展旅游者不能按票面指定的日期、时间、车次乘车时，或者需要变更席位、席别和到站时，可以办理一次改签。在有运输能力的前提下，开车前48小时以上，可免费改签预售期内的列车；开车前不足48小时，可免费改签车票载明的乘车日期以前的列车；开车前不足48小时，可改签车票载明的乘车日期之后预售期内列车，并核收改签费；开车后，在当日24时之前，可免费改签当日其他列车；开车后，在当日24时之前，可改签车票载明的乘车日期之后预售期内列车，并核收改签费；办理变更到站的改签时，应在开车前48小时以上，原车票已托运行李的，还应办理行李变更或取消业务。

需要说明的是，凭各种有效身份证件购买的车票均可在车站售票窗口办理改签，但已打印报销凭证的和使用现金支付方式购买的车票，仅可在车站售票窗口办理改签；凭12306网站购票证件且使用电子支付方式购买的车票，可通过12306网站办理改签；在具备改签功能的自动售票机办理改签时，应按系统提示办理。

3.公路交通票务

在办理公路交通票务时，票务人员应对提供服务的交通运输公司进行调查，充分了解该公司拥有的车辆数目、汽车类型、汽车性能、司机技术、租车费用、公司管理等情况，在比较分析的前提下，选出符合本次会展旅游要求的公司，谈判后签订租车协议。

在会展旅游活动中，由于会展旅游者的消费水平较高，对用车的舒适性和满意度的要求也比较高，因此票务人员应在预算范围内选择舒适度更高的旅游客车。

在接到会展旅游用车计划后，票务人员应根据会展旅游者的人数及收费标准向运输公司提出用车要求，并通报会展旅游活动日程，从而使运输公司在车型、驾驶员配备等方面做好准备。为了避免出现差错，票务人员应提前2~3天再次与运输公司总调度室联系，核实车辆落实情况，并将所用车型、驾驶员姓名及联系方式等信息，上报至会展旅游组织者的各相关部门。

4.水运交通票务

在办理水运交通票务时，票务人员应根据会展旅游计划和要求，向轮船公司等水运交通部门预订船票，并在规定日期内将填好的船票预订单送交船票预订处。票务人员在取票时应逐项核对船票日期、离港时间、航次、航向、乘客名单、船票数量及船票金额等内容。购票后，如因旅行计划变更出现人数增减，甚至旅行取消等情况，票务人员应及时办理增购或退票手续，以保证会展旅游者能够按计划乘船，同时减少经济损失。

（二）会展旅游的交通安排

在实际操作中，会展旅游者随时可能遇到复杂的交通状况，这就需要对会展旅游的交通安排进行全面考量。

1.办理票务及保险

会展旅游组织者在选择交通运输公司时，要货比三家，从而为会展旅游者争取集体旅行订票的最优折扣条件。同时，会展旅游组织者应对购票流程、退票流程、购买旅行保险等相关事宜比较熟悉，或者应就这些事宜咨询相关专家，或者将此业务外包。

2.指定带队人员

在会展旅游活动中，会展旅游组织者通常会指定一名带队人员陪同会展旅游者完成整个旅行。带队人员可以是会展旅游组织者指定的具有这方面能力的工作人员，也可以是旅行社指派的导游人员。

3.保管票证

如果会展旅游者的行程较为统一，票证通常由带队人员统一保管；如果行程分散，工作人员可以在会展旅游者到达机场之后或者在其他指定集合地点，将相关票证分发给个人。

4.安排座位

安排座位是一件复杂的工作，必须考虑很多因素，如吸烟区和非吸烟区、靠过道坐还是靠窗坐、谁与谁坐在一起等。如果可能的话，尽量让会展旅游者自行选择座位。

5.了解会展旅游者的健康信息

在出发之前，会展旅游组织者或带队人员应该了解会展旅游者健康方面的信息，以防有人途中需要接受医疗服务。需要服用处方药物的会展旅游者应该确保随身行李中带有足够剂量的药品。如果是国际旅行，还要确保这些药品装在原包装里，并且包装上应有生产商或药剂师明确标明的药物成分。

6.确定地面运输费用的计算方式

地面运输费用计算起来比较复杂，包括最低收费标准、日间和夜间的收费标准，以及其他规定。若按照里程计算费用，应该首先明确如何计算里程，是根据里程表、地图计算，还是根据事先确定的距离计算。因为按照不同的方法计算出来的里程差别很大，费用的差别也会很大。

7.考虑运输服务退改费用及参团人数的经济性

如果需要取消一个已经预订好的运输服务，应考虑在哪些情况下可以取回订金。如果在签订运输服务合同之后，活动路线需要重新安排，则应考虑是否需要交纳额外费用。为了使一次旅行的费用比较经济，还要考虑有多少会展旅游者参加比较合适。

如果会展旅游组织者为旅行社，还应该在合同中说明没有足够的会展旅游者报名参加时应该怎么办。

8.检查车辆

虽然交通运输公司内部针对车辆有专门的检查管理制度，但是会展旅游组织者还是应该指定专人对即将使用的车辆进行检查，检查内容包括车辆的机械状况、清洁程度、外观，以及是否配备麦克风等。

9.确定司机是否统一着装

司机是否统一着装并不是一个非常重要的问题，但统一着装可以使会展旅游者对本次活动的服务与安全性更有信心。

10.确定上车时间及地点

会展旅游组织者需要确定合适的上车时间及地点，并提前告知所有会展旅游者，以减少等待时间。

▶ **任务拓展9-2**

以小组为单位，每组收集一家国际航空公司在机票、签证方面的要求，并分享到班级群里，进行交流研讨。

任务3 会展旅游的游购娱管理

一、会展旅游的游览管理

这里的游览是指在会展旅游活动中由会展旅游组织者负责的参观、考察和景点游览。游览工作的实施步骤如图9-1所示。

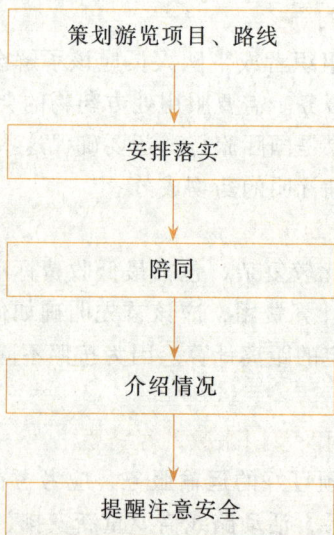

策划游览项目、路线

↓

安排落实

↓

陪同

↓

介绍情况

↓

提醒注意安全

图9-1 游览工作的实施步骤

（一）策划游览项目、路线

在策划游览项目、路线时，以下方面的内容可以作为参考：

1.是否切合会展主题

会展旅游活动不同于休闲旅游，应尽可能与会展活动的目标、主题相适应。

2.考虑会展旅游者的兴趣

会展旅游者的兴趣和要求也是策划游览项目、路线时应当考虑的因素。如果会展旅游者兴趣不大或毫无兴趣，组织参观游览就会毫无意义。

3.接待能力

要考虑参观、考察和游览目的地是否有足够的接待能力。有些游览项目或路线可能非常适合，但是如果当地的接待能力有限，那么该游览项目或路线就有可能被迫取消或改变。

4.内外有别

当会展旅游者中包括外国游客时，要考虑有些项目是否适合组织外国游客参观游览，是否存在一定的限制或要求等。会展旅游组织者要了解有关规定，做到内外有别。如果外国游客提出参观不宜前往的项目，应委婉拒绝。有的参观项目还要报经有关部门批准。

（二）安排落实

（1）游览项目确定以后，会展旅游组织者应及时与目的地接待单位取得联系；如果对方无法接待，则应及时更换项目或路线。

（2）制订详细的计划，安排参观游览的线路、具体日程，并准确告知会展旅游者，让他们做好思想准备和物质准备。大型会展安排的游览项目应该在会展通知、邀请函中加以说明。

（3）落实好交通车辆，安排好食宿。

（4）准备必要的物品，如手提扩音器、对讲机、团队标志和卫生急救药品等。

（5）会展旅游者人数较多时，应事先编组并确定组长、明确责任，也可指定带队人员或导游陪同游览。

（三）陪同

在会展旅游活动中，会展旅游组织者应当派有一定身份的领导人陪同。除必要的工作人员外，其他陪同人员不宜过多。每到一处，被考察、参观的单位都应当派有一定身份的领导人出面接待并做概况介绍。如果是游览，则应配导游。陪同外宾考察游览时，还应配翻译人员。

（四）介绍情况

每参观游览一处，解说人员或导游人员都要做具体解说和介绍。介绍情况时，数据、材料要准确。向外宾介绍情况时，要避开敏感的政治、宗教问题，保密的内容不能介绍。对外宾不宜使用"汇报""请示""指示""指导""检查工作"等词语。

（五）提醒注意安全

参观游览，安全第一。在参观游览时，解说人员或导游人员要尽到对有可能发生的危险进行提醒和警示的义务。在参观特殊项目时，如实验室、工地等，解说人员或导游人员应事先做好安全工作，向参观者宣布注意事项。参观游览结束后，在开车前，解说人员或导游人员要认真清点人数，以免落下客人。

解析指引 9-5

■ 会展问答 9-4

为什么会展组织者通常外包旅游观光项目？

会展问答

二、会展旅游的购物管理

一般来说，购物行为是会展旅游者的个人行为，组织者不宜干涉，而且会展旅游作为一种商务旅游，购物在其中的重要性远不及休闲旅游。但是，从目前我国旅游商品和商店的实际情况来看，组织者还是有必要为会展旅游者提供一些购物方面的信息的。例如，在宣传手册或旅游指南上推荐一些信誉好、服务好、有特色的旅游商品销售单位或旅游购物商店，或者为会展旅游者提供当地购物中心的信息等。

如果在一些商业城市举行会展活动，促进消费也是会展旅游的目的之一，这时组织者应尽可能地为会展旅游者提供各种旅游商品信息、购物中心信息，以及适用的购物指南，以方便会展旅游者享受购物乐趣。

三、会展旅游的娱乐管理

会展旅游组织者还可以提供表演、晚会等娱乐活动，在安排娱乐活动时一般要考虑以下问题：

（一）是否安排娱乐节目

在安排娱乐节目时，会展旅游组织者必须仔细考虑这些活动与会展目的以及主办方形象的联系。没有经过周密计划的娱乐节目会显得过于轻率，而且会被视为对主办方资源的一种浪费。当然，娱乐节目也可以作为一种额外福利提供给会展旅游参加者。

（二）预算是否包含娱乐节目经费

娱乐节目的成本应该包含在会展旅游的预算之中。如果娱乐节目的成本没有超出会展旅游的预算，当然不会造成什么问题；但是如果娱乐节目的成本超出了会展旅游的预算，会展旅游组织者就应尽快做出调整。

（三）应该安排什么类型的娱乐节目

娱乐节目应该与会展及会展旅游的主题密切相关，如果这种关系需要解释才能使会展旅游者明白，则说明所安排的娱乐节目并不是最佳选择。娱乐节目应选择最符合参会/参展人员期望的内容。

（四）是否将娱乐节目的组织工作外包给专业演出公司

几乎所有的优秀演员都来自专业演出公司。与专业演出公司合作可能需要较高的成本，但是如果由会展旅游组织者自己组织，则成本更高，手续也更加烦琐。所以，将娱乐节目的组织工作外包给专业演出公司，不仅可以保证演出质量，而且可以节省会展旅游组织者很多的人力、物力、财力。

（五）应该选择什么样的专业演出公司

选择信誉好、水平高的专业演出公司是娱乐节目成功的关键。在洽谈时，会展旅游组织者应重点了解演出公司是否具备举办演出活动的资质、是否获得政府和文旅部门的许可，以及演出公司的签约演员表演过什么样的节目，获得了怎样的演出评价等。

（六）是否需要签订正式的演出协议

与演员或演出公司签订正式的演出协议十分重要。会展旅游组织者应将演出日期、报酬、人员成本、设备成本以及取消预订等事项的协商结果落实到协议中，从而为将来可能发生的纠纷提供依据。

（七）娱乐活动举办地有哪些可以利用的设施设备

演出的舞台可能是一个简单的高台，也可能是一个设备齐全的剧院（包括帘幕、通道以及复杂的灯光系统、音响设备等）。会展旅游组织者应该了解娱乐活动举办地的设施设备情况，若需要提供一些道具或乐器，应事先准备并进行调试。

（八）预先安排的娱乐节目不能演出时应如何处理

不论是由于自然灾害还是档期重叠，如果预先安排的娱乐节目不能演出，带来的最大损失就是使会展旅游者的希望落空。因此，会展旅游组织者应准备一套应急方案，如准备 2～3 个类型相近的备选节目，以最大限度减少负面影响，保障会展旅游活动的顺利进行。

▶ **任务拓展 9-3**

以小组为单位，每组收集一个具有代表性的游购娱服务管理案例，并在班级群里分享，进行交流研讨。

育德润心 9-2

"会展+"再发力！琶洲南大型综合消费新地标正拔地而起

任务4　会展旅游的导游工作程序和服务管理

一、会展旅游的导游工作程序

导游工作主要是为会展旅游者提供并落实各项服务，它也是会展旅游活动中最重要的一项工作。导游工作要做到规范化与个性化相结合，在《导游服务规范》

（GB/T 15971—2023）等国家和行业标准的指导下科学展开。

（一）全陪导游的工作程序

全陪导游的工作程序是指全程陪同导游人员从接受接待任务起，到会展旅游团游完全程并完成善后工作的程序。

1.接团前的工作

接团前，全陪导游的工作包括以下内容：

（1）熟悉接待计划。

（2）做好接团的物质准备。

（3）摘记旅游线路上各地方接待社有关部门和人员的联系电话。

（4）在接团前一天同各地方接待社联系，确认接待事宜。

2.接团时的工作

在首站接待服务中，全陪的主要工作包括以下内容：

（1）提前半小时到达接团地点，与地陪一同迎候会展旅游团。

（2）接到会展旅游团后，向领队和团队做自我介绍，并向领队和团队介绍地陪。

（3）核实会展旅游团实到人数、所需房间情况。

（4）代表会展旅游组织者和本人向会展旅游团致欢迎词。

3.接团后的工作

（1）旅游团到达酒店后，全陪应做好以下工作：

①主动协助领队办好会展旅游团入住手续，并请领队分配住房，掌握住房名单，与领队互通各自的房间号。

②热情引导会展旅游者进入房间，随时处理可能出现的问题。

③掌握酒店总机号码及地陪的联系方式。

（2）在参观游览过程中，全陪的工作是：

①保护会展旅游者的人身、财产安全，随时提醒会展旅游者预防可能出现的问题和事故。

②随时观察周边环境，留意会展旅游者的动向，以防会展旅游者走失或发生事故，协助地陪圆满完成讲解任务。

③若发生事故，应迅速请示汇报，协助有关部门妥善处理。

（3）在会展旅游接待过程中，全陪的协调联络工作包括：

①做好领队与地陪、会展旅游者与地陪之间的联络协调工作。

②做好旅游线路上各站之间的联络协调工作。

③做好旅游途中出现问题和事故时的联络请示工作。

4.送团工作

旅游团离开一地赴下一地时，全陪应做好以下工作：

（1）提醒地陪落实离站的交通票据和准确时间。

（2）协助领队和地陪办理离站的有关事宜。

（3）在交通港与地陪交接交通票据等，清点核准后妥善保管。

（二）地陪导游的工作程序

地陪导游的工作程序是指地陪导游人员从接受接待任务起，到会展旅游团离开本地并完成善后工作的程序。

1.准备工作

地陪导游要做好以下准备工作：

（1）熟悉接待计划。地陪在接团前必须详细、认真地阅读和熟悉接待计划，因为接待计划是会展旅游组织者委托地方接待社组织和落实会展旅游团活动的契约性安排，是地陪了解会展旅游团基本情况和安排活动日程的主要依据。

（2）落实接待事宜。在会展旅游团抵达的前一天，地陪应与相关部门和人员一起落实、检查会展旅游团在当地的交通、食宿和行李运输等方面的事宜。

（3）做好物质准备。地陪在接团前要准备好接站牌、导游旗、导游证、名片、记事本等。

（4）语言和知识准备。地陪应使用礼貌用语，注意语速、语调，同时熟悉相关专业知识。

（5）形象准备。地陪要注意自己的形象，给人亲切得体的感觉。

（6）心理准备。在接团前，地陪要做好两个方面的心理准备：一是在接团过程中可能遇到问题和发生事故，因此要有面对艰苦工作的心理准备；二是要有承受某些游客挑剔、抱怨、指责和投诉的心理准备。

2.迎接工作

迎接工作在地陪的整个接待服务中至关重要，它直接影响着以后接待工作的质量。因此，为了保证会展旅游活动的顺利进行，地陪必须做好迎接工作。

（1）接到会展旅游团后，在交通港地陪要做的工作有：

①做简短的自我介绍，并向会展旅游者表示欢迎。

②核实实到人数，如与计划不符，应及时报告有关部门。

③提醒会展旅游者检查并带好随身物品，然后引导会展旅游者上车，再次清点人数。

（2）在交通港至下榻酒店的途中，地陪应做好以下工作：

①代表所在接待社向会展旅游团全体成员致欢迎词。

②进行首次沿途导游讲解。

③在下车前告诉会展旅游者下次集合的时间、地点和旅游车的车牌号。

3.参观游览工作

（1）会展旅游团出发前，地陪应该提前10分钟到达集合地点，并做好以下工作：

①督促司机做好出发前的各项准备。

②核实和清点实到人数，妥善安排不随团活动的会展旅游者。

③提醒会展旅游者有关事项，如天气情况、游览地点的地形、预计行走时间等，

让会展旅游者做好有关准备。

④引导和协助会展旅游者上车，再次清点人数。

（2）在去往参观游览点的途中，地陪应做好以下工作：

①介绍当日活动安排，如游览点的名称、行车时间、午/晚餐时间和地点等。

②介绍沿途风光，解答会展旅游者的询问。

③简要介绍参观游览点的情况，如历史价值和特色等。

④组织娱乐活动，并和会展旅游者讨论他们感兴趣的话题，以活跃旅游气氛。

⑤即将到达参观游览点前，提醒会展旅游者记住旅游车的车牌号、停车地点和发车时间。

（3）在讲解过程中，地陪应注意以下几点：

①在景点示意图前，向会展旅游者讲清游览路线、所需时间、集合时间、集合地点以及注意事项。讲解的内容要视会展旅游者的特点做到繁简适度，讲解的语言要力求生动活泼。

②在计划的游览时间和费用范围内，要做到讲解和引导游览相结合，同时对老人和儿童应予以特别关照。

③注意观察周围环境，留意会展旅游者的动向，确保会展旅游者的安全，防止走失和发生意外事件。

解析指引9-6

[二维码]

会展问答

会展问答9-5

带领会展旅游者购物时，地陪需要注意什么问题？

4.送站工作

（1）为了使会展旅游者安全顺利地离站，地陪应该做好以下工作：

①核实和确认会展旅游者离站交通票据的数量、离站时间、去向、班次是否与计划相符。对于离境的会展旅游团，要提醒和协助领队提前72小时确认机票。

②在与司机商定出发时间的前提下，同领队、全陪商定叫早、早餐与出发时间，并通知会展旅游者。

③协助酒店结清与会展旅游者有关的账目，处理会展旅游者损坏客房设备的赔偿事宜。

④检查和归还保留的会展旅游者的证件、票据等，并提醒领队提前准备好全团的护照和申报单。

（2）会展旅游团离开时，地陪应做好以下工作：

①无特殊原因，一般应在中午12点以前办理好会展旅游团的退房手续。

②在出发前要询问本团旅游者是否与酒店结清账目，提醒会展旅游者不要遗忘物品，收齐会展旅游者的房间钥匙，交总服务台。

③照顾会展旅游者上车入座，清点人数，并再次提醒会展旅游者不要遗忘物品。

（3）会展旅游团离站时，地陪应保证他们提前一定的时间到达交通港：

①乘火车离站，应提前40分钟至1小时到达火车站。

②乘国内航班离站，应提前 1.5～2 小时到达机场。

③乘国际航班离境，应提前 3 小时到达机场。

（4）会展旅游团离站赴交通港的途中，地陪要致欢送词，欢送词的主要内容包括：

①回顾会展旅游团在本地的旅游活动，感谢全体会展旅游者的合作。

②表达旅游期间同会展旅游者建立的友谊和依依惜别之情。

③诚恳征求会展旅游者对导游服务工作的意见和建议。

④对旅游期间出现的不顺利或不尽如人意之处，向会展旅游者表示歉意或赔礼道歉。

⑤对会展旅游者表达美好的祝愿。

（三）领队的工作程序

旅行社组织团队出境旅游，应当按照规定安排领队全程陪同。领队既是会展旅游团的代言人和领导，又是会展旅游者合法权益的维护者和文明旅游的引导者。

1.前期工作

领队的前期工作具体包括以下内容：

（1）研究会展旅游团。了解会展旅游团成员的年龄、性别、职业，以及重点人物的情况。

（2）研究会展旅游线路和会展旅游计划。

2.接待工作

领队的接待工作具体包括以下内容：

（1）出发前的介绍。出发前，领队应将会展旅游团成员聚集在一起，以放视频、幻灯片或发放书面资料的形式介绍会展旅游线路、目的地风土人情以及注意事项等。

（2）带团出发，核实各种票据、表格、旅行证件，落实分房、特殊要求等事项。

（3）办理入境手续。到达会展旅游目的地后，带领会展旅游团办理好卫生检疫、证件查验、海关检查等入境手续。

（4）首站联络。抵达目的地后，迅速与接待方的全陪和首站地陪联系。

3.陪同工作

领队的陪同工作具体包括以下内容：

（1）做好团队入住酒店工作。

（2）监督实施会展旅游计划，与当地导游人员商定日程。

（3）游览过程中，配合全陪、地陪工作，注意会展旅游者的动向，防止各类事故发生。与接待方密切合作，妥善处理各种事故和问题，消除不良影响。

（4）指导购物。及时阻止导游人员过多安排购物或延长购物时间，提醒会展旅游者在购物时注意商品质量，尤其是购买中药材等物品时，要告知目的地国家的相关规定。

（5）维护会展旅游团内部团结，协调会展旅游者之间的关系，妥善处理矛盾。

（6）协助全团成员办理目的地国家的离境手续和回国入境手续。

（7）请会展旅游者填写征求意见表，并回收。

（8）详细填写领队小结，整理反映材料。结清账目，协助旅行社领导处理遗留问题。

行业视窗 9-3

会展旅游特殊事件处理

某外国会展旅游团持集体签证入境中国，在该团离境前两天，团员罗杰向地陪提出旅游结束后要去未经过的另一地办事，地陪未予理睬。在该团离境前一天，罗杰再次提出要去另一地办事并陈述了特殊原因，要求办理赴另一地的委托服务，地陪以时间紧迫为由予以拒绝。罗杰对地陪的态度感到十分不满，遂通过领队向旅行社投诉。

思考：地陪应该如何处理这类特殊事件？

点睛：地陪遇到上述情况，采用案例中的处理方式显然是不妥当的。地陪应该在罗杰提出要求时即问明原因，向旅行社请示并及时回复。如果旅行社同意罗杰的要求，地陪应陪同罗杰持旅行社证明、罗杰的护照与集体签证，到当地公安机关办理分离签证和延长签证手续。

二、会展旅游的导游服务管理

会展旅游导游服务管理的核心是会展旅游者所理解或感知的服务质量。为了保证导游服务质量，导游人员应具备以下素质：

（1）爱国主义意识，在为会展旅游者提供热情有效服务的同时，维护国家利益和民族尊严。

（2）法律意识和职业道德，遵纪守法，遵守社会公德，不断检查和改进自己的工作，努力提高服务水平；维护会展旅游者的合法权益，对会展旅游者提出的计划外的合理要求，经主管部门同意，在条件允许的情况下尽力予以满足。

（3）较强的组织、协调、应变能力，语言表达准确、鲜明、生动，同时注重礼貌用语的使用。

（4）渊博的知识，尤其是政治、经济、历史、地理、国情、习俗等方面的知识。

（5）得体的仪容仪表，穿着整洁的工作服或指定的服装，举止大方、端庄、稳重，表情自然、诚恳、和蔼。

在提高导游素质的同时，建立导游服务质量监督与检查管理体系也是十分必要的。会展旅游组织者应建立、健全导游服务质量的检查机构，并依据《导游服务规范》（GB/T 15971—2023）对导游服务进行常规检查与突击检查。

另外，旅游行政管理部门也要参与其中，从行业管理的层面出发，重视导游服务质量检查，受理会展旅游者对导游服务质量的投诉。

行业视窗 9-4

新版标准助推导游服务水平提升

导游是提供向导、讲解和相关旅游服务的人员，是保障旅游活动顺利进行的关键人员，承担着满足人民对美好生活的向往、展示国家形象、传播中华优秀传统文化、促进中外交往等重要职责。加强导游队伍建设、提升导游服务水平是我国旅游业高质量发展的必然要求。

随着旅游消费不断升级，旅游者品质化、个性化需求更加凸显，导游服务面临的市场需求、政策背景、法治环境等均发生了较大变化。

2023年，国务院办公厅印发的《关于释放旅游消费潜力　推动旅游业高质量发展的若干措施》以及文化和旅游部出台的《文化和旅游标准化工作管理办法》等政策措施，均对导游素质和服务质量提出了更高要求。

自2024年4月1日起，新版国家标准《导游服务规范》（简称新版标准）正式实施。新版标准以习近平新时代中国特色社会主义思想为指导，修订内容紧密围绕当前旅游市场新变化和旅游者新需求，呈现出"新时代""高质量""标准化""个性化"等特点。

在高质量发展的背景下，新版标准增加了"践行社会主义核心价值观"等思想素质要求；增加了"引导旅游者文明旅游""节约资源，保护生态环境"等接待操作能力要求。

《关于释放旅游消费潜力　推动旅游业高质量发展的若干措施》提出，要完善旅游服务质量评价体系。为此，新版标准增加了旅游者和聘用导游单位对导游服务质量的评价内容，并编制了"导游服务质量评价表"，形成先服务、后评价、再改进的流程闭环，这有助于建立更加公正透明的评价体系，激励导游提供更加优质的服务。

同时，高质量发展还体现在导游自身能力的提升上。新版标准增加了"参加继续教育培训学习""通过学习考核和实操锻炼获得更高的职业等级"等内容，旨在引导导游不断提高综合素质，改进服务质量，提升服务水平。

在新时代背景下，导游的工作内容和方式也发生了巨大变化，新版标准积极响应这一变化并做出回应。随着我国经济快速发展、出行更加便利以及散客旅游时代来临，此前针对团队游的条款已经难以满足人们的出游需求。新版标准删除了"旅游团"相关表述，统一为"旅游者"，以兼顾团队导游服务和散客导游服务；删除了"分派火车铺位""集中交运行李"等过时的内容；删除了"在观看节目过程中，导游员自始至终坚守岗位""为入境团队办理入境签证"等与导游工作实际不符的内容。

标准是质量的保障，标准化是支撑行业高质量发展的重要基石。新版标准按照标准化流程，将导游服务细化为准备工作、出发与迎接服务、交通服务、住宿服务、用餐服务、游览服务、购物服务、文化娱乐服务、送行服务和后续工作十大流程，并分别针对全陪导游和地陪导游服务的共性和个性内容进行梳理，使导游服务内容更加清晰、流程更加规范。

文化和旅游部相关部门通过对导游执业相关法律法规的梳理及实际调研发现，导游旗的规范使用对旅行社服务品牌建设与导游服务质量提升具有重要影响。为此，新版标准在"准备工作"中增加了有关导游旗的规定，明确导游的准备工作包括"检查导游旗旗面印制的旅行社名称、标志或产品名称，确保字迹清晰、易辨识，无违反公序良俗的文字、符号或图案"。在"游览服务"中除保留"旅游者人数超过10人时持导游旗"，还增加了使用导游旗的具体要求，以引导旅行社和导游规范使用导游旗，发挥导游旗的标志性作用，进而树立良好的职业形象。

在体验经济时代，旅游者不再满足于走马观花式旅游，而是更加追求个性化旅游体验。新版标准增加了"应根据旅游行程安排及旅游者的基本情况""对合同中旅游者的特殊用餐要求，应提前掌握并做出相关安排"等内容，体现了导游服务对旅游者个性化需求的关注，以及对个性化服务的引导。

新版标准以推动旅游业高质量发展为目标，适应旅游消费升级和行业发展需求，重点突出新时代背景下导游服务的发展变化，对于提高导游服务质量具有积极的指导作用。新版标准的实施，不仅能够为导游提供服务质量检验标准，也可以带动景区讲解员、研学旅游指导师、旅行管家等类似导游工种服务标准的完善和服务水平的提高，助推我国旅游服务迈向高质量发展阶段。

资料来源　韩玉灵，范妮娜．新版标准助推导游服务水平提升［N］．中国旅游报，2024-05-14（3）．

▶ **任务拓展9-4**

以小组为单位，每组收集一个具有代表性的导游服务管理案例，并在班级群里分享，进行交流研讨。

项目练习 ◀-------------------------

一、判断题

1.如果在会展旅游者中有不同餐饮习惯的少数民族、外宾或其他有特殊餐饮要求的人员，不必单独考虑，统一安排即可。　　　　　　　　　　　　（　　）

2.在购买机票后，若因旅行计划变更而需要变更航班、日期或舱位等级的，票务人员必须在原航班离站时间48小时之前提出变更申请，每张机票只能变更一次。

（　　）

3.选择信誉好、水平高的专业演出公司是娱乐节目成功的关键。　（　　）

4.旅行社组织团队出境旅游或者组织、接待团队入境旅游，不必安排领队或者导游全程陪同。　　　　　　　　　　　　　　　　　　　　　　　（　　）

5.会展旅游导游服务管理的核心是会展旅游者所理解或感知的服务质量。（　　）

二、简答题

1.会展旅游餐饮、住宿安排的程序是怎样的？

2.会展旅游的机票票务应该如何操作？

3.会展旅游游览管理的实施步骤是什么？

在线测评9-1

判断题

4.会展旅游购物与娱乐管理需要注意什么？

5.会展旅游各类导游的工作程序是怎样的？

项目实践

场景：假设你是一名会展旅游地陪导游，你的部分团员在抵达旅游目的地后，临时要求改变活动安排，放弃下午的企业参观，而去参加当地的节庆活动，并希望导游人员能够派车接送。针对此种情况，你应如何处理？

操作：

（1）根据本项目所学知识，每位同学独立思考处理意见。

（2）以小组的方式讨论并相互学习，总结出小组的处理意见。

（3）场景模拟表演。

（4）教师点评。

价值引领

乌鲁木齐强化会展业服务经济社会发展功能

会展经济是"窗口"，也是"风口"。2024年，乌鲁木齐举办各类展会103场，签约交易额约6 573亿元，增长17.5%。新疆农业机械博览会、新疆国际矿业与装备博览会、新疆国际农业博览会、新疆"3·15"国际车展等大型展览客流如织，带动了住宿、餐饮、交通等相关行业的发展。

2025年，乌鲁木齐推动"会展+产业"融合发展，围绕新疆维吾尔自治区"十大产业集群"及乌鲁木齐市"5+2"现代产业布局，不断提升新疆农业机械博览会、新疆国际矿业与装备博览会、新疆暖通展览会、新疆国际石油石化技术装备展览会等产业展会的国际影响力，计划承接产业型会展项目30场，涉及现代农业、农机装备、石油化工、新能源新材料、交通物流、医疗器械、纺织服装等领域，不断加大优质会展项目的引培力度。同时，推动"会展+消费"多元发展，围绕汽车、家电、建材、文娱等题材，承接举办消费型会展项目21场，以"政企银展"优惠补贴"组合拳"激发市场消费活力。

乌鲁木齐还将推动"会展+外贸"协同发展，围绕展览规模提升、专业观众精细化组织、品牌项目国际认证等方面编制发展政策；充分利用中国进出口商品交易会平台成果，组织企业开拓外贸市场，精准招商和对接考察。

此外，乌鲁木齐将全面做好2025（中国）亚欧商品贸易博览会城市综合服务保障、场馆保障、招商组展等工作，确保大会安全、有序、成功举办，围绕吃、住、行、游、购、娱策划组织促消费及文旅活动，全面展示首府城市现代化发展活力。

资料来源 郭玲.我市强化会展业服务经济社会发展功能[N].乌鲁木齐晚报，2025-02-18 (2).

思政元素：新发展理念 区域协调发展

价值分析：乌鲁木齐以会展业为抓手推动"会展+"多元融合，本质上是新发展理念的生动实践。"会展+产业"紧扣新疆"十大产业集群"，通过农机、矿业等专业展会促进产业链协同，诠释协调发展的内生动力；"会展+外贸"依托亚欧商品贸易博览会等平台联通中亚市场，以开放姿态融入"双循环"，印证了改革开放是当代中国发展进步的活力之源。同时，乌鲁木齐以会展经济激活丝绸之路经济带核心区功能，带动了住宿、交通等领域的消费升级，彰显了区域协调发展战略对边疆经济的赋能价值。这一实践启示我们：新发展理念不是抽象的概念，而是扎根于地方发展的具体行动，唯有将国家战略与区域特色深度结合，才能释放经济社会发展的强大活力。

项目评价

本项目学习效果评价表见表9-1。

表9-1   学习效果评价表

评价维度	评价指标	学生自评（30%）	教师评价（70%）	得分小计
学前准备（25分）	自觉拓展：主动查阅行业前沿资料（10分）			
	深度理解：结合案例进行理论分析，并尝试进行实践应用（10分）			
	创新思维：尝试跨学科提出创新性关联问题，并有一定的思考（5分）			
学中实践（40分）	主动探究：在小组讨论中提出创新解决方案，并得到成员们的采纳或认可（10分）			
	解决问题：运用理论分析实际案例，提出建设性方案或建议（10分）			
	表达创新：在课堂汇报中灵活运用新媒体技术（10分）			
	团队协作：在集体项目合作中承担某个角色，创新性完成某项任务（10分）			
学后转化（35分）	理论迁移：在课程论文或其他任务中构建具有一定科学性的分析模型或提出具有一定新意的观点（5分）			
	实践应用：参与会展旅游产业相关实践活动或实战任务（10分）			
	德育素养：在理论学习和实践训练过程中树立正确的国家观、历史观、民族观、文化观（10分）			
	创新成果：提交会展旅游产业相关议题的解决方案、优化提案或策划方案等（10分）			
综合评价得分				

项目十　会展旅游危机管理与信息管理

项目导言

■　旅游业属于脆弱性与敏感性较强的产业，每当危机来临，旅游业往往最先受到冲击。因此对旅游产业而言，危机管理的重要性不言而喻。此外，在信息化时代，信息获取不再受时空限制，每天海量的信息如潮水般渗透到人们生活工作的各个领域，因此会展旅游信息管理也是会展旅游管理中不可或缺的重要环节。

项目目标

■　知识目标：了解会展旅游危机管理的定义；明白会展旅游危机管理的步骤；掌握会展旅游危机的处理方式；了解会展旅游信息管理的分类；熟知会展旅游信息处理的内容。

■　技能目标：能够对会展旅游危机进行识别和评估；能够对会展旅游信息进行分类和处理。

■　素养目标：引导学生树立危机意识与风险防范意识，增强团队协作意识，培养创新精神。

知识导图

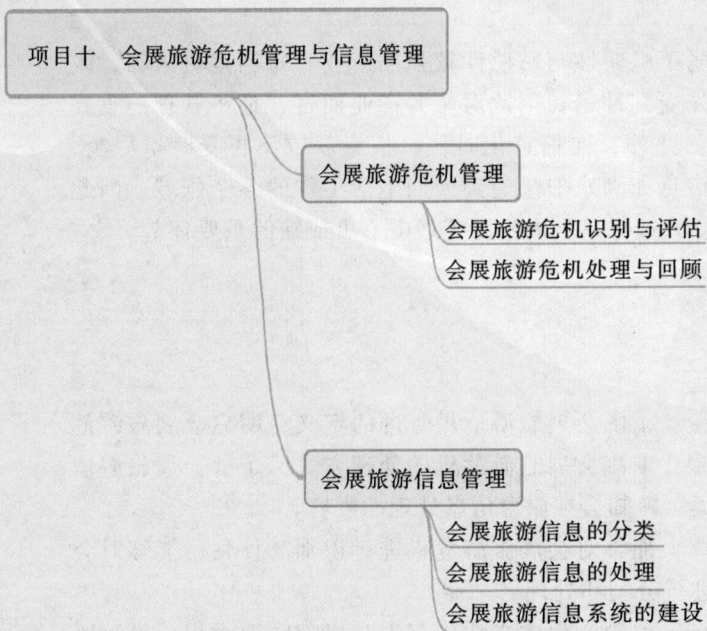

项目导入

会展经济能否在"风浪"中突围？

第二十届中国会展经济国际合作论坛（CEFCO）首次落址天津，搭平台、促合作、谋发展……来自20个国家和地区的600余位会展业人士，为会展经济高质量发展加油鼓劲、建言献策。

"会展业连接生产与消费、供给与需求、国际与国内，是联通各国企业、市场和要素资源的重要桥梁，被誉为国民经济的晴雨表、产业发展的助推器，对促进经济社会发展、推动国际经贸合作具有不可替代的作用。"中国国际商会会长任鸿斌说。然而，市场供需波动大、区域发展不均衡、人才供应存在缺口等问题依然存在，从而制约了会展经济的高质量发展。

会展业向"新"求变　向"绿"转型

近年来，会展业已成为各地推动经贸人文交流的重要平台。拥有60多年历史的广交会，是联通中国与世界贸易的桥梁；世界上第一个以进口为主题的大型国家级展会——中国国际进口博览会，已成为新时代高水平对外开放的名片；已举办十五届的中国国际航空航天博览会，见证了中国航空航天产业的飞跃发展；中国义乌国际小商品博览会则成为"买全球、卖全球"的新阵地。

——数字化转型激发个性化需求。中国贸促会展览管理部部长邬胜荣说，2024年，中国的展览业紧紧抓住国家提倡发展新质生产力的重要机遇，一方面新质生产力赋能展览业高质量发展，展览业积极探索应用人工智能、大数据、元宇宙等新技术，推动展览新场景、新模式、新业态加快发展；另一方面展览业也成为展示中国新质生产力发展成就的一个重要的平台，战略性新兴产业、未来产业等成为中国展览业的热点展示内容。

——"国际范"成为对外合作关键因子。邬胜荣介绍，我国举办的重点展会国际化程度不断提升，境外参展商比例增长明显。与此同时，出国展览的国内企业数量也有所增长。"通过与中国代理商的合作，2024年大约有1000家中国参展商参加我们的展览，展示了多样化且充满活力的产品。我们期待着2025年能够接待2000家甚至更多的中国参展商。"华沙PTAK国际展览中心管理委员会主席托马什·希普瓦说。

——绿色可持续能力日益凸显。拥有光伏发电、地源热泵系统、装配式建筑等80多项绿色环保技术的国家会展中心（天津）是绿色智慧建筑的典型代表。"可持续发展已经是各行各业的主流期望。"国际展览与项目协会主席查克·格鲁扎德表示，近年来，世界范围内的会展业企业都通过加大可再生材料使用、进行碳中和场馆运营等多重方式，不断使自身在市场竞争中脱颖而出。

高质量发展仍存多道坎

业内人士表示，近年来，我国会展业面对国内外经济环境压力，经历了一些起伏，已进入爬坡过坎、转型发展的关键期，机遇与挑战并存。会展经济高质量发展之路该向何方？

——"关税大棒"影响几何？当前，世界经济复苏乏力，逆全球化、保护主义、单边主义抬头，贸易摩擦进一步升级。"自由贸易是未来支持全球经济的最佳方式。如果贸易受到限制，对任何人、任何行业都没有好处，对展览业也不利。"来自德国的上海新国际博览中心有限公司总经理迈克尔表达了担心。

——从政府主导到市场主导能否有效衔接？各地方政府积极引导支持以市场化方式举办各类专业展会、消费展会等会展活动，大力推动各类行业协会、商会等行业主体通过市场化方式举办各类展会。因此，有业内人士担忧，以市场化方式为主体的办展模式能否保证会展质量，满足企业和群众需求。

——会展市场区域性差异能否弥合？《中国展览经济发展报告2024》指出，2024年东部地区举办经贸类展会项目最多，共2 586项，占国内经贸类展会总数的67.3%；中西部地区经贸类展会数量分别为556项和549项；东部地区平均每场经贸类展会面积也大幅领先。不仅如此，多位业内人士认为，目前我国会展经济南北差距较大，北方会展市场活力不足，投入产出比低，令很多企业望而却步。

——会展专业人才能否充足供应？"一个成熟的会展中心城市，至少要有1 000人的会展专业人才。"广东鸿威国际会展集团有限公司董事长王照云说，他们需要熟悉全球市场，能够跨文化交流，同时拥有市场分析、营销策划、项目管理、团队协作和危机应对等多方面能力，很多是学校课本里面没有的。然而，这类人才较为欠缺。

因地制宜推进展产城融合发展

专家表示，从全球范围看，会展经济正处于蓬勃向上的发展阶段，我国需要紧抓行业转型机遇，积极融入国际竞争与产业合作，因地制宜培育一批独具特色的会展中心城市。

一是加强政策引导与资源导入，提升国际吸引力。业内人士认为，举办重大国际性会展活动，是一座城市"国际化"的重要标志，也是提升城市能级和核心竞争力的助推器。天津振威国际会展集团股份有限公司直属总部总经理张霞说，国际化元素是吸引企业参展、嘉宾光顾的重要因素，建议地方政府通过直接补贴以外的资源导入、对接等方式支持会展业发展，加强国际国内交流，提升会展业的国际化水平。

二是实施差异化品牌培育，推动展产城融合发展。中国会展经济研究会会长曲维玺认为，展产城融合发展已是大势所趋，关键是做好"会展+"文章，形成会展、文旅、产业、金融等综合生态。"会展城市应培育当地特色品牌展会，借鉴广交会等成功经验，在绿色会展等领域取得突破。"张霞说，要发挥投融资机构和商协会力量，把"流商"变"留商"，促进展产城融合发展。

三是加强人才培养，提升行业核心竞争力。法兰克福展览（香港）有限公司执行董事李庆新认为，人才是会展业高质量发展的核心竞争力，建议高校、职业培训机构围绕国际会展业发展需要，有针对性地制订人才培养计划。天津商业大学会展系主任赵志培建议，进一步加强校企合作的平台建设，进一步做大做强产教融合共同体。国际展览与项目协会（IAEE）主席查克·格鲁扎德认为，"我们要更好地关注技能提升以及再培训，还要关注人工智能、数据分析等一些新技术，持续推进会展经济可持续发展。"

资料来源　王宁，宋瑞．会展经济能否在"风浪"中突围？[N]．经济参考报，2025-02-11（4）．

请根据以上材料，思考以下问题：

我国会展业在数字化、国际化、绿色化转型过程中采取了哪些具体举措？这些举措如何推动会展经济高质量发展？

解析指引 10-1

项目导入

任务1　会展旅游危机管理

所谓会展旅游危机管理，是指为了避免和减轻危机事件给会展旅游业带来的严重威胁而进行的非程序化的决策过程。其目的是通过研究危机、危机预警和危机救治，来优化会展旅游经营环境，恢复会展旅游消费信心，并将危机造成的损害降到最低。

会展旅游危机管理涉及的管理主体比较广泛，因此仅依靠个别主体建立危机防范系统、提高经营管理水平是远远不够的，还必须建立政府、会展旅游企业、会展旅游主管部门、行业协会及从业人员多方分工合作、共同努力的运行机制。

从整体上来看，会展旅游的危机管理通常分为四个步骤，即危机识别、危机评估、危机处理和危机回顾，如图10-1所示。

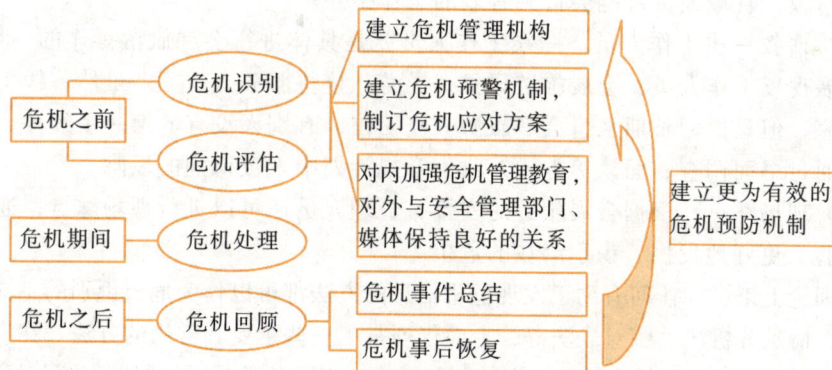

图10-1　会展旅游危机管理的步骤

一、会展旅游危机识别与评估

避免危机发生是对抗危机的第一道防线。会展旅游危机管理要求在事前做好充足的准备，建立专门的管理机构，对可能存在的危机进行识别和评估。一般而言，危机管理机构由会展旅游组织者的高层和专业管理人员组成，其主要职能是收集和分析危机情报与外界信息，建立会展旅游企业与其他安全保障部门的工作联系，及时预测和预防危机的发生，协同有关部门制定有效的危机处理应急措施。会展旅游危机管理机构的建立是整项工作有效开展的基础。

(一) 会展旅游危机的识别

危机管理通常从危机识别开始，管理人员需要对会展旅游可能存在的负面影响及其特性进行综合考量。这项工作需要投入大量的时间与精力，因此在会展旅游组织之初就应该着手进行。管理人员不但要清楚会展旅游中存在哪些潜在危机，还必须明确这些危机会引起什么风险、严重程度如何等，并进一步将其分门别类。

1.会展旅游危机识别的方法

为了做好危机识别工作，管理人员可以从以下几个方面入手：

（1）历史资料。如果会展旅游活动不是第一次组织，那么回顾历史资料会给管理人员提供不错的危机识别平台。通过对历史资料的回顾与总结，管理人员可以了解历届会展旅游活动的概况、存在的危机问题以及相应的解决方法。这些都能够对本届会展旅游的开展起到一定的借鉴作用。

（2）头脑风暴。会展旅游危机管理机构可以采用头脑风暴法进行危机识别：组织8～12人的头脑风暴会议，在确定议题、准备充分的前提下，引导与会者敞开思想、充分讨论，使各种设想在相互碰撞中激发创造性思维，尽可能多地提出潜在危机的相关设想。

（3）请教专家。这里的专家既可以是会展旅游组织方的专业人士，也可以是危机管理领域的资深人士，还可以是其他在危机管理方面富有经验与研究的专业人员。通过虚心请教，管理人员可能会得到有效的工作指导。

（4）请教一线工作人员。一线工作人员就是具体进行会展旅游操作的一般员工，包括会展现场工作人员、会展旅游司机、导游、接待服务人员等。虽然一线工作人员不是专家，但是他们长期从事会展旅游一线工作，有别人没有的第一手经验。管理人员可以通过书面调查、面谈等方式，收集常规计划中未被识别的风险。

（5）现场踩点。根据会展旅游的安排，管理人员还可以进行现场踩点，通过事前亲身体验，更好地发掘、识别潜在的危机。

从理论上来讲，任何有助于发现危机信息的方法都可以作为危机识别的工具，如德尔菲法、情景分析法、核对表法等，上面仅列举了一些主要和常用的方法。在实际的危机识别过程中，管理人员应具备一定的创新思维，突破条条框框的制度束缚与经验局限。

2.会展旅游危机的分类

通过各种方法的运用，管理人员会掌握大量的已识别危机。需要注意的是，这些危机是杂乱无章的，管理人员必须进一步做好危机分类工作。

根据形成主体的不同，我们可以将会展旅游危机分为内部危机和外部危机（如图10-2所示）。

内部危机主要是指会展旅游内部因组织不当等原因所发生的危机事件，如会展旅游举行过程中发生火灾；人员过多造成拥堵受伤；服务不到位造成会展旅游者不满；照明质量欠佳，公共卫生设施质量欠佳，预警系统及通信系统状况不佳；突发性疾病或紧急医疗事件，如食物中毒、中暑、有害气体中毒等。

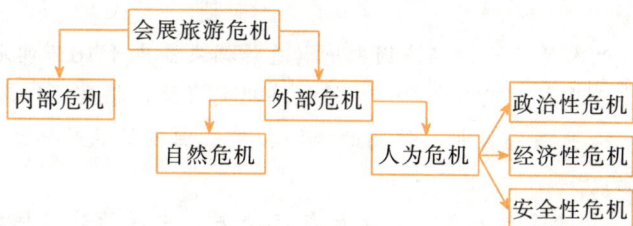

```
                    ┌──────────────┐
                    │  会展旅游危机  │
                    └──────┬───────┘
          ┌────────────────┴────────────────┐
    ┌──────────┐                      ┌──────────┐        ┌──────────┐
    │  内部危机  │         ┌───────────│  外部危机  │───────│  政治性危机  │
    └──────────┘         │           └──────────┘        └──────────┘
                    ┌──────────┐          │              ┌──────────┐
                    │  自然危机  │          └──────│人为危机│───│  经济性危机  │
                    └──────────┘          └──────────┘   └──────────┘
                                                         ┌──────────┐
                                                         │  安全性危机  │
                                                         └──────────┘
```

图10-2　会展旅游危机的分类

外部危机主要是指来自市场经济主体外部环境的危机，它可进一步分为自然危机和人为危机两大类。自然危机主要是指由自然界的一些不可抗力因素引起的危机，如洪水、飓风、地震、暴风雪等。人为危机主要是指由人为因素造成的危机，一般包括政治性危机、经济性危机和安全性危机。政治性危机主要是指由于国内政治形势混乱、战争、国际关系不稳定等引发的危机；经济性危机主要是指由于国内或国际经济秩序动荡、经济形势恶化等引发的危机；安全性危机主要是指由于流行性疾病、犯罪行为等引发的危机，如疫情、盗窃、抢劫、爆炸、恐怖袭击等。

通常，自然危机是由不可避免的原因造成的；人为危机则具有更大的偶然性，负面后果更严重，会使会展旅游者在更长的时间内丧失信心，如巴黎恐怖袭击、韩国中东呼吸综合征疫情等危机事件都对当地会展旅游业产生了巨大的影响。

（二）会展旅游危机的评估

在危机识别之后，紧接着需要做的事情就是对所识别的潜在危机进行适当的评估。管理人员的精力是有限的，不可能面面俱到地对待每一个潜在危机。评估的主要目的在于将所有潜在危机进行分级排序。通常来说，每个潜在危机的危害大小都是由两个方面决定的：一是危机发生的可能性；二是危机发生后对会展旅游造成危害的程度。针对这两个方面，管理人员可以采用"非常高""高""一般""低""非常低"等定性描述词进行界定。

行业视窗 10-1

澳大利亚政府会展旅游危机等级划分标准

第一，可能性划分标准。

- 非常低：危机事件的发生罕见（每30～100年发生一次）。
- 低：危机事件有时会发生（30年中至少发生一次）。
- 一般：危机事件很有可能发生（10年发生一次）。
- 高：危机事件在多数情况下很有可能发生（5年至少发生一次或三次活动中出现两次）。

• 非常高：危机事件在多数情况下会发生（几乎每次活动都会发生）。

第二，危害程度划分标准。

• 无关紧要：无人员伤亡，经济损失少（总计损失：少于10万澳元）。

• 不严重：普通非专业现场救护，中等经济损失（总计损失：10万～50万澳元）。

• 一般严重：专业医疗救护，较高的经济损失，但较低的政治尴尬（总计损失：50万～500万澳元）。

• 较为严重：大量受伤人员，巨大的经济损失，中等的政治尴尬（总计损失：500万～2 500万澳元）。

• 极为严重：人员死亡，巨大的经济损失，较高的政治尴尬（总计损失：大于2 500万澳元）。

会展旅游危机等级划分标准见表10-1。

表10-1 　　　　　　　　　　会展旅游危机等级划分标准

可能性	危害程度				
	无关紧要 (1)	不严重 (2)	一般严重 (3)	较为严重 (4)	极为严重 (5)
非常低（1）	L	L	M	S	S
低（2）	L	L	M	S	H
一般（3）	L	M	S	H	H
高（4）	M	S	S	H	H
非常高（5）	M	S	H	H	H

在表10-1中，H等级对应的是最值得关注的"高破坏性危机"；S等级对应的是第二层次的"较高破坏性危机"；M等级对应的是"中等危机"；L等级对应的是破坏性较小的"次要危机"。

资料来源　根据相关资料整理.

在实际操作过程中，管理人员可以借鉴"澳大利亚政府会展旅游危机等级划分标准"，根据不同的会展旅游活动制定适当并符合实际的危机等级划分标准，对危机的可能性与危害程度进行分析，然后根据危机等级分配时间与精力。

在通常情况下：

（1）对于"高破坏性危机"和"较高破坏性危机"，管理人员需要开展大量有针对性的研究，建立危机预警机制，通过对政治环境指数、商业环境风险指数和自然环境指数等危机预警指标进行监测，做出科学的预测和判断。当有信号显示危机来临时，能够及时发布预警。除此之外，制订1～2套由高层参与的切实可行的危机处理方案也是必不可少的。

（2）对于"中等危机"，虽然管理人员投入的精力可以适当减少，但也不可怠慢，应在人员方面明确具体管理责任，保证责任到位，并事先明确应对措施。

（3）对于"次要危机"，由于其危害程度最小，因此投入也较少，有时甚至会被忽略。但是对管理人员而言，为了保险起见，做好应对各项"次要危机"的宣传培训工作还是必要的。

会展问答 10-1

解析指引 10-2

会展问答

在现实中，危机预防及应对方案的制订不但要仔细周全，而且要简洁明了，请以嘉年华会展旅游为例，设计一张简明的火灾预防及应对方案一览表。

在会展旅游危机识别和危机评估的基础上，管理人员需要突破部门局限，加强对会展旅游的全体参与员工的危机管理教育与培训，这是预防危机的重要保障。一方面，管理人员要针对危机防控知识组织培训，制作安全小册子，使员工树立危机意识和主人翁责任感，提高员工对危机征兆的识别能力；另一方面，管理人员应通过对一定危机场景的模拟，进行演习和培训，使员工掌握处理危机的相关技能。只有树立危机意识，提高危机应对能力，才能增强企业抵抗风险的整体实力，提高会展旅游服务的质量，提高会展旅游企业的信誉度。

在做好对内工作的同时，管理人员在对外方面也要打下坚实的基础。一方面，管理人员应同当地的安全管理部门，如消防、公安、医院等，建立良好的工作关系，确保安全隐患能够顺利排除，并且确定在会展旅游活动出现问题的时候能够得到相关部门的帮助。另一方面，管理人员应专门制订针对媒体的管理计划，将媒体作为危机管理中的重要协作对象。虽然媒体与安全管理部门的职能不同，但也会对会展旅游危机管理的成效产生重要影响。管理人员需要注意以下事项：通过多种渠道与媒体保持沟通和密切联系；适当控制媒体在危机中的活动范围，以便为危机管理赢得一定的时间；尽可能提供真实的信息；避免与媒体发生冲突等。

二、会展旅游危机处理与回顾

知识拓展 10-1

会展旅游危机
管理应急预案
制定指南

在会展旅游的组织过程中，不管事前工作做得如何充分，也很难保证零事故率。所以，如何在危机初露端倪时及时消除并最大限度地降低风险，以及如何从危机中吸取经验教训，也是危机管理的重点。

（一）会展旅游危机的处理

1.会展旅游危机处理的原则

（1）经济性原则。管理人员要考虑成本问题，在解决问题的时候，应在保证处理质量的基础上，采取最合理、最经济的方式，把控制损失的费用降到最低。

（2）确保安全原则。没有切实的安全保证，就不可能有成功的会展旅游。管理人员应把会展旅游者的饮食、住宿和行程等各项安全放在第一位，采取一切措施消除隐患，将发生危机的可能性降到最低。

（3）友好周到原则。会展旅游企业接待人员的态度和服务质量会直接影响会展旅游产品的质量，因此在处理危机时，管理人员必须设身处地为会展旅游者着想，以热情友好的态度和细致周到的作风做好各项服务工作，从而使危机更易化解，切忌与会展旅游者发生争吵。

（4）切实可行原则。当会展旅游者的要求得不到满足时，很容易引起危机纠纷，严重时还会出现投诉现象。在处理这类问题时，管理人员必须考虑会展旅游者提出的各种要求是否切实可行，对于不可能实现和不合理的要求要耐心解释，不能盲目答应。

（5）及时果断原则。管理人员应具备良好的心理素质和过硬的应变能力，在危机中时刻保持头脑清醒、冷静，善于透过纷繁复杂的表面现象迅速抓住问题的本质，进而果断采取措施，全力以赴处理危机，防止危机进一步恶化。

（6）社会责任感原则。处理会展旅游危机时，管理人员必须兼顾所有与危机相关并受其影响的单位及个人的利益与诉求，充分熟悉可能涉及的各类法律法规，如《中华人民共和国旅游法》《中华人民共和国消费者权益保护法》等，确保危机管理的每个步骤都具备合法性。

2.会展旅游危机处理的方式

会展旅游危机处理的方式一般可分为以下几种：

（1）回避危机。回避危机是指当危机发生的可能性很大，不利后果很严重，又无其他策略可采用时，主动放弃或改变会展旅游项目或行动方案，从而规避风险的一种策略。例如，当发现有鲨鱼的踪迹后，取消相关的海滨游玩活动。在采取回避危机策略之前，管理人员必须对危机有充分的认识，对危机出现的可能性和后果的严重性有足够的了解。回避危机策略最好在会展旅游项目尚未实施时进行，放弃或变更正在进行的项目一般要付出较高的代价。

（2）预防危机。预防危机与回避危机相比更为主动，它并不是完全避开危机，而是采取一系列措施防止某一危机的发生。例如，会展旅游期间安排了观看球赛，管理人员可以事先要求观众不得携带瓶罐入场，以免发生丢砸事件。

（3）减轻危机。减轻危机主要是降低危机的不利影响。比如，会展旅游期间有郊游安排，那么管理人员应考虑天气的影响，可以携带一定数量的雨具以防下雨。在减轻危机时，管理人员要集中力量应对威胁最大的危机。有些时候，高风险是由于风险的耦合作用引起的。一个危机减轻了，其他一系列危机也会随之减轻。

（4）分担或转移危机。分担或转移危机的目的不是降低危机发生的概率或减轻不利后果的影响，而是通过合同或协议，在危机事故发生时，将损失的全部或一部分转移到第三方身上。采取这种策略付出代价的大小取决于风险的大小。当资源有限，不能实行减轻和预防策略时，或者危机发生的频率不高但潜在的损失或损害可能很大时，可采用此策略。

（5）危机自留。有时候，管理人员也可以把危机事件的不利后果主动或被动承担下来。在危机管理中，由于管理人员对一些风险已经有了准备，因此当危机发生时，管理人员可以马上执行应对计划，这是主动承担危机。被动承担危机是指当危机事件造成的损失数额不大、不影响大局时，将损失列为费用的一种。危机自留是一种较为简便的风险应对方式，在很多情况下也最为经济。当采取其他危机处理方式的成本超过风险事件可能造成的损失数额时，管理人员就可以采用危机自留策略。

▶ 行业案例10-1

一念之差"飞了"1 000万元

北京某公司承办了某大型节事活动的飞行表演项目。此次活动吸引了来自全国各地的观众，大家都想借此机会一睹特技飞行的风采。然而，天不作美，活动因大雾取消，观众扫兴而归，该公司更是损失惨重。其实这一损失原本是可以通过保险避免的。据悉，该公司曾授权国内唯一专业从事体育保险的公司作为其保险代理，而保险公司也为主办方设计了包括"表演取消、推迟"在内的保险项目。其中，"表演取消、推迟险"的赔付额高达1 000万元，但主办方最终因一念之差没有购买。据估算，此次因表演取消造成的损失大约800万元。该公司负责人在接受采访时用"深感惋惜"来形容。

资料来源 丁霞. 会展策划与管理 [M]. 北京：高等教育出版社，2006.

思考：该案例给我们的启示是什么？

点睛：天有不测风云，会展旅游组织者一定要提高自己的风险防范意识，切忌麻痹大意，抱有侥幸心理。在会展旅游活动中，天气因素是不可忽视的重要方面，会展旅游组织者在应对危机时应充分重视危机分担与转嫁的作用。因此，与保险公司签订有针对性的合同是十分必要的。通过保险合同，风险损失可在一定程度上实现转移，这有助于保障会展旅游组织者的利益。

如果会展旅游危机是由于当事人对某一问题不能达成共识而引起的，那么管理人员还可按以下方式解决危机：

一是协商。双方当事人根据事实，按照政策法规，客观分析纠纷产生的原因，在平等的基础上互谅互让，以求得会展旅游纠纷的解决。协商可以发生在会展旅游纠纷发生后、仲裁机关审判过程中和人民法院判决前。

二是调解。双方当事人在第三者的参与下进行商讨，第三者按照自愿、合法、公正的原则从中协调，以求得会展旅游纠纷的合理解决。会展旅游纠纷经调解达成协议后，应制作调解书。双方当事人及调解人要签字盖章，并加盖调解单位的公章。调解书具备法律效力。

三是仲裁。双方当事人产生争议，自行协商不成时，可请求无利害关系的第三方依据事实和法律法规，按照仲裁程序，做出对争议双方都有约束力的判断和裁决。

四是诉讼。双方当事人因会展旅游纠纷向人民法院起诉，由人民法院依法审理并做出判决。

3. 会展旅游危机发生后的处理方法

（1）加强与媒体合作，发布危机信息。要以真诚的态度与各类媒体沟通，可设立一个新闻中心，适时向社会公众发布客观、准确、真实的危机信息，既不能夸大事实，也不能为了达到某种目的而隐瞒或扭曲事实，防止谣言和小道消息的散布，最大限度消除会展旅游者的恐慌心理。

（2）控制危机的发展势态，制定安全保障措施。具体包括：第一，危机管理机构应发挥快速沟通、快速判断、快速行动等一系列组织能力，及时采取措施，以防止危机扩大。第二，任命专人负责与政府和会展旅游主管部门进行安全保障方面的联络，制定安全保障措施。第三，建立危机监测系统，必要时应组建能使用多种语言提供服务的安保队伍和紧急电话中心，随时对危机的变化做出分析判断并采取应急措施。

（3）保持沟通，巩固形象。具体包括：第一，通过电话、传真、互联网以及新闻媒体，与会展旅游者及相关客户保持沟通，向他们通报情况，争取他们的支持和理解，树立会展旅游者及相关客户对会展旅游组织者的信心，为危机后新的会展旅游业务的开展做好准备。第二，根据实际情况，配合政府和媒体开展有助于树立会展旅游企业形象的宣传活动，以吸引公众关注。

（4）采取应急措施，化解危机。具体包括：第一，建立突发重大事件储备金，同时与保险公司合作，投保重大突发事件相关险种，以转移风险。第二，对展览现场和会展旅游路线进行安全检查，做好安全保卫工作，并配备专业的医护人员和救护设备。第三，会展旅游者的信息安全和财产安全，也应采取措施予以保障。第四，对于政治危机事件，必须加强与政府和会展旅游主管部门的联系与协作，及时通报危机事件的进展，配合落实政府的安全应急措施。第五，强化危机管理领导小组的统筹职能，保障相关设施安全，及时解决会展旅游者的突发性问题。

（5）转变危机为生机，寻找新的发展机遇。具体包括：第一，利用危机期间的经营淡季，抓紧时间对员工进行全面培训，提高员工的专业素质，使会展旅游企业的服务水平和管理水平在危机过后能更上一个台阶，进而赢得更多的顾客，弥补企业在危机中遭受的损失。第二，对硬件设施进行更新改造，增强会展旅游企业的发展后劲。第三，资金雄厚的会展旅游企业可以较低的收购成本对小企业实施并购，进而走专业化、规模化、集约化的经营发展道路。

行业视窗10-2

会展旅游危机的类型及管理措施

一、会展旅游危机的类型

（一）公共卫生安全危机

重大疾病疫情、食品安全事件等均可能导致会展活动被迫取消或延期，引发参展商索赔、客源流失等连锁反应。

（二）技术安全危机

随着会展旅游数字化转型加速，技术安全风险日益凸显。线上会展平台可能遭遇服务器崩溃、数据泄露等问题。智能设备故障、虚拟展厅技术漏洞等也会影响会展效果，损害企业信誉。

（三）供应链中断危机

全球供应链的复杂性使会展旅游面临更多不确定性。地缘政治冲突、运输枢纽罢工、自然灾害等可能导致展品运输延误或损毁。

（四）声誉危机

社交媒体时代，负面事件传播速度呈几何级增长。会展旅游企业的服务失误、虚假宣传、环保违规等行为一旦被曝光，可能迅速引发舆论危机。

（五）气候环境危机

极端天气事件频发，会对会展旅游造成直接冲击。此外，碳排放限制等环保政策收紧，将给会展旅游企业带来合规压力。

（六）地缘政治危机

国际贸易摩擦、地区冲突等地缘政治因素对会展旅游的影响愈发显著。签证政策收紧、汇率剧烈波动等可能导致国际参展商和游客数量大幅减少。

二、会展旅游危机的管理措施

（一）构建智能化预警系统

运用大数据、人工智能技术建立危机预警平台，实时监测公共卫生事件、极端天气、地缘政治等风险因素。

（二）打造弹性供应链体系

与多家物流供应商建立战略合作伙伴关系，构建多式联运网络；在重点展会举办地设立应急物资储备中心，确保展品运输的稳定性；引入区块链技术，实现展品物流全程追溯，提高供应链透明度和抗风险能力。

（三）实施数字化应急管理

建立线上线下融合的应急管理系统，当危机发生时可快速切换至线上办展模式；开发智能应急决策支持系统，整合实时数据为管理者提供最优应对方案。

（四）强化舆情动态管理

建立24小时社交媒体舆情监测机制，运用自然语言处理技术实时分析网络评论；制定分级响应策略，对轻微负面舆情及时沟通化解，对重大危机事件启动新闻发布机制。

（五）推行绿色会展标准

将可持续发展理念融入会展旅游全流程，建立低碳会展评价体系；采用可循环展具、绿色餐饮等环保措施，降低气候环境危机风险。

（六）开展跨领域协作

与政府部门、医疗机构、安保公司等建立危机联动机制；定期组织跨部门应急演练，提高协同应对能力。

（七）建立危机保险机制

针对重大危机事件购买专项保险，如疫情取消险、极端天气险等。与保险公司合作开发定制化保险产品，覆盖展品运输、参展商违约等风险。

（八）实施人才赋能计划

开展常态化危机管理培训，提升员工风险识别和应急处置能力；引入危机管理认证体系，鼓励员工考取相关专业证书；建立危机管理人才库，储备具备公共卫生、风险管理、新媒体运营等复合背景的专业人才。

资料来源：根据网络资料整理。

（二）会展旅游危机的回顾

会展旅游危机事件消除或告一段落之后，会展旅游危机管理还不能随之结束，管理人员要对危机事件进行全面总结，同时进行事后恢复。

会展旅游危机事件总结具体包括以下内容：危机预警机制是否为危机管理提供了有用的指导，存在哪些问题，与成本相比是否合算；危机教育是否起到了作用，有哪些项目有待加强和完善；预警系统是否发出了及时的警报；人们是否对预警系统的警报予以足够的重视并采取了正确的做法等。

会展旅游危机事件总结有利于会展旅游企业有针对性地进行工作反思、反馈，能够帮助会展旅游企业修正预警系统的缺陷，以便建立一个新的、更有效的预防机制，从而提高危机管理的指导性和可操作性，为应对下一次会展旅游危机做好准备。

在事后恢复方面，会展旅游企业可以在力所能及的范围内积极配合政府主管部门，有效利用报纸、电视等新闻媒体，大力宣传会展旅游目的地的形象，尽快恢复国内外会展旅游者对此目的地的信心。同时，会展旅游企业自身也要进行内外两个方面的复苏。一方面，会展旅游企业应主动对外出击，通过收集分析资料，针对不同的客源市场采取不同的应对措施，调整会展旅游产品的结构和价格，适当邀请客源市场的旅游媒体、旅游专栏作家、旅游批发商和代理商进行实地考察，打通渠道，引导消费。另一方面，激发员工的工作积极性也是必不可少的，可以利用企业文化重拾员工信心，增强内聚力，制定新的发展战略，开发新线路、新项目、新产品，策划新活动，实现会展旅游企业的振兴。

解析指引 10-3

会展问答

■ 会展问答 10-2

在会展旅游活动中，若突发极端天气（如暴雨、台风）导致交通中断，会展旅游组织方的危机管理人员应优先采取哪些关键措施，以降低损失并保障活动有序推进？

▶ 任务拓展 10-1

以小组为单位，每组收集一个具有代表性的危机管理案例，并在班级群里分享，进行交流研讨。

任务 2　会展旅游信息管理

在进行会展旅游安排的时候，信息管理是一个不可缺少的环节。会展旅游信息管理的目的不仅在于收集信息、为各项活动的开展提供便利，还包括通过有效利用信息来谋划未来。

一、会展旅游信息的分类

会展旅游信息的来源众多、数量巨大，因此信息管理的第一步就是对所有信息进行合理分类。总体来说，我们可以从会展旅游参与者信息、会展旅游目的地及相关服务信息两个方面着手此项工作。

（一）会展旅游参与者信息

对会展旅游参与者信息的收集是十分必要的。一方面，通过分析会展旅游参与者的信息，会展旅游组织者可以明确主流参加人群及其行为特征，从而提高会展旅游产品及服务的质量；另一方面，通过分析会展旅游参与者的信息，会展旅游组织者能够提供个性化的会展旅游产品，从而极大地满足会展旅游参与者的需求。

在收集会展旅游参与者信息的过程中，会展旅游组织者需要明确以下内容：

（1）姓名、性别、出生年月。

（2）所在地区、所在单位或机构。

（3）联系方式、使用语言。

（4）通过何种渠道了解会展旅游信息。

（5）特殊的旅游要求（如在餐饮方面是否有严重过敏食物、是否为素食主义者等）。

（6）参加会展旅游的原因。

（7）会展旅游产品的选择偏好（如城市参观、周边景区游玩等）。

（8）理想中本次会展旅游目的地的选择。

（9）会展旅游交通方式的选择。

（10）会展旅游价格区间的选择。

（11）会展旅游的时间安排。

（12）会展旅游的组织方式。

（13）对本次会展旅游的评价。

（14）对下次会展旅游的建议。

（二）会展旅游目的地及相关服务信息

与会展旅游参与者信息并重的，还有会展旅游目的地及相关服务信息。此类信息可以保证会展旅游活动顺利进行，也有利于自助游的开展。

在收集会展旅游目的地及相关服务信息的过程中，会展旅游组织者需要明确以下内容：

（1）会展旅游相关目的地的介绍。

（2）目的地景点的介绍。

（3）当地交通的介绍及当地交通示意图。

（4）票务服务。

（5）酒店预订。

（6）餐饮推荐。

（7）购物推荐。

（8）旅游专线推荐。

（9）治安、医疗求助介绍。

（10）旅行社、导游服务。

二、会展旅游信息的处理

尽管信息处理工作早在计算机广泛应用之前就已经存在了，但在现代社会，采用计算机进行信息处理，更有利于做好会展旅游经营活动。

（一）会展旅游信息处理的要求

要使会展旅游信息更好地发挥效用，必须抓好信息获得以及信息更新和运用过程中的"宽""精""快"。

（1）收集的信息面要宽。要不断拓宽信息来源渠道，尽可能多地占有信息。

（2）在收集信息的基础上，要实现信息动态更新，及时、真实地反映会展旅游的最新情况。

（3）对各种信息要精心选择，各归其类。

（4）对收集到的信息要抓紧利用。谁在最短的时间内获得信息并能充分利用信息，谁就在市场竞争中掌握了主动、占据了优势。

（二）会展旅游信息处理的程序

会展旅游信息处理的程序包括信息收集、信息加工、信息储存和信息传递四个环节（如图10-3所示）。

信息收集 → 信息加工 → 信息储存 → 信息传递

图10-3 会展旅游信息处理的程序

1.信息收集

信息收集工作直接关系到信息处理工作是否能避免因信息量不足而造成的失误。会展旅游信息收集的具体方法如下：

（1）会展旅游信息登记，即在会展旅游活动之前或之后，由会展旅游组织者安排，对会展旅游者的相关信息通过填表或对话的方式进行收集。

（2）间接摘录，即广泛阅读各类报纸、杂志以及网络文章，对有用的信息进行摘录，以便分类储存。

（3）市场调查，即通过观察法、询问法、问卷法等市场调查手段进行信息收集。

（4）电视广播捕捉信息，即利用电视广播传递信息快速、便捷的特点，从中捕捉有关信息。

（5）购买信息，即向相关单位有偿索取所需信息。

（6）聘请信息员，即聘请外地或本地的专职或兼职信息员，为企业提供专业情报。

2.信息加工

所谓信息加工，是指将收集来的信息按照一定的程序和方法，进行分析、分类、判断及编写的过程。会展旅游信息加工的方法有：

（1）集中归纳法，即把信息按一定的目的集中在一起，并加以分类归纳，以反映某一个会展旅游问题的方法。

（2）纵深排列法，即围绕某一个会展旅游问题，把信息按照事件发生的过程逐一进行排列，以搞清事情来龙去脉的方法。

（3）横向比较法，即围绕某一个会展旅游问题，将杂乱无章的众多信息从横向加以关联，并做出比较分析的方法。

（4）图表示意法，即将收集到的信息，按其内在规律绘制成图表的方法，采用这种方法得到的信息形象、具体、有感染力。

3.信息储存

对于各种有价值的信息，在收集、加工之后，工作人员应采取各种方法，将它们储存起来，以便查阅备用。常用的方法有：

（1）卡片制，即用人工的方式将信息记在卡片上，进行分类保管。随着信息量的扩大，以及科学技术的发展，这种方法在实际操作中已经越来越少采用。

（2）计算机存储，即将有关信息通过计算机软件和网络技术保存起来，这是现代会展旅游业偏好的信息储存方式。

4.信息传递

信息传递是指将分类、排序好的信息按不同需要传递给会展旅游组织者的各个部门，从而构成会展旅游信息流。传递会展旅游信息的网络可以分为内部网络和外部网络。会展旅游参与者的相关信息可以限制在会展旅游组织者的内部网络上传递分享，以便指导日常工作；旅游目的地及相关服务信息的传递则可以适当扩大至外部网络，从而为会展旅游组织者及会展旅游参与者共享。

三、会展旅游信息系统的建设

为了更好地适应当前形势，对会展旅游的运行和经营活动进行科学管理，更好地体现服务客户的宗旨，会展旅游组织者还必须开发一套科学、高效的信息系统（如图10-4所示）。

在会展旅游信息系统的建设中，全面的会展旅游参与者信息以及定期更新的会展旅游目的地及相关服务信息，既是基础，也是核心，必须花大力气重点建设。这一建设成果可以为会展旅游组织者提供信息指导，并进一步在会展旅游的具体安排实施过程中得到运用。会展旅游参与者通过亲身体验，享受了游玩的过程，会展旅游组织者要重视对会展旅游参与者的后续调查，促进有效信息反馈的形成，并根据反馈更新相关信息。会展旅游信息系统的建设就是在这样循环往复的过程中得到加强的。

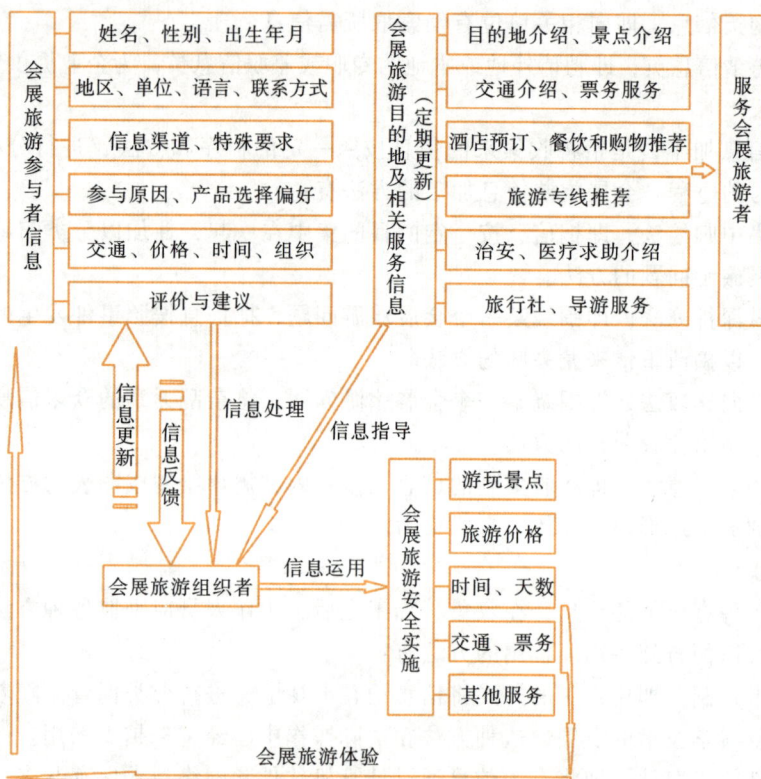

图10-4 会展旅游信息系统的动态建设

会展旅游信息系统的建设是一个连贯、渐进的过程。一次性建成几乎是不可能的。随着环境的变化，信息需要循环更新。因此，会展旅游组织者应时时跟进信息系统的建设。

▶ **任务拓展10-2**

以小组为单位，以当地的会展旅游业为背景，收集会展旅游目的地及相关服务信息，包括会展旅游的主要目的地及景点，酒店、餐饮、购物推荐，旅行社、导游服务推荐和旅游专线推荐等，并在班级群里分享，进行交流研讨。

项目练习 ┄┄┄┄┄┄┄┄┄┄┄┄┄┄┄┄┄┄┄┄┄┄┄┄┄┄┄┄

一、判断题

1.所谓会展旅游的危机管理，是指为了避免和减轻危机事件给会展旅游业带来的严重威胁而进行的非程序化的决策过程。 （　　）

2.会展旅游危机事件消除或告一段落之后，会展旅游危机管理还不能随之结束，管理人员要对危机事件进行全面总结，同时进行事后恢复。 （　　）

3.会展旅游信息的来源众多、数量巨大，因此信息管理的第一步就是要求会展旅游管理人员对所有信息进行合理分类。 （　　）

4.会展旅游信息处理的程序包括信息收集、信息分析、信息储存和信息传递四个

在线测评10-1

判断题

环节。　　　　　　　　　　　　　　　　　　　　　　　　　　　（　　）

　　5.会展旅游信息系统的建设是一个连贯、渐进的过程。　　　（　　）

二、简答题

1.什么是会展旅游危机管理？会展旅游危机管理的步骤是什么？

2.会展旅游危机处理的方式有哪些？

3.会展旅游信息如何分类？

4.会展旅游信息管理系统应如何建设？

项目实践

　　场景：以某项会展旅游活动为例，假设你是该活动的危机管理人员，请依照实际情况，识别潜在的各种危机，完成危机分类工作，并向上级汇报。

　　操作：

（1）根据本项目所学知识，结合实际情况，采用多种可行的方式识别潜在危机。

（2）按类型的不同将危机分门别类，可参考教材内容，也可发挥自己的创造力。

（3）运用PPT展示危机识别成果。

（4）向老师和全班同学（上级领导）汇报，并接受他们的提问。

（5）教师点评。

价值引领

会展搭建师被纳入人社部新职业

　　2024年，人力资源社会保障部、国家市场监督管理总局、国家统计局联合发布了19个新职业，会展搭建师就是其中之一。会展搭建师是指从事会展活动场地的搭建和布置，以及负责会展活动结束后的拆除和清理工作的人员。

　　作为会展搭建师新职业的主要建议者，中国贸促会商业行业委员会秘书长、国际标准化组织展览与活动工作组（ISO/TC 228/WG 20）召集人姚歆表示，会展搭建师不同于"项目经理"和"搭建工"岗位，但工作范畴和二者确实均有交集。

　　姚歆表示，与项目经理所承担的管理和协调职责范围更广泛不同，会展搭建师的工作重心则更偏向于设计方案确定后的现场搭建与布置。相较于普通的木工、电工等技术工种，会展搭建师还具备一些高级职能：既要对接设计师、场馆管理人员等会展活动的其他相关方，也要理解设计方案并提出可行性建议，同时要掌握搭建的安全性要求，因此需要具备较强的专业性和综合性技能。

　　姚歆介绍，会展搭建师未来的职业技能等级认定将分级开展，从涉及水电木工基础操作的初级岗位，到负责现场执行的中级岗位，再到搭建公司的高级管理岗位，相关人员都要依据未来的会展搭建师职业标准进行技能等级认定，以提升职业技能、实现职业价值。

　　"2020年，中国贸促会商业行业委员会负责《会展设计师国家职业标准》修订，发现在《职业大典》中，从会展项目策划、设计、服务到搭建执行各环节人员均有缺漏。"姚歆告诉记者，2022年，中国贸促会商业行业委员会提出"会展场馆管理师"和"会议接待服务师"两个"会展服务师"新工种入选《职业大典》。2023年，中国贸促会商业行业委员会研究起草《会展服务师国家职业标准》，同年向人力资源社会保障部提交《会展搭建师新职业建议书》。2024年，会展搭建师被纳入19个新职业之一。

姚歆坦言，作为新职业，会展搭建师在初期可能会面临一些问题：比如公众认知度不高，再如现有的教育体系需要时间为其准备相应的培训和教育课程，具体的职业标准和操作规范或许仍需进一步细化和完善。但可以相信，会展搭建师这一新职业具有较大的发展空间。

资料来源　兰馨. 会展搭建师被纳入人社部新职业［N］. 中国贸易报，2024-08-22（5）.

思政元素：工匠精神　守正创新

价值分析：会展搭建师成为新职业，折射出中国产业升级的深层逻辑。当传统搭建工向专业技术人才转型，不仅是职业名称的更迭，更是"工匠精神"在现代服务业的具象化呈现。从行业协会主动填补职业标准空白，到国家通过认证体系规范人才培养，这一过程既彰显了市场需求对职业发展的驱动作用，也体现了制度层面为新职业成长提供的保障。未来，随着职业技能等级认定体系的完善，会展搭建师将成为连接创意设计与产业落地的关键纽带。

项目评价

本项目学习效果评价表见表10-2。

表10-2　　　　　　　　　学习效果评价表

评价维度	评价指标	学生自评（30%）	教师评价（70%）	得分小计
学前准备（25分）	自觉拓展：主动查阅行业前沿资料（10分）			
	深度理解：结合案例进行理论分析，并尝试进行实践应用（10分）			
	创新思维：尝试跨学科提出创新性关联问题，并有一定的思考（5分）			
学中实践（40分）	主动探究：在小组讨论中提出创新解决方案，得到成员们的采纳或认可（10分）			
	解决问题：运用理论分析实际案例，提出建设性方案或建议（10分）			
	表达创新：在课堂汇报中灵活运用新媒体技术（10分）			
	团队协作：在集体项目合作中承担某个角色，并创新性完成某项任务（10分）			

续表

评价维度	评价指标	学生自评 （30%）	教师评价 （70%）	得分 小计
学后转化 （35分）	理论迁移：在课程论文或其他任务中构建具有一定科学性的分析模型或提出具有一定新意的观点（5分）			
	实践应用：参与会展旅游产业相关实践活动或实战任务（10分）			
	德育素养：在理论学习和实践训练过程中树立正确的国家观、历史观、民族观、文化观（10分）			
	创新成果：提交会展旅游产业相关议题的解决方案、优化提案或策划方案等（10分）			
综合评价得分				

会展旅游中介管理

项目导言

■ 会展旅游中介对会展旅游发挥着重要作用。现阶段，我们必须提高会展旅游市场的管理水平，使我国的会展旅游中介向着市场化、规范化、职业化和国际化的方向发展。

项目目标

■ 知识目标：了解会展旅游中介及其类型；熟知会展旅游中介服务的内容；熟知会展旅游合同签订的注意事项；掌握会展旅游合同的主要内容。

■ 技能目标：能够根据具体的会展旅游项目确定所需的中介服务，并起草会展旅游服务合同。

■ 素养目标：引导学生坚持高质量发展理念，强化竞争与协作意识，弘扬拼搏进取精神。

知识导图

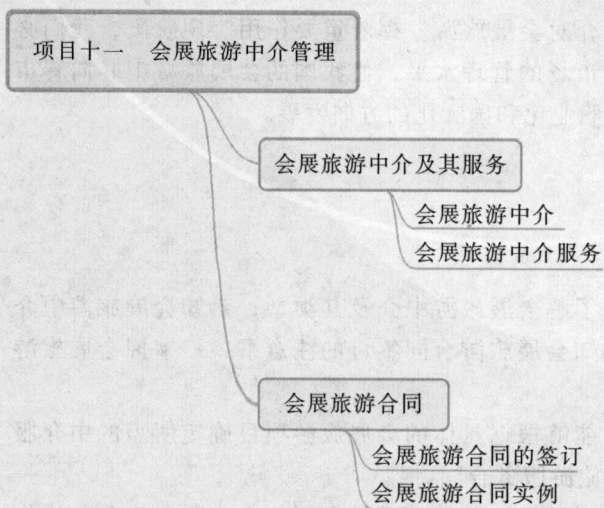

项目十一　会展旅游中介管理

会展旅游中介及其服务

会展旅游中介

会展旅游中介服务

会展旅游合同

会展旅游合同的签订

会展旅游合同实例

中介服务对会展旅游的作用

随着市场经济的发展，市场运作日趋复杂，会展旅游服务中介的帮助对会展旅游组织者来说举足轻重。各类中介的加入能够有效分担旅行社等组织机构的繁重工作，在一定程度上公开隐性信息、净化交易环境，维护公平竞争的市场秩序。

具体来看，会展行业协会作为会展旅游业的信息平台为会展旅游的发展奠定了基础；专业媒体提供的广告和宣传服务为会展旅游的发展造势；人才和技术的交流培训服务为会展旅游拓宽了进步空间；对会展旅游实施监督、评价的中介为会展旅游的高质量发展提供了保证。通常，专业提供中介服务的组织在人才、技术、信息等某一方面具备显著优势，它们通过向会展旅游主办者提供管理咨询和外包服务，指导并协助企业提高会展旅游质量。

同时，政府应制定和完善相应的法律法规，以规范中介组织的行为，使中介组织依法定程序设立和运作，并接受法律的约束和监督。

资料来源　根据相关资料整理。

请根据以上材料，思考以下问题：

进入新时代，会展旅游中介的发展方向是什么？

解析指引 11-1

项目导入

任务1　会展旅游中介及其服务

一、会展旅游中介

中介组织是指那些介于政府、企业、个人之间，为市场主体提供信息咨询、培训、法律等各种服务，并为各类市场主体提供协调、评价、评估、检验、仲裁等活动的机构或组织。

（一）根据会展旅游中介的作用分类

1.公证仲裁型的会展旅游中介

公证仲裁型的会展旅游中介具有评价和审查会展旅游企业行为，确保会展旅游企业开展公平、公开的竞争，规范并协助会展旅游企业或个人维护合法权益的职能，如律师事务所、会计师事务所、审计事务所、公证和仲裁机构等。这类会展旅游中介往往有"官方"和"民间"双重职能。中介本身属于民间性质，但在政府转变职能后，它承担了一部分政府职能，因此它同时具有公证、仲裁的职能。

2.信息交流型的会展旅游中介

信息交流型的会展旅游中介是指为会展旅游企业提供报价、技术、信息等服务的咨询性组织，如各类信息中心、技术交易所、报价中心等。这类会展旅游中介多数是为会展旅游企业参与市场竞争实施"穿针引线""探听虚实"的前瞻性服务工作的，因此颇受会展旅游企业的欢迎。

3.行业协会型的会展旅游中介

行业协会型的会展旅游中介是指由会展旅游相关企业组成的行业内部自我管理、自我服务的商会、协会等自治性服务组织，如会展业协会、展览业协会、会议旅游协会等。这类会展旅游中介一方面可以维护成员的合法权益，有利于相互间开展信息交流、市场预测、法律咨询、人员培训等服务；另一方面可以根据市场规则和政府的政策、法规，制定行规和公约，约束行业内成员的市场行为。

（二）根据会展旅游中介的性质分类

1.官方性质的会展旅游中介

官方性质的会展旅游中介是由各级政府设立的专门负责会展旅游行业管理的部门，如部分城市的会展业发展办公室、会展经济促进中心等。

2.民间性质的会展旅游中介

民间性质的会展旅游中介是自上而下组织起来的行业组织，如区域性的会展服务商协会、会展旅游企业商会等。

3.经营性质的会展旅游中介

经营性质的会展旅游中介有咨询公司、劳务公司、律师事务所、保险公司等。

二、会展旅游中介服务

知识拓展11-1

中旅会展助力
第六届海南岛
国际电影节
圆满举办

会展旅游中介服务是指能给会展旅游者带来某种利益或满足感的、可供有偿转让的一种或者一系列活动，它渗透在会展旅游的方方面面，贯穿于会展旅游活动的始终，是会展旅游不可或缺的重要组成部分。会展旅游中介服务既包括各种中介组织提供给会展旅游企业的直接服务，也包括提供给会展旅游者的直接服务。

随着我国会展及会展旅游业的迅速发展，优质的会展旅游中介服务正日益成为会展旅游竞争中最锐利的武器之一。常见的会展旅游中介服务包括以下几个方面的内容：

（一）竞争保障

为了保证会展旅游市场的公平竞争、平等交易，评价、审查会展旅游企业行为，维护会展旅游企业的合法权益，扩大彼此间的交往，中介组织提供了相应的配套服务。从事此类工作的典型中介有会计师事务所、审计事务所、资信评估机构、行业协会、同业协会以及其他监督性质的组织等。

（二）仲裁协调

为了反对弄虚作假欺骗会展旅游消费者，调解会展旅游市场纠纷，保证会展旅游市场正常运转，中介组织往往需要站在第三者的立场上，提供有效的仲裁协调。从事此类工作的典型中介有律师事务所、公证处、仲裁机构、消费者协会等。

（三）信息咨询

为了促进会展旅游市场的发展，帮助会展旅游企业有效收集各类会展旅游信息，并为会展旅游者提供满意的增值服务，各类信息服务机构经常在会展旅游组织过程中扮演中介角色，提供信息支持。

（四）保险、广告

在会展旅游过程中，安全是第一位的。为了保障会展旅游企业及会展旅游者的利益，保险服务举足轻重，提供此类服务的中介主要是专业保险公司。另外，会展旅游也需要适当的市场营销以扩大影响范围，因此广告服务机构等营销中介的作用也十分重要。

（五）人员支持

会展旅游尤其是大型会展旅游的人员参与面十分广泛，在旅游组织过程中，有时会需要专业人员的支持。例如，在语言翻译方面，需要会展旅游中介组织提供相应的人员培训或直接提供专业人才参与操作。从事此类工作的典型中介有人员培训机构、人才交流中心等。

（六）评估总结

会展旅游活动的举办效果如何，需要在后期进行评估检查。评估工作可以由会展旅游组织者自主进行，但为了保证客观、公正，评估工作也经常外包给中介。从事此类工作的典型中介有专业顾问公司、专业评估机构等。

行业视窗 11-1 ◀

会展旅游中介服务的发展趋势

1.数字化与智能化

随着科技的不断进步，数字化和智能化在会展旅游中介服务中将发挥越来越重要的作用。会展旅游中介将利用大数据分析了解客户需求、偏好和行为模式，从而提供更精准的服务和个性化的推荐。同时，借助人工智能和机器学习技术，可以实现客户咨询的快速响应、智能客服、智能行程规划等，从而提高服务效率和质量。

2.个性化定制

客户对于会展旅游的需求越来越多样化和个性化，不再满足于标准化的服务套餐。会展旅游中介将更加注重根据客户的特定需求、预算和兴趣，量身定制包括会议场地选择、住宿安排、餐饮服务、旅游活动等在内的全方位个性化行程方案，从而为客户提供独特的体验。

3.绿色与可持续发展

环保意识的增强使得可持续发展成为会展旅游行业的重要趋势。会展旅游中介将更多地推广绿色会议和低碳出行理念，协助客户选择环保型的会展场地和住宿设施，从而减少资源浪费和环境污染，推动整个行业向可持续方向发展。

4.线上线下融合

虚拟会议与线下会议相结合的混合模式逐渐兴起，为行业注入了新的活力。会展旅游中介需要同时具备线上和线下的服务能力，不仅要组织好线下的会展旅游活动，还要提供线上会议平台的搭建、技术支持、虚拟展览策划等服务，满足客户在不同场景下的需求。

5.专业化与细分市场

市场竞争的加剧促使会展旅游中介服务向专业化和细分领域发展。会展旅游中介可能会专注于特定的行业、特定类型的会展活动或特定的客户群体，通过深入了解该领域的需求和特点，提供更专业、更优质的服务，形成差异化竞争优势。

6.产业链整合与协同

为了提供更全面的服务，会展旅游中介可能会加强与产业链上下游企业的合作与整合，包括会展场馆、酒店、航空公司、旅游景区、餐饮企业等，形成紧密的合作网络，实现资源共享、优势互补，从而提高整体服务水平和运营效率。

7.国际合作与跨境服务

随着全球经济一体化的推进，国际会展旅游活动日益频繁，会展旅游中介将更加注重国际合作与跨境服务能力的提升。这包括与国外的会展机构、旅游企业建立合作关系，为客户提供跨境会展旅游的一站式服务，协助办理签证、安排国际交通、解决语言文化障碍等问题。

8.品牌建设与客户体验

在竞争激烈的市场中，品牌建设将变得至关重要。会展旅游中介需要通过提供优质的服务、独特的体验和良好的口碑来树立品牌形象，提高品牌知名度和美誉度。同时，会展旅游中介需要更加关注客户体验，从客户的角度出发设计服务流程，及时解决客户在会展旅游过程中遇到的问题，从而提高客户的满意度和忠诚度。

9.风险管理与应对能力

面对各种可能出现的风险，如自然灾害、公共卫生事件、政治局势不稳定等，会展旅游中介需要提高风险管理与应对能力。编制完善的应急预案，及时调整行程安排，保障客户的生命财产安全和会展旅游活动的顺利进行。

资料来源　根据相关调研报告整理。

▶ **任务拓展11-1**

调查某一地区会展旅游中介的情况，包括类型、服务内容两个主要项目，并举例说明。

任务2　会展旅游合同

一、会展旅游合同的签订

（一）一般合同的签订及注意事项

在日常生活及商业交往中，合同是最常见的规范当事人权利和义务的法律文书。

一份好的合同能够保障商业活动的正常进行，有效预防和避免纠纷的产生；一份有缺陷的合同则会留下隐患，产生纠纷和诉讼，甚至造成严重的经济损失。鉴于合同的重要作用，在签订合同时，当事人通常应当注意以下问题：

1. 合同当事人应当遵循平等、自愿、公平和诚信等原则

《中华人民共和国民法典》（简称《民法典》）中明确规定，民事主体在民事活动中的法律地位一律平等；民事主体从事民事活动，应当遵循自愿原则，按照自己的意思设立、变更、终止民事法律关系；民事主体从事民事活动，应当遵循公平原则，合理确定各方的权利和义务；民事主体从事民事活动，应当遵循诚信原则，秉持诚实，恪守承诺。因此，合同当事人遵循平等、自愿、公平和诚信等原则，也是《民法典》的基本规定。

2. 当事人订立合同的形式有书面形式、口头形式和其他形式

《民法典》规定，当事人订立合同，可以采用书面形式、口头形式或者其他形式。但法律、行政法规规定或者当事人约定合同应当采用书面形式订立的，应当采用书面形式。书面形式是合同书、信件、电报、电传、传真等可以有形地表现所载内容的形式。以电子数据交换、电子邮件等方式能够有形地表现所载内容，并可以随时调取查用的数据电文，视为书面形式。一份好的合同应该内容清楚、语言明确、条款完备、权利义务均衡、内容合法，采取书面形式订立。

3. 合同的内容由当事人约定

合同一般包括以下条款：

（1）当事人的姓名或者名称和住所；

（2）标的；

（3）数量；

（4）质量；

（5）价款或者报酬；

（6）履行期限、地点和方式；

（7）违约责任；

（8）解决争议的方法。

此外，合同的某些条款是必不可少的，一旦欠缺，合同就无法履行，这些条款被称为"主要条款"。订立合同的当事人应当具有相应的民事权利能力和民事行为能力，当事人也可以依法委托代理人订立合同。

4. 合同的有效性

依法成立的合同，自成立时生效，但是法律另有规定或者当事人另有约定的除外。

合同中的下列免责条款无效：

（1）造成对方人身损害的；

（2）因故意或者重大过失造成对方财产损失的。

此外，合同不生效、无效、被撤销或者终止的，不影响合同中有关解决争议方法

的条款的效力。

5.合同约定的赔偿责任

当事人在订立合同过程中有下列情形之一，造成对方损失的，应当承担赔偿责任：

（1）假借订立合同，恶意进行磋商；

（2）故意隐瞒与订立合同有关的重要事实或者提供虚假情况；

（3）有其他违背诚信原则的行为。

此外，泄露、不正当地使用商业秘密或者信息，造成对方损失的，应当承担赔偿责任。

6.合同约定与法律规定的关系

从合同约定与法律规定两者的关系来看，只要合同的约定不违反法律规定，那么在效力上，合同当事人之间的约定是高于法律规定的；只有在合同当事人之间没有约定的情况下，才用法律规定来确认合同当事人之间的权利与义务关系。从某种意义上说，合同是当事人之间的"法"，签订合同就相当于双方当事人在"立法"。因此，我们应当充分利用法律赋予的上述权利，在合同条款中行使好"立法权"，争取并保障自身的合法权益。

事实上，很多合同对违约情形，即在什么情况下构成违约的约定都比较少，或者只约定违约情形却没有约定违约后应承担怎样的违约责任，从而减弱了对合同当事人的制约力，很容易出现合同当事人不履约甚至毁约的后果。当然，如果约定过多的违约情形、过重的违约责任，就会使合同不公平，对交易也是不利的。

7.签订合同前必须认真审查对方的主体资格和履约能力

合同当事人应要求对方提供营业执照、法人授权委托书、经办人员身份证明等。对于异地企业主体资格的查询，合同当事人可以委托当地市场监督管理部门向企业所在地市场监督管理部门了解其合法性。切忌单凭老关系、熟面孔等草率签订合同。另外，合同当事人还应查清对方的实际经营情况，签约前应通过信函、电话或直接派人等方式对对方的资信情况进行调查，掌握对方的实际履约能力。

8.签订合同时必须严格审查合同条款

为防止合同内容不真实，合同当事人应逐条审查合同条款，特别是交货要求、质量标准、结算方式和价格等内容，要力求表述清楚、明确和完整，不能含糊不清或出现歧义，以防留下隐患。

（二）会展旅游合同的签订及注意事项

会展承办方在签订会展旅游合同时，除上述事项外，还应注意以下几点：

（1）调查了解对方的信息，确定其合法性。为了保护会展旅游者的合法权益，打击违法经营，会展承办方应首先了解对方是否为合法有证经营的旅行社。与会展承办方协商洽谈旅游业务的，应当是旅行社的法定代表人或持有有效授权委托书的代理人。

（2）必须提前向会展旅游者说明旅游项目的具体内容。会展承办方必须提前在指南或手册里向会展旅游者说明具体旅游线路和费用支付等情况，并至少在成行前3天与旅行社签订合同。一般在出团前，旅行社要召开出团说明会，会展承办方应组织会展旅游者参加，或将会议及所签旅游合同的相关内容转告给会展旅游者。旅游行程表上应列明每日的行程安排，明确游览点、航班号、酒店名称及标准、用餐次数、购物次数、自费旅游项目等内容。

（3）注意签订合同的细节问题。在签订合同前，会展承办方应认真阅读合同条款，如果对合同条款持不同看法或理解有异议，可请旅行社做出解释，并将解释的结果在合同中注明或以签订补充协议的形式加以确定；否则，一旦发生纠纷，将无法有效维护会展旅游者的合法权益。

（4）会展承办方的其他义务。旅行社在确定出团日期后，会通知会展旅游者。会展承办方应预留能让旅行社与会展旅游者联系的电话或其他通信方式，旅行社的通知方式以合同（含附件）约定为准。

解析指引 11-2

会展问答

会展问答 11-1

会展承办方还应向参加旅游活动的人员说明哪些事项？

二、会展旅游合同实例

会展旅游合同是为了向会展旅游者提供服务（包括餐饮、住宿、交通、游览、购物、娱乐等）而签订的一系列合同的集合。

（一）会展期间交通、食宿合同范例

1.会议期间交通、食宿合同范例

甲方：　　　　地址：　　　　电话：　　　　账号：　　　　开户行：

乙方：　　　　地址：　　　　电话：　　　　账号：　　　　开户行：

经友好协商，甲、乙双方就乙方承办/代理甲方之_____会议期间的交通、食宿事宜达成如下协议，双方共同遵守执行：

一、甲方主办的_____会议的交通、食宿全部交由乙方安排。会议地点是_____。会议时间为_____年_____月_____日至_____年_____月_____日。主会场是_____。

二、乙方提供如下会议服务：

1.会议交通。

2.站场接送。

3.会议餐饮安排。

4.会议代表住宿安排。

三、代理项目服务标准如下：

1.会议交通。

乙方于_____月_____日_____时至_____月_____日_____时安排_____座空

调巴士_____辆、7座面包车_____辆、5座轿车_____辆至_____酒店，用于接送参会人员至会场。甲方（或者乙方）负责通知并集合需要乘坐商务用车之人员。用车行程为（往返/单程，请选择）。

乙方于_____月_____日_____时至_____月_____日_____时安排_____座空调巴士_____辆、7座面包车_____辆、5座轿车_____辆至_____酒店，用于接送参会人员至晚会/宴会现场（地点为：_____）。用车行程为（往返/单程，请选择）。

乙方于_____月_____日_____时至_____月_____日_____时提供_____吨货车_____辆，负责运输会议材料，行程为_____至_____。包括装卸，费用合计为_____元。

2.站场接送。

根据实际需要，乙方必须于_____月_____日_____时至_____月_____日_____时安排_____座空调巴士_____辆、7座面包车_____辆、5座轿车_____辆至_____机场（汽车站、火车站）。按照统一的迎接方式，安排与会代表前往下榻酒店。双方同意所有费用按运输趟次结算，结算标准见附件。如果由于甲方原因使得预订的车辆空驶，甲方按照大巴_____元、面包车_____元、轿车_____元结算。所有交通工具的运行命令由甲方发出，并在行驶单上签字。

送站场费用同上述约定。双方应在_____月_____日前，确认需要送站场的会议人员名单。甲方应该在本协议签署前告知乙方此部分费用的分摊方法（会务组支付或者个人支付），甲方确认：以上人员由会务组承担送站场费用，除此之外，均由个人承担。

（或者：甲方确认，所有与会人员的送站场费用均由会务组承担/全部与会人员的送站场费用均由个人承担。）

甲方确认：会议期间需要提前送离的人员有_____。

具体时间是_____月_____日_____时，乘用_____座_____车。

3.会议餐饮安排。

双方确认，会议期间与会人员的就餐地点为_____酒店_____餐厅及_____餐厅。其中，中餐就餐人数不少于_____人次，西餐就餐人数不少于_____人次，清真餐就餐人数不少于_____人次。早餐餐标为_____元/人，正餐（中餐及晚餐）餐标为_____元/人，宴会餐餐标为_____元/人，早餐、正餐及宴会餐（包括西餐及清真餐）食物见附件（菜谱）。会议提供的餐饮不含酒水（或者含酒水），时间从_____月_____日_____餐到_____月_____日_____餐止，其中_____月_____日_____餐为宴会餐。会议人员凭_____证件（或者餐卡）就餐。早餐形式为自助餐（或者团餐），正餐为围桌式（或者自助餐），具体就餐时间由乙方制作用餐安排后告知甲方与会人员。

4.会议代表住宿安排。

甲方会议人员共计_____人,其中男性_____人、女性_____人,乙方代理预订_____酒店标准间_____间、行政套间_____间,入住时间为_____月_____日至_____月_____日。费用总计_____元。乙方承诺:甲方实际消费的酒店房间总数可以在预订总数的基础上增加或者减少_____间,乙方在此范围内不要求甲方承担约定更改责任。

2.展览期间交通、食宿合同范例

甲方:_____ 地址:_____ 电话:_____ 账号:_____ 开户行:_____
乙方:_____ 地址:_____ 电话:_____ 账号:_____ 开户行:_____

甲方委托乙方代理甲方主办_____展览会期间的交通、食宿安排。为此,甲、乙双方签署如下协议,共同遵守执行:

一、乙方代理项目

1.参展人员住宿预订。

2.参展人员餐饮预订。

3.返程票务预订。

4.展期交通安排。

二、代理项目标准

1.参展人员住宿预订。

甲方参展人员共计_____人。其中:男性_____人,女性_____人。乙方代理预订_____酒店标准间_____间、行政套间_____间,入住时间为_____月_____日至_____月_____日。费用总计_____元。乙方承诺:甲方实际消费的酒店房间总数可以在预订总数的基础上增加或者减少_____间,乙方在此范围内不要求甲方承担约定更改责任。

2.参展人员餐饮预订。

乙方代理甲方参展人员餐饮,共计_____人,其中正餐_____餐,早餐_____餐。

就餐方式:

早餐为□中式自助餐;□西式自助餐;□围桌中餐;□围桌西餐。

正餐形式为□围桌;□宴会。

费用分列、就餐地点、就餐时间及各式餐标食谱见附件。

3.返程票务预订。

乙方为甲方参展人员提供返程票务代理,此项服务免费。乙方尽量但不保证能够满足甲方对时间、等级、数量等方面的要求。

4.展期交通安排。

展览期间,乙方为甲方安排通勤车辆。车型是_____,使用_____辆;车辆行驶范围为_____,使用形式为_____;费用标准为每天_____元/辆,费用总计_____元。

三、费用及支付方式

1.总费用。

以上各项服务费用总计为_____元。

2.实际费用核定。

乙方提供服务项目明细凭单（一式两份），乙方指定人员（该人员应对临时服务有认可权，双方认可之签收人笔迹）签收，乙方凭签收凭单与甲方人员核定实际费用。

3.支付办法。

本合同签署生效后，甲方承诺在签署之日起_____个工作日内支付总费用的_____%（即_____元）。其余有关费用，在展览结束后双方审核并认可实际发生费用后，甲方应立即或者在_____个工作日内一次性支付给乙方。

四、不确定事项的约定

基于临时服务的不确定性，双方约定：

1.甲方指派_____为甲方全权代表，负责联络乙方并对下达的临时服务要求负责。

2.甲方提出临时服务要求且乙方已经完成后，应该书面签收服务凭单，凭单格式见附件。服务凭单将作为最后核算的依据之一。

3.乙方指派_____为乙方全权代表，负责安排甲方下达的临时服务要求。

五、免责、变更及取消

1.合同生效后，如果甲方由于非免责原因要求变更服务，除非发生以下几种情况，否则甲方不存在撤销或变更本合同的理由；如果撤销或变更，乙方有权要求甲方支付因撤销或变更而给乙方造成的预期损失：

•战争、灾害或政治事件；

•甲方进入破产程序；

•甲方实体进入重组变更程序；

•政策或法律变化导致展览不可能举行。

2.甲方可以在约定的期间内变更展览时间，但变更通知必须于约定期间前_____天抵达乙方，乙方接到甲方通知后应在_____个工作日内以_____方式回执确认。甲方在接到乙方的确认文件后即表示甲、乙双方就展览时间的变更达成一致，双方的协议除展览日期外，其余不做变更。

3.除非发生如下情形，否则乙方无权变更服务：乙方签约的下游服务商出现法律规定的破产、停业或者其他人力不可抗拒的服务终止事件。

如果不是由于上述原因，乙方要求变更服务，将赔偿甲方由于服务变更而导致的预期损失。出现本条款所列事项时，乙方应该在第一时间内以书面形式通报甲方，并在甲方收到通知后做出变更预案供甲方选择，乙方保证变更的服务不低于原来协议的标准。

4.基于友好合作的精神，所有变更事宜双方同意协商解决。同时双方约定：

•甲方变更或取消展览应当在合同生效后展览正式举办前＿＿＿＿＿个工作日通知乙方，除乙方已经支付的成本外（在甲方的预付款项中抵扣，不足部分乙方有权要求甲方补足，多余部分乙方同意返还甲方），乙方放弃预期收益的索赔；

•甲方变更或取消展览的决定如果在展览前＿＿＿＿＿个工作日通知乙方，甲方应赔付乙方预期收益的＿＿＿＿＿％，并不退回预付金；

•甲方变更或取消展览的决定如果在展览前＿＿＿＿＿个工作日通知乙方，甲方应赔付乙方预期收益的100%，并不退回预付金；

•乙方由于非本条款原因要求改变或者取消服务，于展览举办前＿＿＿＿＿个工作日通知甲方的，必须全额退还甲方的预付款；

•乙方由于非本条款原因要求改变或者取消服务，于展览举办前＿＿＿＿＿个工作日通知甲方的，除退还甲方预付款外，还必须赔付甲方本合同总金额的＿＿＿＿＿％；

•乙方由于非本条款原因要求改变或者取消服务，于展览举办前＿＿＿＿＿个工作日通知甲方的，乙方必须全额赔付。

5.双方约定，本合同规定的服务及费用核算原则如下：

•住宿、餐饮及车辆服务费用按合同标准结算，基于可以理解的原因，允许实际费用总量下浮5%，即如果甲方需的服务低于预订的95%，按95%结算；高于95%的，按实际服务费用结算。

•除合同规定的服务总量以外，乙方同意按合同标准提供服务预留空间，但不应超过总量的5%（指各单项服务）。甲方如果需要超过预订的服务，在5%的范围内可享受合同标准服务，超过部分乙方尽量但不保证提供合同标准服务。

•双方确认，所有服务费用在＿＿＿＿＿月＿＿＿＿＿日前由甲乙双方核算认可，甲方保证一次性将款项支付给乙方。如果超过约定期限，乙方有权要求甲方支付滞纳金，标准为总量的0.5%，按日计算。

六、生效

本合同自双方共同签章且甲方提供规定的预付金后生效。合同所提附件作为合同不可分割的部分，与合同主体具有相同的法律效力。合同一式四份，双方各执两份。

七、未尽事宜、仲裁

双方约定，如果对本合同的执行出现争议，将首先协商解决；如果协商不能解决，双方将申请仲裁解决，仲裁地点为＿＿＿＿＿。

（二）会展旅游合同范例

合同编号：

甲方：　　　　　　　　　　　乙方：

单位地址：　　　　　　　　　单位地址：

电话：　　　　　　　　　　　电话：

甲、乙双方就甲方参加由乙方组织的本次会展旅游的有关事项经平等协商，自愿签订合同如下：

第一条 （旅游内容）本旅游团团号为_____。

旅游线路为_____。

旅游团出发时间为_____年_____月_____日，结束时间为_____年_____月_____日，共计_____天_____夜。

前款所列旅游线路、行程安排详见"旅游行程表"。"旅游行程表"经甲、乙双方签字，作为本合同的组成部分。

第二条 （旅游费用）本旅游团的旅游费用共计_____元。签订本合同之日，甲方应预付_____元，余款应于出发前_____日付讫。

第三条 （项目费用）甲方依照本合同第二条约定支付的旅游费用，具体包含以下项目：

1.代办证件的手续费（乙方代甲方办理所需旅行证件的手续费）。

2.交通客票费（乙方代甲方向民航、铁路、长途客运、水运等交通部门购买交通客票的费用）。

3.餐饮、住宿费（"旅游行程表"内所列应由乙方安排的餐饮、住宿费用）。

4.游览费（"旅游行程表"内所列应由乙方安排的游览费用，包括住宿地至游览地的交通费、非旅游者另行付费的旅游项目第一道门票费）。

5.接送费（旅游期间从机场、港口、车站等至住宿酒店的接送费用）。

6.旅游服务费（乙方提供各项旅游服务收取的费用，含导游服务费）。

7.甲、乙双方约定的其他费用（本条第2项的交通客票费，如遇政府调整票价，该费用的退、补依照《民法典》的相关规定办理；第3项的餐饮、住宿费，如果甲方要求提高标准，经乙方同意安排的，甲方应补交所需差额）。

第四条 （非项目费用）甲方依照本合同第二条约定支付的旅游费用，不包含以下项目：

1.各地机场建设费。

2.旅途中发生的甲方个人费用（如交通工具上的个人餐饮费；个人伤病医疗费；行李超重费；旅途住宿期间的洗衣、电话、饮料及酒类费；私人交通费；自由活动费用；寻回个人遗失物品的费用与报酬，以及在旅途中因个人行为造成的赔偿费用等）。

3.甲方自行投保的保险费（航空人身意外保险费及甲方自行投保的其他保险费用）。

4.双方约定由甲方自行选择的由其另行支付的游览项目费用。

5.其他非第三条所列项目的费用。

第五条 （出发时间、地点）甲方应于_____年_____月_____日_____时_____分于_____（地点）准时集合出发。甲方未准时到约定地点集合出发，也未能中途加入旅游团的，视为甲方解除合同，乙方可以按照本合同第七条的约定要求赔偿。

　　第六条　（人数约定）本旅游团必须有_____人以上签约方能成团。如果人数未达到，乙方可以于约定出发日前_____日（不少于5日）通知甲方，解除合同。

　　乙方解除合同后，按下列方式之一处理：

　　1.退还甲方已缴纳的全部费用，乙方对甲方不负违约责任。

　　2.订立另一旅游合同，费用如有增减，由乙方退回或由甲方补足。

　　乙方未在约定的时间通知到甲方的，应按照本合同第八条的约定赔偿甲方。

　　甲方提供的电话或传真必须是经常使用或能够及时联系到的，否则乙方在本条及其他条款中需要通知但通知不到甲方的，不承担由此产生的赔偿责任。

　　第七条　（甲方退团）甲方可以在旅游活动开始前通知乙方解除本合同，但必须承担乙方已经为办理本次旅游活动支出的必要费用，并按如下标准支付违约金：

　　1.在旅游开始前第5日（不含第5日）以前通知到的，支付全部旅游费用扣除乙方已支出的必要费用后余额的10%。

　　2.在旅游开始前第5日至第4日通知到的，支付全部旅游费用扣除乙方已支出的必要费用后余额的20%。

　　3.在旅游开始前第3日至第2日通知到的，支付全部旅游费用扣除乙方已支出的必要费用后余额的30%。

　　4.在旅游开始前1日通知到的，支付全部旅游费用扣除乙方已支出的必要费用后余额的50%。

　　5.在旅游开始日或开始后通知到或未通知不参团的，支付全部旅游费用扣除乙方已支出的必要费用后余额的100%。

　　第八条　（乙方取消）除本合同第六条约定的情形外，如因乙方原因致使甲方的旅游活动不能成行而取消的，乙方应当立即通知甲方，并按如下标准支付违约金：

　　1.在旅游开始前第5日（不含第5日）以前通知到的，支付全部旅游费用的10%。

　　2.在旅游开始前第5日至第4日通知到的，支付全部旅游费用的20%。

　　3.在旅游开始前第3日至第2日通知到的，支付全部旅游费用的30%。

　　4.在旅游开始前1日通知到的，支付全部旅游费用的50%。

　　5.在旅游开始日及以后通知到的，支付全部旅游费用的100%。

　　第九条　（合同转让）经乙方同意，甲方可以将其在本旅游合同上的权利与义务转让给具有参加本次旅游条件的第三人，但应当在约定的出发日前_____日通知乙方。如果有费用增加，则由甲方负担。

　　第十条　（甲方义务）甲方应当履行下列义务：

　　1.甲方提供的证件及相关资料必须真实有效。

　　2.甲方应确保自身身体条件适合参加旅游团，并有义务在签订本合同时将自身健康状况告知乙方。

3.甲方应妥善保管随身携带的行李物品，未委托乙方代管而损坏或丢失的，责任自负。

4.甲方在旅游活动中应遵守团队纪律，配合导游完成本次旅游行程。

5.甲方应尊重目的地的宗教信仰、民族习惯和风土人情。

第十一条　（乙方义务）乙方应当履行下列义务：

1.乙方应当提醒甲方注意免除或限制其责任的条款，按照甲方的要求，对有关条款予以说明。

2.乙方应当按照有关规定购买保险，并在接受甲方报名时提示甲方自愿购买旅游期间的个人保险。

3.乙方代理甲方办理旅游所需的手续时，应妥善保管甲方的各项证件，如有遗失或毁损，应立即协助补办，并承担补办手续费，由此导致甲方的直接损失，乙方应承担赔偿责任。

4.乙方应为甲方提供导游服务；无全陪的旅游团体，乙方应告知甲方旅游目的地的具体接洽办法和应急措施。

5.甲方在旅游过程中发生人身伤害或财产损失事故时，乙方应做出必要的协助和处理。如果因乙方原因导致甲方受到人身伤害或财产损失，则乙方应承担赔偿责任。

6.乙方应当按照"旅游行程表"安排甲方购物，不得强制甲方购物，不得擅自增加购物次数。当甲方发现所购物品系假冒伪劣商品时，如果购物为甲方要求的，则乙方不承担任何责任；如果购物为行程内安排的，则乙方应当协助甲方退货或索赔；如果购物为乙方在行程外擅自增加的，乙方应赔偿甲方的全部损失。

7.非因乙方原因，导致甲方在旅游期间搭乘飞机、轮船、火车、长途汽车、地铁、索道、缆车等交通运输工具时受到人身伤害和财产损失的，乙方应协助甲方向提供上述服务的经营者索赔。

第十二条　（合同变更）经甲、乙双方协商一致，可以以书面形式变更本合同的旅游内容。由此增加的旅游费用应由提出变更的一方承担；由此减少的旅游费用，乙方应退还甲方。如果给对方造成了损失，由提出变更的一方承担损失。

第十三条　（擅自变更合同）乙方擅自变更合同违反约定的，应当退还甲方的直接损失或承担增加的旅游费用，并支付直接损失额或增加的旅游费用额1倍的违约金。

甲方擅自变更合同违反约定的，不得要求退还旅游费用。因此增加的旅游费用，由甲方承担。给乙方造成损失的，甲方应当承担赔偿责任。

第十四条　（旅游行程延误）因乙方原因，导致旅游开始后行程延误的，乙方应当征得甲方书面同意，继续履行本合同并支付旅游费用5%的违约金，延误期间旅游行程支出的食宿和其他必要费用由乙方承担；若甲方要求解除合同终止旅游，则乙方应当安排甲方返回并退还未完成的旅游费用，同时甲方应向乙方支付旅游费用5%的违约金。

第十五条　（弃团）乙方在旅程中弃置甲方的，应当承担弃置期间甲方支出的食宿和其他必要费用，退还未完成的旅游费用并支付旅游费用1倍的违约金。

第十六条　（中途离团）甲方在旅程中未经乙方同意自行离团不归的，视为单方解除合同，不得要求乙方退还旅游费用。若给乙方造成损失，甲方还应承担赔偿责任。

第十七条　（不可抗力）甲、乙双方因不可抗力不能履行合同的，部分或者全部免除责任，但法律另有规定的除外。

乙方延迟履行本合同后发生不可抗力的，不能免除责任。

第十八条　（扩大损失）甲、乙任何一方违约后，对方都应当采取适当措施防止损失扩大；没有采取适当措施致使损失扩大的，不得就扩大的损失要求赔偿。

甲、乙任何一方因防止损失扩大而支出的合理费用，由违约方承担。

第十九条　（委托招徕）乙方委托其他旅行社代为招徕时，不得以未直接收取甲方费用为由免责。

第二十条　（争议解决）本合同在履行中如果发生争议，双方应协商解决，协商不成，甲方可以向旅游质量监督管理所投诉，甲、乙双方均可向法院起诉。

第二十一条　（合同效力）本合同一式两份，双方各执一份，具有同等效力。

第二十二条　（合同生效）本合同从签订之日起生效，到本次旅行结束，甲方离开乙方安排的交通工具时止。

附：旅游行程表。

甲方：　　　　　　　　　　　乙方（盖章）：

身份证号码：　　　　　　　　负责人：

电话或传真：　　　　　　　　电话或传真：

通信地址：　　　　　　　　　通信地址：

_____年_____月_____日　　_____年_____月_____日

▶ **任务拓展11-2**

以小组为单位，每组收集整理一份会展旅游合同，并在班级群里分享，进行交流研讨。

项目练习

一、判断题

1.行业协会型的会展旅游中介具有评价和审查会展旅游企业行为，确保会展旅游企业开展公平、公开的竞争，规范和帮助会展旅游企业或个人维护权益的职能。（　　）

2.为了保障会展旅游者的利益，保险服务举足轻重，提供此类服务的中介主要是会展旅游企业。（　　）

3.会展旅游活动的举办效果如何，需要在后期进行评估检查。（　　）

4.合同当事人应当遵循平等、自愿、公平和诚信等原则。（　　）

5.合同一般包括当事人的姓名或者名称和住所、标的、数量、质量、价款或者报酬、履行期限、地点和方式、违约责任、解决争议的方法等条款。（　　）

在线测评11-1

判断题

二、简答题

1. 会展旅游中介有哪些类型？

2. 会展旅游中介服务包括哪些内容？

3. 会展旅游合同主要有哪几种？签订合同时需要注意什么问题？

项目实践

场景： 假设你是某旅行社会展旅游活动的策划人员，试设计一份详细的会展旅游合同，并模拟与会展承办方签订协议。

操作：

（1）学生分组，分别扮演会展承办方与旅行社的角色。

（2）学生讨论，旅行社成员提供会展旅游活动方案。

（3）双方派代表经协商达成一致，签订合同。

（4）教师点评。

价值引领

中国太保谱写金融保险服务新篇章

中国太平洋保险（集团）股份有限公司（简称中国太保）作为进博会核心支持企业和指定保险服务商，自2018年首届进博会召开至2024年底，已经连续七年服务进博会。

从首届的350亿元财产保险保障，到第七届的逾1.27万亿元的"产、寿、健"一站式综合保险保障方案，中国太保凝聚全集团之力，不断扩展保障范围、创新产品服务、搭建共享平台，为进博会提供一站式金融保险服务，助力放大进博会溢出效应，持续为中国经济高质量发展贡献力量。

七载深耕，持续创新

作为进博会"全勤生"的中国太保，从最初的单一保险保障，到如今的立体多元服务，探索出了一套"金融保险服务大型综合展会"的新模式。2024年，中国太保推出"七头并进"模式，由7家子公司齐心协力服务进博会，践行"太保服务，共享未来"的理念。

在保险保障方面，中国太保为第七届进博会提供超1.27万亿元的一站式综合保险保障方案。其中，中国太保寿险提供人员类保险保障逾万亿元；中国太保产险为国家会展中心（上海）4.2号馆"艺道——百年国际现当代艺术项目"展览的184件展品提供全面保障，保额达12.5亿元。

在进博会场内，中国太保专门组织风险勘察工程师团队，配备红外热成像仪等专业工具，与上海市应急管理局、国家会展中心（上海）等单位一同开展巡馆活动。太平洋健康险派出急救志愿者团队，为进博会提供专业的急救和应急服务支持。在场外，中国太保加大"产、寿、健"95500进博专线服务力度，搭建电话和柜面"双语种、双平台"24小时服务窗口，打通一站式理赔绿色通道。

此外，在国家会展中心（上海）2.1号馆智慧出行体验区，中国太保结合旗下产险、寿险、健康险等机构的创新产品和服务进行展示，讲述中国太保服务经济社会高质量发展的生动金融故事，让无形的金融保险产品和服务更为具体可感。

双向奔赴，共享未来

在第七届进博会上，中国太保举办了多场高端论坛和发布活动，通过聚焦国家政策导向、国际经验借鉴、创新实践交流等重要议题，与国内外专家学者等共同探索金融保险高质量发展之路，为金融强国建设积极贡献力量。

2024年11月6日，"好医好药好服务"——蓝医保2025新品发布会在第七届进博会现场举行。作为中国太保普惠金融板块的重点产品之一，蓝医保·长期医疗险的推出，正是中国太保高质量金融服务的生动例证。

2024年11月7日，中国太保产险举办"智绿远航　质创未来"保险助力航运高质量发展2024国际论坛。论坛集聚全球航运业和金融领域的专家、学者、企业代表，共同探讨保险如何顺应绿色、低碳、智能的航运发展新趋势，助力航运高质量发展等议题。中国太保总裁赵永刚表示，中国太保将与各方携手，奋力做好金融保险服务，共同打造功能完善、服务优质、开放融合、智慧低碳的现代航运保险服务体系，为高水平建设海洋强国、航运强国做出新的更大贡献。

2024年11月8日，中国太保寿险携手复旦大学举办"长护新程·共享未来"长期护理保险创新发展论坛。论坛邀请国内外重量级专家解读长期护理保险发展走向，分享在长期护理保险方面的成功经验与创新模式。同时，中国太保寿险推出"太保优护"服务品牌，提供"33453"长期护理保险全链条全套解决方案，集中展示多年积累的长期护理保险实践成果。

黄浦江畔，中国太保在"四叶草"内展示的一系列创新实践成果，彰显了其作为国内领先的综合性保险集团的担当与作为。下一步，中国太保将锚定"建设具有国际影响力的一流金融保险服务集团"目标，积极发挥在保险行业和上海金融机构中的带头作用，以精益求精的态度和一流的服务保障，助力全球企业共享中国对外开放的发展机遇和广阔市场。

资料来源　中国太平洋保险（集团）股份有限公司. 中国太保谱写金融保险服务新篇章［N］. 人民日报，2024-11-12（15）.

思政元素：责任担当　创新发展

价值分析：中国太保通过产品和服务创新，让金融保险更具活力与效能；以责任担当为底色，让企业发展始终与社会需求同频共振，在服务经济社会发展中实现了商业价值与社会价值的统一。例如，推进绿色保险纵深发展，服务"双碳"目标；参与长期护理保险项目，增进老年人福祉等。这些都彰显了金融企业在服务国家战略、增进民生福祉方面的责任担当。

项目评价

本项目学习效果评价见表11-1。

表11-1 学习效果评价表

评价维度	评价指标	学生自评（30%）	教师评价（70%）	得分小计
学前准备（25分）	自觉拓展：主动查阅行业前沿资料（10分）			
	深度理解：结合案例进行理论分析，并尝试进行实践应用（10分）			
	创新思维：尝试跨学科提出创新性关联问题，并有一定的思考（5分）			
学中实践（40分）	主动探究：在小组讨论中提出创新解决方案，并得到成员们的采纳或认可（10分）			
	解决问题：运用理论分析实际案例，提出建设性方案或建议（10分）			
	表达创新：在课堂汇报中灵活运用新媒体技术（10分）			
	团队协作：在集体项目合作中承担某个角色，创新性完成某项任务（10分）			
学后转化（35分）	理论迁移：在课程论文或其他任务中构建具有一定科学性的分析模型或提出具有一定新意的观点（5分）			
	实践应用：参与会展旅游产业相关实践活动或实战任务（10分）			
	德育素养：在理论学习和实践训练过程中树立正确的国家观、历史观、民族观、文化观（10分）			
	创新成果：提交会展旅游产业相关议题的解决方案、优化提案或策划方案等（10分）			
综合评价得分				

会展旅游评估

项目导言

■ 评估是根据特定的目的和所掌握的资料，对某一事物的价值或状态进行定性定量的分析说明和评价的过程。会展旅游评估能够为改进工作、改善管理提供有效的参考依据，进而促进会展旅游高质量发展。

项目目标

■ 知识目标：了解会展旅游满意度评估的定义及重要性；明白会展旅游评估的内容；熟知会展旅游评估的步骤；掌握会展旅游评估报告的编写格式。

■ 技能目标：能够根据会展旅游项目起草会展旅游满意度调查问卷；能够根据会展旅游项目撰写会展旅游评估报告。

■ 素养目标：引导学生厚植家国情怀，坚定"四个自信"，坚持守正创新。

知识导图

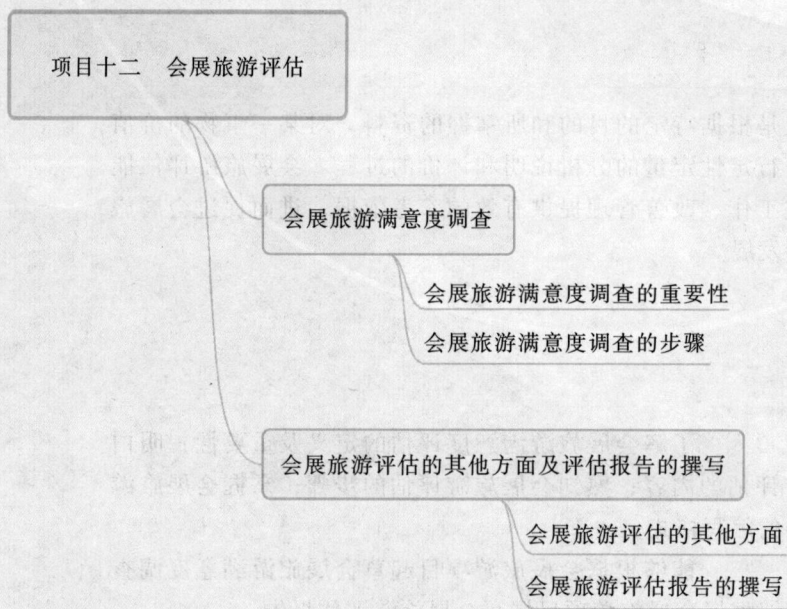

项目十二　会展旅游评估

会展旅游满意度调查

会展旅游满意度调查的重要性

会展旅游满意度调查的步骤

会展旅游评估的其他方面及评估报告的撰写

会展旅游评估的其他方面

会展旅游评估报告的撰写

项目导入

　　面对新的市场形势和发展环境,为实现会展旅游的规范化、集约化、品牌化,全国各大城市都进行了积极的探索。其中,评估作为探索的一个重要手段,起到了举足轻重的作用。

　　以中国新锐会展城市——长沙为例,借助会展旅游评估,管理者发现:

　　(1) 大多数会展活动很少考虑到同文化和旅游部门的广泛合作,对会展旅游的综合效应认识不足。

　　(2) 会展旅游基础设施不完善,尤其是酒店布局不合理。

　　(3) 城市旅游形象不够丰满,宣传效果不够明显。

　　(4) 文化和旅游部门提供给参展商及观众的服务主要是交通、住宿和餐饮,文娱表演、购物向导和游览活动组织等服务项目明显不足。

　　(5) 在活动内容上,参展商、与会者及观展人员的主要目的局限于参加或观看会展,仅有很少一部分人自发地、小规模地参与游览、购物或文娱活动。

　　针对上述问题,评估者对发展长沙会展旅游提出了若干建议:

　　(1) 政府需要加强宏观指导。会展旅游的持续、健康发展需要各级政府的大力扶持和积极引导。政府不应仅考虑会展活动在当时的轰动效应,更应考虑到参与者对会展活动的整体印象和展会品牌的塑造。会展部门应主动与文化和旅游部门协作,开展联合促销,将展会、节庆、体育赛事与城市及周边的旅游资源和旅游接待设施结合起来,或者将会展业纳入文化和旅游部门统一管理、统一促销或联合管理、联合促销,或者单独设置一个专门的会展营销与协调机构,专门负责会展旅游产品的销售。

　　(2) 优化酒店结构,提高服务水平。湖南国际会展中心周边除现有五星级酒店之外,还应加强中档酒店的建设;长沙红星国际会展中心地处城市南郊,周边酒店要提高服务水平。

　　(3) 进一步加强对会展旅游形象的宣传。建议借助各类会展网,对有湖湘文化特色的旅游购物和娱乐场所进行介绍;在会展旅游指南中,增加景点内容介绍。

　　(4) 在会展期间,旅游企业除了要提供交通、通信、票务服务外,还可以针对会展主题提供旅游线路设计及参观游览、娱乐购物等活动。在举办会展旅游活动的过程中,旅行社可以为与会者设计比较有代表性的、同时考虑到场馆分布情况的旅游线路。例如,以湖南省展览馆为中心的楚湘文化大观游线路,包括马王堆汉墓、长沙简牍博物馆、天心阁、贾谊故居、岳麓书院、岳麓山、雷锋纪念馆、长沙铜官窑遗址;以湖南国际会展中心为基点的现代城市风光游线路,包括金鹰影视文化城、世界之窗、湘江风光带、橘子洲等。

　　(5) 旅游购物场所的选择除一般的超市和百货大楼外,还应重视旅游定点商店;对于旅游纪念品,应着重介绍本地特色产品,如极具艺术价值和欣赏价值的中国红瓷、湘绣及菊花石。

（6）将主题会展活动与主题旅游活动结合起来。会展旅游应选择有特色的主题，通过旅游的强大吸引力为会展活动吸引更多的专业观展者和潜在顾客。长沙市发展会展旅游应努力从会展活动中的大型会展，如中国金鹰电视艺术节、中国浏阳国际花炮节、中国中部（湖南）农业博览会着手，尝试将主题会展活动与主题旅游活动相结合，深度挖掘市场。例如，中国金鹰电视艺术节与影视旅游产品相结合，建立影视艺术中心，展示中国电影电视艺术文化；中国浏阳国际花炮节与本地的旅游资源相结合，开发生态旅游；在中国中部（湖南）农业博览会期间，展示湖湘特色的旅游资源，推动其与休闲旅游、乡村旅游联姻，让传统的美食文化与长沙的旅游特色相融合。

资料来源　根据相关资料整理。

请根据以上材料，思考以下问题：

会展旅游评估在长沙会展旅游的发展过程中扮演了怎样的角色？起到了什么作用？

解析指引 12-1

项目导入

任务1　会展旅游满意度调查

会展旅游产品的无形性和复杂性决定了游客满意度是衡量会展旅游企业服务质量的第一标准。因此，会展旅游满意度调查是评估会展旅游活动的重要方法。

一、会展旅游满意度调查的重要性

会展旅游满意度是指会展旅游者对所购买的产品和服务的满意程度，以及基于这种满意程度所形成的未来继续购买的可能性。会展旅游满意度主要包括两个方面的内容：其一，对会展旅游技术性质量的满意度，即对服务项目、服务时间、服务设施等的满意程度；其二，对会展旅游服务质量的满意度，即对旅游服务人员的仪容仪表、服务态度、服务程序和服务方法等的满意程度。

在服务行业中，达到"客户100%满意状态"的概率是微乎其微的，会展旅游作为其中的一个分支也不能例外。会展旅游满意度调查能够很好地找出本次活动安排中的成功与不足之处，并就存在的问题提出建设性的改进意见。对会展旅游企业而言，这是重要的信息积累。一方面，为本次会展旅游活动画上一个圆满的句号；另一方面，也为下一次组织工作建立了一个良好的开端。通过有针对性的改进，无论是在技术性质量上，还是在服务质量上，会展旅游活动都将趋于完善。对会展旅游者而言，满意度调查也为他们提供了一个宣泄的机会，使他们在一定程度上感受到了会展旅游企业对他们的尊重。

知识拓展 12-1

会展旅游满意度调查全流程指南

二、会展旅游满意度调查的步骤

会展旅游满意度调查可以采取的方法多种多样。例如，直接观察法，即会展旅游企业直接记录在会展旅游活动中观察到的内容，并进行整理总结；面谈法，即邀请会展旅游者进行有目的的谈话，征求他们的意见；电话调查法，即在会展旅游活动结束后打电话给调查对象，征求他们对会展旅游活动的意见，并请他们做出口头评估。一般来说，运用最普遍、效果最好的方法是问卷调查法。问卷调查法的操作步骤如下：

（一）设计和编制会展旅游满意度调查问卷

1.确定会展旅游满意度调查的内容

为了满足会展旅游者的综合需求，会展旅游企业必须提供相应的餐饮服务、住宿服务、交通服务、导游服务、购物服务及娱乐服务等多样化的产品。因此，凡是与会展旅游服务内容有关的问题，都可以作为会展旅游满意度调查的内容。

■ 会展问答 12-1

解析指引 12-2

会展旅游满意度调查的内容虽然没有固定的要求，但通常来说它应该包含哪些方面？

会展问答

2.设计会展旅游满意度调查问卷

（1）设计题量和题型。题量强调的不是问题的数量，而是完成调查问卷所需要的时间。完成一份调查问卷所花的时间不宜太长，最好在5~10分钟。因此，在设计题量时，我们要注意把握此点并将所需时间在调查问卷上注明。

调查问卷中的题型设计一般以选择题或打分题为主，这样既方便后续统计，也可以节省被调查者的时间。目前，国际上普遍采用五级评分法，可以用1、2、3、4、5或a、b、c、d、e来表示答案，如1或a表示非常不满意，2或b表示不满意，3或c表示一般满意，4或d表示比较满意，5或e表示非常满意。在调查问卷中，也可以在选择题或打分题之外设计问答题，但由于大多数被调查者都不愿意回答调查问卷上的问答题，因此一般出1~2道即可。

（2）其他注意事项。

①除满意度调查之外，最好还要对每个项目的重要性进行相应的五级制评分。将重要性和满意度结合在一起考虑，能够提高评估的准确性。

②调查问卷中应包括"个人情况"部分。这部分内容可以放在调查问卷的最前面，也可以放在最后，这样有助于会展旅游企业划分、确定参加会展旅游的主流人群，即目标市场。对个人情况的询问，一般不涉及姓名、地址等问题，主要询问的内容包括性别、年龄、文化程度、年收入等。同时，有关年龄、年收入等的询问，应采用选择题的形式。例如，A.25岁及以下；B.26~35岁；C.36~45岁；D.46~55岁；E.55岁以上。

③所提问题要具体，尽量避免笼统。例如，"您会不会再次参加我们的会展旅游活动"就是一个比较笼统的问题，没有一个确切的时间，被调查者往往会写"会"。如果具体地问"明年您会不会再次参加我们的会展旅游活动"，那么得到的答案可能更有价值。

④ 不要在一个问题中询问两件或两件以上事情。如果一个问题中包含两件或两件以上事情，当被调查者觉得其中一个好而其他不好时，会很难做出回答。即便回答了，也会影响最后的统计结果。

⑤ 调查问卷的外观和内容同样重要。在排版时要注意运用粗体、斜体、加框等技巧，以方便被调查者浏览。

⑥ 语言要通俗易懂，尽量不用术语和方言。如果使用缩略语，第一次出现时一定要把全称写出来，以免引起歧义。避免出现假设性问题、困窘性问题和引导性问题。

⑦ 在调查问卷的开始要体现本次调查的正规性，并书写精彩的致谢词。

行业案例12-1

会展旅游满意度调查问卷示例

万分感谢您参加本公司组织的会展旅游项目，希望本次经历能给您留下一个美好的回忆。为了改进今后的工作，我们希望能占用您10分钟时间，完成以下问卷调查。本次调查不涉及个人隐私和种族歧视，相关信息均由××会展旅游公司统一内部保存。在调查过程中，如果遇到不能解决的问题，请联系×××，电话：××××××××。

性别：男_____女_____

工作所在地区：_____

年龄：A.25岁及以下　B.26～35岁　C.36～45岁　D.46～55岁　E.55岁以上

文化程度：A.高中或以下　B.大学专科　C.大学本科　D.硕士研究生　E.博士研究生

年收入：A.5万元及以下　B.6万～10万元　C.11万～15万元　D.16万～20万元　E.20万元以上

以下问题采取五级评分法，即1表示非常不满意/一点不重要，2表示不满意/不重要，3表示一般满意/一般重要，4表示比较满意/比较重要，5表示非常满意/非常重要，请在满意度和重要性的对应表格中填写适当的阿拉伯数字（见表12-1）。

表12-1　　　　　　　　　　会展旅游满意度调查问卷

项　目	满意度	重要性
A.餐饮服务		
a.就餐环境		
b.就餐时间		
c.菜单选择		
d.酒类饮料		
e.用餐服务		

续表

项　目	满意度	重要性
⋮		
B.住宿服务		
a.住宿环境		
b.客房价格		
c.员工服务水平		
⋮		
C.导游服务		
a.会展旅游线路设计		
b.会展旅游时间安排		
c.宾客迎送和接待		
d.导游专业知识和态度		
e.导游特殊情况处理		
⋮		
D.交通服务		
a.票价折扣		
b.接送大巴		
c.车辆营运情况		
⋮		
E.购物服务		
a.购物次数		
b.购物地点		
c.购物价格		
d.购物质量		
⋮		
F.娱乐服务		
a.娱乐节目		

续表

项　目	满意度	重要性
b.儿童活动		
c.配偶活动		
⋮		
G.特殊事件服务		
a.特殊事件的次数		
b.特殊事件的内容		
c.特殊事件的时间、地点		
d.特殊事件的氛围		

您对本次会展旅游活动的总体印象如何?

A.很不好　　　　B.不好　　　　C.一般　　　　D.比较好　　　　E.非常好

本次会展旅游活动与您的期望值相符吗?

A.低于期望值　　　　B.达到期望值　　　　C.高于期望值

明年您会不会再次参加我们的会展旅游活动?

A.会　　　B.不会

××××年××月××日

××会展旅游公司

思考：试对上述会展旅游满意度调查问卷进行分析。

点睛：该调查问卷的设计由三部分组成，分别为被调查者基本信息、会展旅游项目分类调查以及会展旅游总体调查，题量较适当，题型易于回答。调查问卷内容的设计基本上考虑到了会展旅游的方方面面，在格式的编排上也体现了简洁、明晰的原则。这样的问卷设计无疑为后续的调查工作打下了良好的基础。

(二) 发放和回收会展旅游满意度调查问卷

通常来说，发放和回收会展旅游满意度调查问卷的方法有线下方法、线上方法和线上+线下混合式方法三种。

1.线下方法

线下方法是指由工作人员将会展旅游满意度调查问卷分发给会展旅游者，待会展旅游者填写完毕进行回收的方法。这种方法在实际操作中，一定要注意调查人数、时机以及地点的选择。在人数不多的情况下，建议给每一位参与者都分发问卷；若人数众多，实行全面调查有难度，则可以进行随机抽样。在时机与地点的选择方面，主要是看会展旅游者是否有闲暇时间。工作人员根据需要和具体情况，可以在会展旅游者停留时，或者旅程结束时，请他们填写一份调查问卷。

■ 会展问答 12-2

解析指引 12-3

会展问答

在一次奖励旅游的实施过程中，组织方将满意度调查安排在旅游即将结束、游客返回登机之前。你认为这样的做法合适吗？

2.线上方法

线上方法是指借助互联网工具，通过电子邮件或社交平台发布的问卷链接将满意度调查问卷发送给会展旅游者的方法。这种方法不仅可以提高分发速度，而且可以实现填写完成后一键提交，系统自动汇总数据，从而节省时间和成本。需要注意的是，鉴于世界各地会展旅游者的生活习惯以及配合程度的不同，线上方法的回复率在很多时候并不高，会展旅游企业需要采取一定的奖励手段来鼓励参与者回复。

3.线上+线下混合式方法

这种方法结合了线上方法与线下方法的优势，兼顾了样本覆盖范围与质量，在会展旅游满意度调查中的应用比较普遍。

（三）分析和总结会展旅游满意度调查结果

1.分析调查结果

对调查结果的分析一般采用计算机技术，比较常用的软件有 Excel 和 SPSS。首先，对收集到的所有数据进行分类汇总，并将其输入电脑中；其次，采用计算平均值的方法，将每一个评估项目的满意度和重要性平均数计算出来；再次，利用图表或表格等比较直观的形式，将结果反映出来，以便于人们理解和掌握；最后，将所得结果与所制定的目标进行比较，找出不足和成绩所在。

◀ 行业视窗 12-1 ◀

节事旅游满意度调查分析

图 12-1 为采用 Excel 办公软件自动生成的满意度和重要性对比图，每一个小点都对应问卷中的一个调查方面。纵轴为重要性平均值，横轴为满意度平均值，分值由小到大分别对应重要性和满意度的由弱到强。

2.总结调查结果

对会展旅游满意度调查结果的总结，主要依照对各调查项目的设计和预先的意图来进行，还要对问卷回收率以及其他执行情况进行总结，以便认定调查的可信度和实际意义。

会展旅游满意度调查结果总结主要包括以下内容：

（1）调查问卷回收率；

（2）会展旅游过程中各项目的满意度；

（3）会展旅游活动结束后的综合满意度；

（4）纠纷处理的满意度；

（5）今后参加会展旅游活动的意愿。

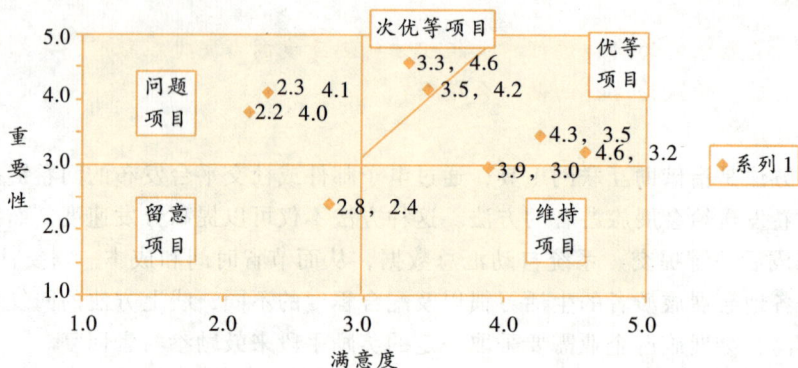

图12-1　满意度和重要性对比图

（四）改进会展旅游工作，提高会展旅游满意度

会展旅游企业不仅要从调查信息中获得提升产品和服务的思路，而且要分析与满意度密切相关的旅游项目，并将此结果作为以后提高会展旅游者满意度的参考。

（1）参照分析总结，在明确各会展旅游项目的重要性与会展旅游者满意度的相关性之后，结合现状，进行系统性的改进。在现实操作中，总是存在着这样或那样的限制，如经费限制、人手限制等，因此对项目的改进要懂得客观排序：首先，对问题项目，即重要却不能令人满意的项目，进行重点整顿；然后，对次优等项目，即重要性和满意度都较好，但是满意度评分低于重要性评分的项目进行改善；能力之余，进一步完善需要留意的项目。这样，改进工作的资源配置才有可能达到最优，改进效果才能达到最佳。

（2）在改善问题项目前，进行成本-收益分析是十分必要的。只有当成本和收益相当时，改善项目的投资才是经济的。

（3）在分析总结的基础上，要积极进行各个方面的跟踪调查，制定出实际有效的目标，围绕"顾客满意"来确定企业将做什么和怎么做，以充分发挥企业的经营潜能，提高产品服务质量，有效满足会展旅游者的需要。

此外，为了提高会展旅游满意度，会展旅游企业还要谨记以下几点：

一是以旅游者为中心。会展旅游企业要以旅游者为各项工作的出发点和落脚点，并进行换位思考。只有坚持"以旅游者为中心"的工作原则，会展旅游企业才能随时发现需求，及时提高服务质量，从而实现让旅游者满意。

二是勤发问，勤调查。在制订改进方案之前以及制订改进方案的初期，会展旅游企业应主动出击，调查了解。评估在很多时候能够体现存在的现实问题，但是进一步就"到底该如何改进才能符合旅游者的心意"还是不明晰的。因此，采取有效的方法对会展旅游者进行询问是一项很有意义的做法。

三是注重会展旅游服务的过程质量检测。只有对会展旅游服务的每一个细节都确定规范标准，才能保证服务的标准化和一致性，因此过程的细化、过程的控制规范和标准的制定显得尤为重要。

四是注重基层员工的服务管理培训。为了确保会展旅游服务一次做好，会展旅游企业必须加强对基层员工的服务管理培训，包括服务技能培训、质量意识培训、服务意识培训和工作能力培训。

五是注重提供个性化服务。会展旅游服务的对象是灵活多样的人，所以随着会展旅游者需求的变化，服务要适时进行调整，即服务必须能够满足会展旅游者的个别要求。这既是提高会展旅游者满意度的重要途径，也是提高会展旅游服务质量的根本要求。

■ 会展问答 12-3

个性化服务的内容覆盖面很广，会展旅游企业应重点注意哪些方面？

▶ 任务拓展 12-1

以小组为单位，每组设计一份会展旅游满意度调查问卷，并在班级群里分享，围绕会展旅游满意度调查问卷的设计要求和内容开展交流研讨。

育德润心 12-1

2025 中国会展旅游：需求日益多样化和高端化

解析指引 12-4

会展问答

任务 2　会展旅游评估的其他方面及评估报告的撰写

在会展旅游满意度调查之外，会展旅游企业根据自身的能力和现状，还可以进行其他方面的评估。同时，在评估工作最后，通常要撰写一份评估报告，从而给整个评估工作画上一个圆满的句号。

一、会展旅游评估的其他方面

（一）评估内容

满意度调查是会展旅游评估的重点，但不是唯一的方面。会展旅游企业根据自身的情况，还可以就以下几个方面进一步详细评估：

1.会展旅游目标评估

会展旅游是以会议展览等为前提的一项活动。会展旅游目标评估就是针对会展旅游活动是否收到预期效果进行科学评价，即根据会展旅游企业的经营方针、市场条件以及会展旅游情况，评估会展旅游策划的目的是否达到。

2.会展旅游管理工作评估

会展旅游管理工作评估主要是针对会展旅游企业内部的，包括会展旅游组织工作评估、会展旅游宣传推广工作评估等。管理工作在会展旅游活动中有着举足轻重的作用，对其进行科学、正确的评估有利于其他工作的顺利开展。

3.会展旅游相关绩效评估

会展旅游相关绩效评估主要包括成本–利润评估、成本–效益评估、实际接待会展旅游者数量评估、会展旅游者意见反馈评估、会展旅游相关目的地意见反馈评估、会展旅游企业形象维护评估等。

4.会展旅游相关支出评估

会展旅游工作和其他行业的工作一样，既有收入又有支出，对会展旅游相关支出进行评估也是会展旅游评估的重要组成部分。会展旅游相关支出评估主要包括预算制定的合理性评估、预算执行情况评估及超支处理情况评估等。一般而言，评估人员可以从会展旅游成本分析入手进行此项评估。

行业视窗 12-2

会展旅游成本的组成

会展旅游成本的组成见表12-2。

表12-2 会展旅游成本的组成

会展旅游前期成本	会展旅游宣传资料印刷成本
	会展旅游者接待成本
	与潜在会展旅游者建立联系的成本
	签订会展旅游合同的成本
会展旅游中期及后期成本	会展旅游者的交通费用
	会展旅游者的游购娱费用
	会展旅游者的食宿费用
	会展旅游后期调查评估费用

资料来源 邓玲. 会展旅游实务［M］. 北京：中国劳动社会保障出版社，2006.

5.会展旅游合作商评估

会展旅游合作商评估是指会展旅游企业对完成本次旅游的其他参与合作方进行评估及信息反馈。会展旅游合作商包括交通运输服务商、酒店住宿及食物供应商、娱乐购物提供方、旅游景点提供方等。

6.会展旅游一线员工信息反馈评估

员工是实干家，他们执行和监视着所有计划安排下与会展旅游活动相关的行动。由于他们工作在第一线，有亲知实感，能判断正误，因此他们的信息反馈不应该被忽视。这类评估因为信息量难以预见，所以一般通过举行员工内部报告会的形式来实现。

7.会展旅游调研评估

会展旅游调研评估主要针对在会展旅游组织过程中对旅游目标市场组成及产

品服务提供有无新的了解和认识、有无更明确的发展和努力方向等方面进行评估。

（二）评估步骤

以上评估一般都可以按照制定标准、收集资料、统计分析、撰写评估报告这四个步骤进行。

1.制定标准

制定标准是评估工作的第一步，也是评估工作的基础和前提条件。一方面，标准的设立要注意主次有序、明确客观、具体量化以及方便衡量；另一方面，还要具有较强的针对性和可操作性。此外，标准的统一性也值得关注，在制定标准前要慎重考虑，一旦选定就不要轻易更改，坚持连续使用较长时间，从而使评估结果更具有对比衡量价值。

2.收集资料

收集资料是会展旅游评估过程中涉及范围最广、工作量最大的环节，可以采用的方法主要有：

一是收集现成资料。现成资料一般包括历次会展旅游后的调查问卷和本次会展旅游获得的相关信息，以及导游等工作人员的个人记录等。这些现成资料经过汇总后，能够满足统计分析的需要。

二是安排观察记录。这是在会展旅游活动开始前就应该安排好的工作，一般贯穿于会展旅游过程的始终，会展旅游企业应派专门人员做好观察、记录工作。观察记录的内容包括会展旅游行程安排记录，以及会展旅游过程中会展旅游者的表现、意见记录等。

三是召开会议、组织座谈。召开会议及组织座谈的主要目的是组织有关人员进行资料汇总。书面资料包括调查问卷以及访问笔记；口头资料主要是员工尤其是一线员工的工作信息反馈。

四是发放调查问卷，进行深度访谈或电话采访。调查问卷是比较重要的统计资料来源，可以在会展旅游过程中及会展旅游结束后向参与者发放，这样收集到的资料更为全面。在发放调查问卷的同时，会展旅游企业可以考虑送给会展旅游者一些纪念品，以使他们能够更好地配合会展旅游企业完成本项工作。在很多情况下，发放调查问卷经常与深度访谈或电话采访结合起来使用。

3.统计分析

统计分析是会展旅游评估过程中极其重要的一个步骤，只有在统计分析正确的情况下，评估才有现实意义。

通常，统计分析工作可以采用"两步走"的形式：

（1）汇总所收集的数据，将其整理成系统的、有用的评估材料并对结果进行表述。

（2）把统计结果与所制定的标准进行比较，找出不足和成绩，进而分析其中的问题、原因和规律，并提出相应的意见和建议。

4.撰写评估报告

评估报告是会展旅游评估结果的体现，是反映说明问题的一系列数字、比例和陈述，通常按照一定的要求和程序撰写成文。

在撰写过程中，需要注意评估报告有对内和对外之分。内用评估报告的内容要全面、无保留，以便发现问题、改进工作；外用评估报告要注意内容和措辞，需要保留的不写，不得不写的要慎重，否则有可能造成不好的影响。有些评估报告还需要保密，如财务开支情况和企业员工评估等。工作人员应明确保密范围和程度，用公正的态度和科学的方法对待这项工作。

二、会展旅游评估报告的撰写

每一次会展旅游活动结束后，都应有一份详尽的评估报告。会展旅游评估报告对下一次会展旅游活动的组织、宣传和各种服务工作的完善提供了有益的参考。

（一）会展旅游评估报告的撰写要求

（1）结构完整，语言简洁，陈述明晰，有说服力。

（2）必须注意严谨性，做到重要资料无遗漏，无关资料不出现。

（3）提出问题、分析问题、解决问题要前后呼应。

（4）仔细核实全部数据和资料，务必做到准确无误。

（5）结论或建议要明确、具体、有操作性，切勿泛泛而谈、无实质性作用。

（二）会展旅游评估报告的构成

1.会展旅游评估报告的封面

凡是正规的评估报告，都要有一个封面。封面包括会展旅游的名称、组织时间、旅游目的地、组织方、评估实施方等基本信息。封面格式没有统一的标准，一般做到内容合理、排版明晰、主次明确便可以。

2.会展旅游评估报告的目录

为了使评估报告更方便阅读，目录也是必不可少的。一般而言，目录的编写要适当地具体化，层次设置至少要详细到第二级。

3.会展旅游评估的背景和目的

工作人员要对评估的背景或进行该项评估的原因加以说明。在说明时，最好引用相关的背景资料，以此为依据分析会展旅游评估的现实环境。评估目的一般是获得某些方面的资料或对某些假设进行检验。

4.会展旅游评估的实施

（1）评估的组织领导构成。本部分主要陈述评估工作的组织者及各方参与成员。在条件允许的情况下，评估工作参与方的范围可以适当扩大，以体现评估的客观性，即在会展旅游组织者、会展旅游者之外，还可以包括专业会展服务机构、相关媒体和其他高校等研究型机构。组织领导的选择要体现公正性、效率性与说服力。

（2）评估对象以及样本的确定。本部分主要说明：第一，是从什么样的对象中抽取样本进行评估的；第二，抽取样本的比例及数目；第三，确定样本容量时要考虑到什么问题和因素；第四，采取什么样的方式抽取样本，样本的结构如何，样本是否有代表性；第五，有效样本率是多少，样本无效的原因是什么。

（3）评估资料采集的方法。本部分主要说明评估资料采集的方法是问卷调查法、现场访谈法，还是电话采访法等。方法的选择可以多样化，如可以问卷调查法为主，电话采访法为辅。在资料采集的说明中，要集中体现方法的科学性，即在合理的时间、合理的地点以合理的手段进行。

（4）评估实施过程及问题处理。本部分主要说明评估工作的实施过程。工作人员可以将整体实施过程根据活动类型的不同分成几个部分。例如，人员、材料准备；现场调研和资料收集；资料分析整理；评估报告初稿形成；沟通协调，最终定稿。对每个时期的工作起始日期、实施过程中遇到的问题及其处理方法等，都要进行适当的介绍。

（5）评估的完成情况。本部分主要说明评估完成率，以及部分未完成或无效的原因。

（6）评估资料处理工具与方法。本部分主要说明简化和统计处理评估资料所使用的工具与方法。

5. 会展旅游评估的结果

评估结果即将评估所得的资料以书面形式整理出来。评估结果的表述要清晰简洁、易于理解。评估人员可以考虑使用若干统计表和统计图来呈现。除此之外，评估人员还必须对图表中的数据资料隐含的趋势、关系和规律加以客观描述。

6. 会展旅游评估的结论和建议

本部分主要说明评估结果有什么实际意义。结论部分可用直接明晰的语言对评估前提出的问题做出明确的答复，同时简要引用有关背景资料和评估结果加以解释、论证。建议即针对评估所得结论提出可以采取哪些措施、方案或具体行动步骤，要处理哪些已存在的问题。建议最好能做到一针见血、切实可行，从而为今后的改进工作提供有针对性的行动方案。

知识拓展 12-2

2024蘑菇岛滇漫国风音乐嘉年华评估报告

▶ 任务拓展 12-2

以小组为单位，每组收集一份会展旅游评估报告，并在班级群里分享，围绕会展旅游评估报告的编写要求和格式开展交流研讨。

项目练习

一、判断题

1. 会展旅游满意度调查能够很好地找出本次活动安排中的成功与不足之处，并就存在的问题提出建设性的改进意见。　　　　　　　　　　　　　　　　（　　）

2. 寻求会展旅游者对会展旅游企业提供的产品和服务的反馈意见，是会展旅游满意度调查的一个重要环节。　　　　　　　　　　　　　　　　　　　（　　）

3.会展旅游工作和其他行业的工作一样，既有收入又有支出，对会展旅游相关支出进行评估也是会展旅游评估的重要组成部分。　　　　　　　　　　　（　　）

4.会展旅游活动结束后，不必每一次都有一份详尽的评估报告。　　　　（　　）

5.会展旅游评估报告对下一次会展旅游活动的组织、宣传和各种服务工作的完善提供了有益的参考。　　　　　　　　　　　　　　　　　　　　　（　　）

在线测评12-1
判断题

二、简答题

1.什么是会展旅游评估？其重要性体现在哪些方面？

2.会展旅游评估可以从哪些方面入手？主要的评估内容是什么？

3.会展旅游评估的具体实施步骤是什么？

4.会展旅游评估报告的撰写要求是什么？

项目实践

场景：以身边的会展旅游活动为例，假设你是该活动的评估人员，请根据实际情况，拟订一份会展旅游评估计划，并向上级领导汇报。

操作：

（1）根据本项目所学知识，结合实际情况，确定评估的内容和范围。

（2）制订开展评估活动的详细计划，包括时间、地点、方式等的选择。

（3）运用PPT展示评估计划。

（4）向老师和全班同学（上级领导）汇报，并接受他们的提问。

（5）老师点评。

价值引领

"会"聚服务消费动能　共创新质生态

在全面推进中国式现代化的伟大进程和构建新发展格局的时代使命下，会展业作为新质生产力的载体，不仅是国民经济中生产与消费、供给与需求的联动平台，也是构建现代产业体系和开放型经济体系的重要支撑，对促进经济高质量发展发挥着关键作用。

2024年11月12日，以"会聚牵引动能，共创新质生态"为主题的2024中国会展业年会·会展产业生态发展（南京）大会（简称年会）在国际青年会议酒店举行。作为业界年度前瞻和洞察趋势的行业风向标盛会，本届年会吸引了来自各级政府行业主管部门、行业组织、高等院校、会展主办方、场馆及会展服务企业等超600位嘉宾代表出席。

中国世界贸易组织研究会会长崇泉在致辞中指出，服务业和服务贸易已成为新一轮高水平开放的平台，会展业作为其中的重要载体发挥着关键效能。其中，以国家级展会为核心、地区性展会为重点、行业性产业展会为支撑的展会活动已起到开放平台作用，并形成以论坛为内核、"展览展示+洽谈推介+成果发布"为主体、配套活动为补充的多层次活动框架体系。这不仅有力带动了我国经济发展，拉动了城市消费，推动了产业升级，而且促进了商业投资与技术创新。

中国会展经济研究会会长曲维玺在致辞中强调，宏观政策不仅是保持经济总量平衡、促进经济结构优化的关键工具，而且是推动高质量发展的重要手段。他指出，2024年以来，政府主导型展会的市场化进程加快，展会与产业、城市的融合深入推进。同时，展会"出海"步伐持续加快，会展业的数字化转型与绿色低碳发展趋势尤为显著。

国际展览与项目协会（IAEE）主席兼首席执行官费雯歆（Marsha Flanagan）在视频致辞中表示，全球展览业正处于数字化转型与可持续实践的变革之中，在此背景下，IAEE将与中国会展经济研究会携手合作，共同推动全球会展业的创新与发展。

在主旨演讲中，曲维玺聚焦新形势下会展业面临的挑战与机遇，针对当前国内外政治经济环境，呼吁各方深刻认识创新驱动的重要性，将创新作为推动高质量发展的核心引擎。面对"会展业智慧发展阶段"的新趋势，各方应加强协同共进，提升研究能力，深化与专业研究机构的合作，积极探索"沉下去"与"走出去"的展会模式，推动会展行业在新发展格局下实现高质量发展。

国际展览业协会名誉主席、全国会展业标准化技术委员主任陈先进深入剖析了全球展览业的发展趋势。他强调，中国会展业应抓住数字化和绿色发展的契机，积极融入国际市场，以提升行业的全球竞争力。

南京市贸促会会长、南京市国际商会会长、中国会展经济研究会副会长梁洁发表主题演讲，提出要深入推进"一产业集群、一品牌展会"的展产融合和展城融合，全面提升会展业与城市发展的协同效应。

中山大学旅游学院教授、博士生导师罗秋菊结合理论与案例实证，为全国会展业的发展提供了理论引领和实践指导。

在高端对话环节，5位政产学研嘉宾从会展业的发展趋势、创新路径等议题出发，展开了热烈讨论，为与会者带来了专业性、前瞻性、建设性的思想碰撞。

资料来源　何晓曦."会"聚服务消费动能　共创新质生态［N］.国际商报，2024-11-18（5）.

思政元素：创新发展　绿色低碳　大国担当

价值分析：在中国式现代化进程中，会展业以"创新、绿色、开放"绘就发展底色。会展业既是新质生产力的实践场——借数字化转型打破产业边界，以"展产融合"激活创新动能；也是绿色发展的践行者——将低碳理念嵌入展会全流程，推动经济与生态协同共进；更是对外开放的桥头堡——通过国家级展会链接全球资源，在实践中彰显中国开放包容的大国胸怀。会展业的发展轨迹印证：唯有以新发展理念为引领，方能在服务构建新发展格局中，书写中国式现代化的生动注脚。

项目评价

本项目学习效果评价见表12-3。

表12-3 学习效果评价表

评价维度	评价指标	学生自评（30%）	教师评价（70%）	得分小计
学前准备（25分）	自觉拓展：主动查阅行业前沿资料（10分）			
	深度理解：结合案例进行理论分析，并尝试进行实践应用（10分）			
	创新思维：尝试跨学科提出创新性关联问题，并有一定的思考（5分）			
学中实践（40分）	主动探究：在小组讨论中提出创新解决方案，并得到成员们的采纳或认可（10分）			
	解决问题：运用理论分析实际案例，提出建设性方案或建议（10分）			
	表达创新：在课堂汇报中灵活运用新媒体技术（10分）			
	团队协作：在集体项目合作中承担某个角色，创新性完成某项任务（10分）			
学后转化（35分）	理论迁移：在课程论文或其他任务中构建具有一定科学性的分析模型或提出具有一定新意的观点（5分）			
	实践应用：参与会展旅游产业相关实践活动或实战任务（10分）			
	德育素养：在理论学习和实践训练过程中树立正确的国家观、历史观、民族观、文化观（10分）			
	创新成果：提交会展旅游产业相关议题的解决方案、优化提案或策划方案等（10分）			
综合评价得分				

主要参考文献

［1］ 李岚，吴杰，谢洪忠. 会展策划［M］. 2版. 北京：中国旅游出版社，2025.

［2］ 杨顺勇. 会展营销［M］. 2版. 北京：化学工业出版社，2025.

［3］ 陶卫宁. 体育赛事策划与管理［M］. 重庆：重庆大学出版社，2025.

［4］ 谢红霞. 会展旅游［M］. 2版. 北京：高等教育出版社，2025.

［5］ 李雪松. 会展设计［M］. 2版. 北京：中国旅游出版社，2024.

［6］ 罗秋菊. 展览会策划与组织［M］. 北京：高等教育出版社，2024.

［7］ 郭防. 会展旅游发展策略研究［M］. 哈尔滨：哈尔滨工程大学出版社，2024.

［8］ 王承云. 会展策划与管理教育教学研究［M］. 北京：旅游教育出版社，2024.

［9］ 魏晓颖. 会展旅游实务［M］. 武汉：华中科技大学出版社，2024.

［10］ 张慧. 会展旅游（课程思政版）［M］. 北京：清华大学出版社，2024.

［11］ 吴银璇，丘志勇，蔡丽君. 会展经济·农业品牌［M］. 长春：吉林科学技术出版社，2023.

［12］ 陈正康. 会展旅游与目的地管理［M］. 哈尔滨：哈尔滨工业大学出版社，2023.

［13］ 梁艳智，叶杰琳. 会展旅游［M］. 3版. 北京：清华大学出版社，2023.

［14］ 刘勇. 会展服务与管理［M］. 4版. 北京：化学工业出版社，2023.

［15］ 王起静. 展览会功能和发展模式创新［M］. 北京：经济管理出版社，2023.

［16］ 刘建波，徐艳芳. 会展创意与策划［M］. 济南：山东大学出版社，2022.

［17］ 李晓莉. 奖励旅游创意策划：理论与实务［M］. 北京：中国旅游出版社，2018.

［18］ 韦文杰，黄小亚，李莉. 会展管理概论［M］. 武汉：华中科技大学出版社，2017.

［19］ 贾晓龙，冯丽霞. 会展旅游［M］. 2版. 北京：清华大学出版社，2017.

［20］ 张河清. 会展旅游［M］. 2版. 广州：中山大学出版社，2016.

［21］ 吴志才. 会展策划理论与实务［M］. 北京：经济管理出版社，2016.

［22］ 张红. 会展概论［M］. 2版. 北京：高等教育出版社，2015.